W9-AON-212

The German Heritage

The German Heritage

Third Edition

Compiled and edited by

Reginald H. Phelps & Jack M. Stein
Harvard University

HOLT, RINEHART AND WINSTON
New York   Toronto   London

Preface to the Third Edition

In this third edition of *The German Heritage*, we have added five new chapters, Marx-Engels, *Das kommunistische Manifest*; Hofmannsthal-Strauss, *Der Rosenkavalier*; Kafka, *Der Prozeß*; Brecht, *Die Dreigroschenoper*; and Günter Grass, *Katz und Maus*. We have provided a new selection from Hesse, changed a number of the lyric poems, and made minor revisions and/or additions in other chapters. Two chapters from the revised edition have been dropped. The emphasis in the additions has been on the twentieth century, in response to the requests of many colleagues in widely separated areas of the country. We are most grateful for the expressions of interest and the valuable suggestions we have received.

In this new edition we have remained faithful to the principles on which the earlier editions were based; to make available to students of German, early in their study of the language, mature primary material of the highest quality and the greatest intrinsic interest. The procedure in preparing the selections has been adjusted in each case to the type of material treated. Where feasible, as in the chapters on Lessing and Grimm, we have presented units which are unabridged, or nearly so. In others, we have abridged freely, in order to eliminate passages which were too difficult. In the chapter on Goethe's *Faust*, for example, the student will find scenes originally encompassing a dozen pages condensed to three or four, but through omission only. In certain chapters, occasional very slight alterations have been made, most of them modernizations of archaic expressions. In the first two chapters, *Germania* and *Karl der Große*, since they are translations from the Latin, and in the sixth, *Das Faustbuch*, since it contains German of a non-literary character by an anonymous writer, we have taken the liberty of replacing unusual words and expressions by more common terms, in order to reduce the difficulty. In doing so, we have sought to retain the flavor of the original, and we believe that the substitutions will not be detected without actual consultation of the sources. We have given no indication of these editorial changes, since to do so would have marred the appearance of the passages and served no sound pedagogical purpose.

Short English introductions are provided for each chapter or section. We trust that in them we have avoided the pitfalls of pedanticism. Since they are necessarily brief, it is our hope that each instructor will supplement them as seems suitable for his classes.

The end vocabulary is generally limited to words occurring in C. M. Purin's *A Standard German Vocabulary* (D. C. Heath, Boston), or to words in our view easily derivable from them. All others were considered less important for the student at this stage of his study and have therefore been translated in the marginal notes accompanying the text, except for identical or obvious cognates and certain proper names, which are identified by a small

v

superior circle, thus: *Gold°*. This method results in an end vocabulary largely restricted to words of such high frequency that the student may reasonably be expected, in the course of studying elementary and intermediate German, to learn them.

The chapters appear in chronological order, hence the easier texts are not all in the early part of the book. For those who prefer to use the chapters in the order of difficulty, rather than chronologically, the following gradation may be helpful: easy — Grimm, *Faustbuch*, Schiller, *Karl der Große, Germania*; moderate — *Faust*, Beethoven, Lyrik, Gottfried von Straßburg, Luther, Dürer, Marx-Engels, Bismarck, *Rosenkavalier, Dreigroschenoper*; more difficult — Lessing, Heine, Nietzsche, Mann, Hesse, Grass.

Beyond our immediate purpose is the hope that students who see for themselves that it is possible to read some Goethe or Nietzsche or Mann in the original during the early stages of their language training will be encouraged by the realization that not all interesting material is so difficult it can be read only after long and tedious study. This should afford them satisfaction for the present and a stimulus toward acquiring as soon as possible a firmer command of the language, so they are not always dependent upon carefully selected and edited texts. We want at the same time to convince them of the value of their foreign language study by giving them at an early stage direct contact with German documents which possess universal significance in the history of civilization and which are a part of Germany's contributions to western culture.

We take pleasure in acknowledging gratefully the help we have received in this and previous editions from many colleagues at Harvard and Columbia and especially from Julia Phelps and Isabel Stein.

R.H.P.
J.M.S.

Permissions and Acknowledgments

Permission to reprint and include additional copyrighted material in the Third Edition of this textbook is here gratefully acknowledged to the following publishers:

Boosey and Hawkes Inc., New York, for "Der Rosenkavalier" by Hugo von Hofmannsthal and Richard Strauss, Copyright 1910, 11, 12 by Adolf Fürstner, renewed 1938, 1940. Copyright and renewal assigned to Boosey and Hawkes, Ltd. Reprinted by permission of Boosey and Hawkes, Inc. (GJJ)

Schocken Books Inc., New York, for "Der Prozeß" by Franz Kafka: Reprinted by permission of Schocken Books Inc., from "DER PROZESS" by Franz Kafka, Copyright © 1946 by Schocken Books Inc. (AJ)

Suhrkamp Verlag, Frankfurt am Main, for "Demian" by Hermann Hesse from *Hermann Hesse Gesammelte Dichtungen*, Dritter Band, Copyright © 1952 by Suhrkamp Verlag (GJJ) and for "Die Dreigroschenoper" by Bertolt Brecht from *Bertolt Brecht Gesammelte Werke*, Band 2, (Werkausgabe in 20 Bänden), Copyright Suhrkamp Verlag, Frankfurt am Main 1967 (GHJ).

Hermann Luchterhand Verlag GmbH, Neuwied, for "KATZ UND MAUS" by Günter Grass, Copyright Hermann Luchterhand Verlag, Neuwied und Berlin, 1961 (J)

Contents

Credits

The German Heritage

THE DESCRIPTION OF GERMANIE: AND CVS-
TOMES OF THE PEOPLE, BY
CORNELIVS TACITVS.

A LL Germanie is diuided from the Galli, the Rhætians, and Pannonians, with two riuers, Rhene and Danubius; from the Sarmatians and Dacians by mutuall feare of one the other, or high hils. The rest the Ocean doth enuiron, compassing broad and wide gulphes, and large and spatious Ilands; the people and Kings of which hath beene of late discouered by warre. The riuer of Rhene hauing his beginning on the top of the inaccessible, steep Rhætian Alpes, and winding somewhat towardes the West, falleth into the North Ocean, Danubius springing from the top of the hill Abnoba, not so steepe, passing by manie nations, falleth by sixe channels into the Ponticke sea: the seuenth is lost in the marishes. I may thinke that the Germans are home-bred and the naturall people of their countrey, and not mixed with others, comming from other places; bicause such as in times past sought new habitations, came by sea and not by land: and that huge and spatious Ocean, and as I may terme it, different from the other, is seldome trauelled by our men. For besides the daunger of the rough and vnknowen sea; who (vnlesse it were his natiue soile) would leaue Asia, or Affricke, or Italie, and plant himselfe in Germanie? Being a countrey of it selfe rude, and the aire vnpleasant and rough, to looke on ilfa-uoured; not mannured nor husbanded. They giue it out as a high point in old ver-ses (which is the onely way they maintaine the memorie of things, as their Annales) that the god Tuisto, sonne of the earth, and his sonne Mannus, were their first foun-ders and beginners. To Mannus they assigne three sonnes; whose names the Ingæ-uones tooke, a nation neere the Ocean: the Istæuones, and Herminones lying be-tweene them both. But some through a licence which antiquitie doth giue, affirme that the King had moe sonnes, from which moe nations tooke their names; as the Marsi, Gambriui, Sueui, Vandali, all true and auncient names. As for the name, Ger-manie, it is a new name lately coyned: for those which first past the riuer of Rhene & droue out the Gallois, were now called Tungri, now Germani: so the name of one people, not of the whole nation, growing great by little and little: as they were all at the first called for feare, as best liked the Conquerour; so at last, Germans, being a name of their owne inuention. And they record that Hercules came amongst them of all that euer was the valiantest person. They goe singing to the warres. And haue certaine verses, by singing of which, calling it Barditus, they incourage their people, and by the same song foretell the fortune of the future battell: for they both strike a feare into others, and are themselues striken with feare, according to the measure and tune of the battell: seeming rather an harmonie of valour than voices; and do affect principally a certaine roughnes of the voice, and a broken confuse murmur, by putting their targets before their mouthes, to the end their voice by the reuerbe-ration might sound bigger and fuller. Yea some are of opinion, that *Vlisses* in his long and fabulous wandring, being brought to this Ocean, came into Germanie, and

I

Tacitus

GERMANIA

The influence of classical Greece and Rome on our culture has been so profound that we tend to think of our civilization as extending continuously back into ancient times. In reality, of course, European civilization north of the Alps was in its very primitive beginnings when Greece was at the height of its culture. During the hegemony of Rome, in the days of Christ, the barbaric forebears of the modern peoples of central and Northern Europe, roaming throughout the vast territory to the north, must have seemed to the Romans much as did the American Indians to the colonists from the Old World.

The following excerpts are from a work entitled Germania, written originally in Latin by the Roman historian, Tacitus. Germania gives a vivid and reasonably accurate, though somewhat idealized picture of the state of northern European civilization around 100 A.D. It is especially important in the study of German culture, because it is the earliest extensive source of information on the Germanen (inhabitants of Germania, Teutons), that branch of northern tribes who inhabited the territory roughly equivalent to present-day Germany.

Rome had been able to establish very little contact with these Germanen, who successfully repulsed every Roman attempt at penetration. In describing them, Tacitus lays stress on the vigor and energy with which they lived their lives. In fact, one of the charms of this delightfully written account is Tacitus' frequent implied criticisms of his own decadent Roman civilization in contrast to the energetic culture of the far north.

Markus-Säule in Rom:
Gefangener Germane

ureingeboren indigenous

Das Volk der Germanen scheint mir ureingeboren zu sein und ganz und gar nicht berührt von fremden Stämmen. Wer hätte denn Afrika°, Asien°, oder Italien° verlassen und nach Germanien ziehen mögen, in ein so häßliches Land unter rauhem Himmel, so wüst zu bewohnen für alle, die da nicht geboren sind? Daher sind wohl die Stämme Germaniens rein und vor irgend einer Mischung mit Fremden geschützt. Sie sind ein eigenes, unverdorbenes Volk, mit keinem anderen zu vergleichen. Daher auch, trotz der großen Menschenzahl, überall das gleiche Aussehen: hellblaue, trotzige Augen, rotblondes Haar, gewaltige Leiber, immer nur zu kühner Tat bereit; schwerer Arbeit sind sie nicht in gleichem Maße gewachsen. Durst und Hitze können sie gar nicht ertragen, an Kälte aber und Hunger sind sie in ihren Breiten, auf ihrem Boden gewöhnt.

Breiten latitudes

Silber° und Gold haben die Götter ihnen nicht geschenkt (ob aus Gunst oder Zorn?), doch möchte ich nicht behaupten, daß Germanien gar keine Ader Silbers oder Goldes habe; wer hätte danach gesucht? Es zu besitzen und zu gebrauchen, macht ihnen jedenfalls nicht viel aus. Man kann bei ihnen

Ader vein

4

silbernes Gerät sehen (wie es ihre Gesandten und Fürsten als Geschenk erhalten), das sie nicht höher schätzen als irdenes.

Selbst Eisen haben sie nicht allzuviel, wie ihre Waffen zeigen. Nur wenige tragen Schwerter oder längere Lanzen°; 5 meist brauchen sie Speere mit schmaler, kurzer Eisenspitze, aber so scharf und so handlich, daß sie dieselbe Waffe im Nahkampf wie im Fernkampf gebrauchen können. Schild und Speer allein genügen dem Reiter. Das Fußvolk, nackt oder im leichten Mantel, wirft auch Geschosse, und zwar un-10 glaublich weit. Die Schilde bemalen sie mit den buntesten Farben. Panzer haben sie kaum, Helme aus Bronze° oder Leder hat nur einer und der andere.

Sie nehmen auch Bilder und gewisse Götterzeichen in die Schlacht mit, und ein besonders wirksamer Anreiz zur 15 Tapferkeit ist es, daß Familien° und Sippen zusammenhalten. Dann sind auch für jeden seine Lieben ganz nahe, und da hört er das schrille° Geschrei der Frauen und das Wimmern der Kinder. Hier hat er die heiligsten Zeugen, und das lauteste Lob: zur Mutter, zur Frau kommt er mit seinen 20 Wunden, und sie schrecken nicht zurück. Es ist uns über-liefert, daß Frauen mehr als einmal schon wankende und weichende Reihen durch ihr unablässiges Flehen, die Brüste entblößend und auf die drohende Gefangenschaft deutend, wieder hergestellt haben. Denn ihre Frauen gefangen zu 25 denken, ist ihnen ganz unerträglich. Ja, sie schreiben den Frauen etwas Heiliges, Seherisches zu und verschmähen nicht ihren Rat.

Gerät *utensils*
irdenes *earthen*

handlich *handy*

Geschosse *javelins*

Helme *helmets*

Götterzeichen *augury*

Sippen *kin*

Wimmern *whimpering*

wankende *wavering*

entblößend *baring*

Markus-Säule in Rom

Schicksalserforschung
*augury, divination
of the future*

Sie glauben an eine Art Schicksalserforschung, durch die sie den Ausgang schwerer Kriege erfahren wollen. Aus dem Volk ihrer Gegner stellen sie einen Krieger, den sie irgendwie gefangen haben, ihrem eigenen besten Kämpfer gegenüber, jeden mit seinen heimischen Waffen: der Sieg des einen oder 5 des anderen bedeutet dann den Sieg des einen oder des anderen Volkes in der kommenden Schlacht.

Kommt es zum Kampf, so ist es ein Schimpf für den Fürsten sich an Tapferkeit übertreffen zu lassen, ein Schimpf für das Gefolge, der Tapferkeit des Führers nicht nachzuei- 10 fern. Höchste Schmach und Schande ist es für das ganze Leben, ohne den Herrn lebend vom Kampffeld zu weichen: ihn zu verteidigen ist höchste Pflicht. Fürsten kämpfen für den Sieg, das Gefolge kämpft für den Fürsten.

Wenn sie nicht Krieg führen, so verbringen sie ihre Zeit 15 entweder auf der Jagd, oder häufiger noch müßig. Gerade die Tapfersten und Kriegstüchtigsten tun gar nichts und überlassen die Sorge um Heim und Herd den Frauen und Greisen; sie selber sehen träge zu. Sonderbarer Zwiespalt ihres Wesens, daß dieselben Menschen so sehr das Nichtstun lieben und 20 doch die Ruhe hassen!

nachzueifern *to emulate*

Zwiespalt *contradiction*

Gefangene Germanen auf der Markus-Säule

Daß die germanischen Stämme keine Städte haben, ist
genügend bekannt, auch daß sie selbst organisierte° Siedlungen nicht gern haben. Sie bauen ohne Richtung und
Ordnung, wo ihnen eben eine Quelle, eine Wiese oder ein
5 Wald gefällt. Wohl haben sie Dörfer, aber nicht nach unserer
Art mit verbundenen und aneinanderstoßenden Gebäuden;
jeder umgibt sein Haus mit einem freien Raum, vielleicht zum
Schutz gegen Feuersgefahr, vielleicht weil er nicht besser zu
bauen versteht. Überall verwenden sie nur ungefüges Holz,
10 ohne Schmuck und Reiz. Doch bedecken sie einzelne Stellen
recht sorgfältig mit einer Art glänzender Erde, daß es farbig
und dekorativ° wirkt.

Ihre Ehesitten sind streng und von allen ihren Sitten
wohl am meisten zu loben. Denn fast allein bei diesem
15 Barbarenvolk ist jeder Mann mit einer Frau zufrieden. Eine
Mitgift bringt nicht die Frau dem Manne, sondern der Mann
der Frau. Dazu kommen Eltern und Verwandte zusammen
und prüfen die Geschenke. Sie sollen aber nicht als Weibertand
noch zum Schmuck für die neue Braut dienen. Typische°
20 Geschenke sind Rinder, ein Pferd oder ein Schild mit Speer
und Schwert. Dafür bringt die Frau selber dem Mann auch
eine Waffe zu: dies gilt ihnen als das stärkste Band, und als
Segen der Ehegötter.

Die Frauen leben von ihrer Keuschheit geschützt, weder
25 von den Lockungen des Schauspiels noch von den Freuden
der großen Gesellschaft verdorben; und von geheimen
Liebesaffären weiß weder Mann noch Weib. Höchst selten
kommt es in dem so zahlreichen Volk zu Ehebruch; und

Siedlungen *settlements*

ungefüges *rough-hewn*

Mitgift *dowry*

Weibertand *feminine trifles*

Typische°

Keuschheit *chastity*

Ehebruch *adultery*

7

dann folgt die Strafe unmittelbar und ist dem Mann über-
lassen. Mit abgeschnittenem Haar, entblößt, vor den Augen
der Verwandten, jagt er das Weib aus dem Hause und schlägt
Ruten *whips* sie mit Ruten durch das ganze Dorf. Und für verlorene
Keuschheit gibt es keine Verzeihung: nicht Schönheit, nicht 5
Jugend, nicht Reichtum könnte ihr einen Mann gewinnen.
Denn dort lacht niemand über das Laster, und Verführen
und Sichverführenlassen heißt nicht „der Geist der Zeit".
Besser steht es gewiß um Völker, bei denen nur Jungfrauen
heiraten. So erhalten sie einen Mann, wie sie einen Leib und 10
ein Leben erhalten haben, und sie lernen gleichsam nicht den
Ehegemahl, sondern die Ehe selber zu lieben. Die Zahl der
Kinder zu beschränken oder ein Kind zu töten, das nach dem
Tode des Vaters geboren wird, gilt als schändliche Tat: mehr
vermögen dort gute Sitten als anderswo gute Gesetze. 15

Gelage und Bewirtungen *banqueting and enter-taining*   Kein anderes Volk zeigt so große Neigung für Gelage
und Bewirtungen. Es gilt als Unrecht, irgendeinen Menschen
vom Hause zu weisen. Jeder ladet den Fremden zum Mahl ein.
Wenn alles verzehrt ist, was der Gastgeber zu bieten hat, zeigt
er den Weg zu einem anderen Gastfreund und begleitet den 20
Gast dahin. So treten sie ungeladen ins nächste Haus, wo sie
mit gleicher Freundlichkeit aufgenommen werden. Zwischen
Bekannten und Unbekannten unterscheidet man im Gastrecht
nicht.

Gerste *barley*   Ihr Getränk ist eine Art Wein aus Gerste oder Weizen. 25
Die Speise ist einfach, wilde° Früchte, frisches Fleisch, saure°
Würzen *spices* Milch. Ohne Würzen stillen° sie ihren Hunger°. Im Durst
haben sie nicht die gleiche Mäßigkeit. Wer ihnen zu trinken
verschaffte, so viel sie verlangten, der könnte sie dadurch fast
leichter als mit bewaffneter Hand überwinden. 30

Es gibt nur eine Art von Schauspiel, und die ist bei jedem Feste gleich. Nackte Jünglinge, die es zum Vergnügen tun, schwingen° sich im Tanz zwischen Schwertern und drohenden Speeren°. Übung hat sie geschickt und anmutig gemacht; doch suchen sie keinen Lohn: der Preis ihres so verwegenen Spieles ist die Freude der Zuschauer.

Merkwürdig sind sie beim Würfeln; sie treiben es ernsthaft, wie ein Geschäft, und mit so toller Leidenschaft bei Gewinn und Verlust, daß sie, wenn alles verloren ist, auf den letzten entscheidenden Wurf Freiheit und Leben setzen. Und wer verliert, wird freiwillig Sklave; sei er auch jünger und stärker, er läßt sich geduldig binden und verkaufen.

würfeln (inf.) *to throw dice*

Kaiser was ich zů rom in ſrankreich vnd ī tůtſche lande
vnd betzwang die gantze Spanie oͤz ſi wurdet crſten
Vnd vberwand Iamont vnd angel ſaͤ die helden
Mit kraft uerwarb ich ouch die ſameden
Menig widerwertig man machet ich mir vndertaͤn
Ich rudet vmb elͥ iaͤr nach de von got zů melͥcheit kam

II

Einhard

KARL der GROSSE

1

*On Christmas Day, 800, Pope Leo III placed the crown of the Roman Empire on the
head of Karl, King of the Franks, in St. Peter's at Rome. This act, Viscount Bryce wrote in
his history of the Holy Roman Empire, was "the central event of the Middle Ages"; it symbolized the union of the Roman and the Teuton, and "from that moment modern history begins."*

*The king's close friend and biographer Einhard recounts, in a style patterned to a large
extent on Suetonius, a biographer of Roman emperors, not only the great events of Karl's reign
but also the homely details of his hero's life. Einhard had first to explain the somewhat irregular
way in which Karl's family had come to the Frankish throne. So he describes how Childerich,
last of the Merovingian dynasty that preceded Karl's, was dethroned, his long hair and beard
— tokens of royalty — were shorn, and he himself was shunted away into a monastery.*

Das Geschlecht der Merowinger, aus dem die Franken
ihre Könige zu wählen pflegten, dauerte bis zu König
Childerich°. Der wurde auf Befehl des Papstes Stephan°

Merowinger *Merovingians
(the Frankish royal dynasty
preceding Karl's)*
Franken *Franks* Papst *pope*

11

scheren (inf.) *to shear*

Vorsteher *administrators, stewards*

wallendem *flowing*

12

abgesetzt, geschoren und in ein Kloster gesteckt. Wenn es auch scheint, als hätte erst mit ihm dies Geschlecht sein Ende gefunden, so war es doch schon längst ohne jede Bedeutung; durch nichts mehr war es ausgezeichnet als durch den Königs- namen, und auch der war leerer Schall. Denn der königliche 5 Besitz und Macht waren in den Händen der Vorsteher des Palasts, die das ganze Reich regierten. Der König mußte mit dem bloßen Titel° zufrieden sein und durfte nur mit langem Haare und wallendem Barte auf dem Throne° sitzen und so die Rolle° des Herrschers spielen. 10

Außer dem wertlosen Königstitel und dem unsicheren Unterhalt besaß er nichts als ein Landgut mit sehr kleinem Einkommen. Dort hatte er sein Haus, und von hier nahm er sich seine kleine Dienerschaft, die ihm die nötigen Dienste leistete und ihm gehorchte. Alle Reisen machte er auf einem 15

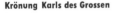

Krönung Karls des Grossen

Wagen, der von einem Ochsengespann gezogen wurde, das ein bäuerlicher Ochsentreiber lenkte. So begab er sich zum Palast, so zur öffentlichen Versammlung seines Volkes, und so kehrte er nach Hause zurück.

Ochsengespann *yoke (team) of oxen*

2

Karl's hardest struggle as king of the Franks was against the pagan Saxons, who lived in what is now northern Germany. He overcame them after more than thirty years of intermittent warfare.

Die Sachsen sind — wie übrigens fast alle Stämme Deutschlands — von unbändiger Natur°, dem Dämonenkult

Sachsen *Saxons*
unbändiger *unruly*
Dämonenkult *cult (worship) of demons*

Erbauung des Aachener Doms

ergeben, Feinde unserer Religion°. Dazu kamen noch andere
Umstände, die täglich den Frieden stören konnten. Unsere
und ihre Grenzen stießen fast überall aufeinander, und es gab
immer Mord, Raub und Brand. Dadurch wurden die Franken
so erbittert, daß sie es für gut hielten, den Krieg offen auf- 5
zunehmen, der volle 33 Jahre dauerte.

Er hätte früher beendet werden können, wenn dies die
Treulosigkeit der Sachsen zugelassen hätte. Es ist schwer zu
sagen, wie oft sie sich als besiegt ergaben, wie oft sie versprachen, die Befehle zu vollziehen und die Gesandten, die zu 10
ihnen geschickt wurden, aufnahmen. Zuweilen waren sie

gebändigt *subdued* so weit gebändigt, daß sie sogar versprachen, den Kult° ihrer
Dämonen° aufzugeben und sich der christlichen° Religion°

gewillt *determined* zu unterwerfen. Aber sie waren doch auch stets gewillt, all
das wieder umzustürzen. 15

Doch der König ließ sie niemals etwas ungestraft aus-
führen. Für jeden Treubruch schickte er zu ihnen eine

Strafexpedition *punitive* Strafexpedition und forderte eine passende Strafe, bis er
expedition schließlich die Rebellen° völlig unterwarf. Außerdem führte
er 10 000 Mann mit Weib und Kind von den beiden Ufern der 20

14

Krönungsmantel

Elbe° weg und verteilte sie über die verschiedenen Länder
Frankreichs und Deutschlands.

Der Krieg wurde nun unter folgenden Bedingungen
beendet: Sie hatten den Dämonenkult aufzugeben und dafür
5 die Sakramente° des christlichen Glaubens anzunehmen, sich
mit den Franken zu vereinigen und mit ihnen ein Volk zu
werden.

3

*Karl was not only a warrior but also the father of a family, eager to have his sons ride,
fight and hunt, while his daughters learned to spin and weave.*

Bei der Erziehung seiner Kinder hielt er es für gut, seine
Söhne und auch seine Töchter zunächst in den freien Künsten   freien Künsten *liberal arts*
10 unterrichten zu lassen, mit denen er sich selbst beschäftigte.
Nachher mußten seine Söhne, sobald sie alt genug waren, nach   nach Frankenart *in the*
Frankenart reiten, jagen und sich im Gebrauche der Waffen   *Frankish fashion*

15

üben. Seine Töchter mußten sich an das Wolleweben gewöhnen und spinnen lernen.

Von allen seinen Kindern verlor er nur zwei Söhne und
eine Tochter vor seinem Tode. Den Verlust ertrug er mit
wenig Geduld; sein Familiensinn war eben stark und ließ ihn 5
Tränen vergießen.

Auf die Erziehung seiner Söhne und Töchter verwandte
er so große Sorgfalt, daß er zu Hause nie ohne sie speiste und
nie ohne sie reiste. Seine Söhne ritten ihm zur Seite, während
die Töchter nachfolgten. Da sie außerordentlich schön waren 10
und er sie ungemein liebte, so ist es sehr merkwürdig, daß
er sie niemand aus seiner Umgebung und auch keinem
Fremden zur Ehe gab. Alle behielt er bis zu seinem Tode in
seinem Palaste bei sich, indem er sagte, er könne nicht ohne
sie sein. 15

Originalhandschrift der Vita Karoli

Karl der Grosse, Bronze

4

Einhard describes his hero, no Apollo despite his huge physique; healthy, fond of swimming, blessed with a good appetite, and inclined like some modern statesmen to take a short nap in the afternoon.

Er hatte einen stattlichen, kräftigen Körper; sein Kopf war oben rund, seine Augen waren sehr groß und lebhaft, die Nase ging etwas über das Mittelmaß hinaus, dazu hatte er herrliches weißes Haar und ein frohes und heiteres Gesicht. ging ... über das Mittelmaß hinaus *was larger than the average*

5 Und so gewann seine Gestalt hohes Ansehen und Würde, wenn auch sein Nacken dick und etwas zu kurz war, und sein Bauch etwas vorsprang. Sein Gang war fest, die ganze Körperhaltung männlich, die Stimme hell, doch im Verhältnis zu dem gewaltigen Körper etwas zu schwach. Er erfreute sich 10 immer guter Gesundheit, nur während seiner vier letzten Jahre ergriff ihn häufig ein Fieber, und zuletzt hinkte er auf einem Fuße. Und da handelte er mehr nach seinem eigenen Willen als nach dem Rate der Ärzte, die er beinahe haßte, weil sie ihm rieten, den gewohnten Braten aufzugeben und dafür 15 sich an gesottenes Fleisch zu gewöhnen.

Bauch *belly*
vorspringen (inf.) *to protrude*

hinkte *limped*

sieden (inf.) *to boil*

Unermüdlich war er im Reiten und Jagen. Er hatte eine große Freude an dem Dampfe der von Natur° heißen Quellen

17

und übte seinen Körper häufig im Schwimmen. Er baute

Aachen (*a city in northwestern Germany*)

deshalb auch seinen Palast zu Aachen. Und nicht nur seine Söhne, auch die Vornehmen und seine Freunde lud er zum Baden ein, so daß manchmal hundert und mehr Menschen zugleich badeten. 5

auf Frankenart *in the Frankish fashion*
ausländische *foreign*
und . . . noch so *no matter how*

Karl kleidete sich nach Vätersitte, das heißt auf Frankenart. Ausländische Kleidung, und war sie noch so herrlich, wies er zurück.

In Speise und Trank war er mäßig. Bei seinen täglichen Mahlzeiten wurden nur vier Gerichte aufgetragen, und dazu 10 kam noch der Braten, den Jäger am Spieße hereinzutragen pflegten. Bei Tische hörte er sich Musik° oder einen Vorleser an; geschichtliche Werke und die Taten der Alten wurden

vortragen (inf.) *to recite*

dabei vorgetragen. Im Sommer nahm er nach dem Mittagsmahl etwas Obst, trank einmal, legte wie zur Nachtzeit 15 Kleider und Schuhe ab und ruhte zwei bis drei Stunden.

Reichsapfel

5

Karl's respect for learning appeared in many ways — the establishment of a palace school where the leading scholars of his day taught; the high intellectual tone of his intimate court circle; and his own diligent study of the customary curriculum, though he himself could hardly write.

entströmte *flowed from*

Sprach er, so entströmte in reicher Fülle das Wort seinem Munde. Klar und deutlich vermochte er alles, was er wollte, auszudrücken. Latein° beherrschte er wie Deutsch,

18

Griechisch konnte er besser verstehen als sprechen. Er pflegte Griechisch *Greek*
eifrig die Wissenschaften, schätzte ihre Lehrer und zeichnete
sie mit den höchsten Ehren aus. Karl verwandte viel Zeit und
Mühe, um sich in Rhetorik°, Dialektik° und vor allem in der
5 Astronomie° unterrichten zu lassen. Außerdem übte er sich im
Schreiben. Zu diesem Zwecke hatte er stets Schreibtäfelchen
und Büchlein unter dem Kissen seines Bettes, damit er in
schlaflosen Stunden seine Hand an das Formen von Buchstaben gewöhne; doch machte er dabei nur geringe Fort-
10 schritte, er war eben spät, zu spät, an diese Arbeit gegangen.

Karl der Grosse

6

*Einhard says surprisingly little of the imperial coronation by the Pope on that earth-shaking
Christmas Day in 800 ("the central event of the Middle Ages"). He precedes his account by a
brief allusion to the troubles of Leo III, whose sufferings at the hands of his foes he magnifies.
In Einhard's eyes it is rather Karl the Frankish King than Carolus the Roman Emperor who
died at Aachen, after turning over the empire to the weak hands of his son. Shortly it collapsed,
and with it the unity Karl had enforced on western Europe from the Elbe to far beyond the Alps
and the Pyrenees.*

19

Karolingisches Reich

Römer *Romans*

Die Römer zwangen Papst Leo, der schweres Unrecht erlitten hatte — es waren ihm die Augen und die Zunge ausgerissen worden — den Schutz des Königs anzurufen. Er begab sich also deshalb nach Rom°, um die schwer erschütterte Kirche wieder in Ordnung zu bringen. Das dauerte den ganzen Winter. Damals erhielt Karl auch den Namen Kaiser. Zuerst war er sehr dagegen; er versicherte, hätte er die Absicht des Papstes gekannt, so hätte er an diesem Tage die Kirche überhaupt nicht betreten, obgleich es ein Hochfest war.

Als ihn gegen sein Lebensende Krankheit und das hohe Alter bedrückten, rief er seinen Sohn Ludwig°, den König von Aquitanien, zu sich, ließ aus dem ganzen Reiche den Adel zusammenkommen und machte mit der Zustimmung aller Ludwig zum Mitregenten in seinem ganzen Reiche und zum Erben des Kaisernamens. Er setzte seinem Sohne die Krone auf das Haupt und befahl, daß er von da an Kaiser genannt

Aquitanien *Aquitania (a kingdom in western France)*
Adel *nobility, nobles*
Mitregenten *co-ruler*

werde. Alle Anwesenden nahmen dies mit großem Beifall auf. Diese Tat hob noch sein kaiserliches Ansehen und jagte den fremden Völkern keinen geringen Schrecken ein. Er kehrte ungefähr am ersten November nach Aachen zurück. Hier
5 ergriff ihn ein heftiger Fieberanfall. So starb er am siebenten Tage, nach Empfang der heiligen Kommunion°, im zweiundsiebzigsten Lebensjahre.

Sein Körper wurde nach altem Brauche gewaschen und unter der tiefsten Trauer des ganzen Volkes in die Kirche
10 getragen. Hier wurde er noch an demselben Tage begraben. Dann wurde über seinem Grabe ein Bogen mit seinem Bilde und einer Inschrift errichtet. Auf der Inschrift stehen die Worte:

„In diesem Grabe liegt der Leib Karls des großen
15 Kaisers, der das Reich der Franken rühmlich mehrte und der XLVII Jahre glücklich herrschte."

einjagen (inf.) *to instill* (*into*)

Reichskreuz

III

new developments in writing approx 1180-1230

Gottfried von Strassburg

TRISTAN UND ISOLDE

In the late twelfth and early thirteenth centuries, German literature reached a degree of brilliance which it was not again to attain until the age of Goethe. The great courtly epics, Parzival by Wolfram von Eschenbach; Tristan und Isolde by Gottfried von Straßburg; the narrative poem, Der arme Heinrich by Hartmann von Aue; the heroic epic, Das Nibelungenlied; and the exquisite lyric poetry of Walther von der Vogelweide (see p. 147) are but the most famous of many works produced during this brief period of about fifty years.

Tristan und Isolde is the tale of a passion which is all-powerful and irresistible, its magic symbolized by the love potion which Tristan and Isolde drink, to be from then on captives of a force which is stronger than themselves. The central section of the epic is a series of episodes in which Tristan and Isolde manage to fulfill their love under the watchful eye of the suspicious King Marke, Isolde's husband. Over and over again Marke is outwitted by the devices of the lovers in his attempts to confirm his suspicions of his wife's infidelity. But the very nature of such intrigue is basically a tragic one and Gottfried seems rather to be criticizing the court for not comprehending the true dimensions of an elemental passion than portraying acts of disloyalty.

Like Romeo and Juliet, Tristan und Isolde is a tragic story, yet Gottfried's subtlety and his great skill in the use of poetic language imbue the poem with a buoyancy and esthetic charm which counterbalance the tragic theme.

The excerpts which follow are given, of course, in modern translation, since the Middle High German of the original cannot be understood without special study. Here are a few lines of the original which you can compare with lines 12 to 26 of the first excerpt:

si zôch es ûz und sach ez an
und schouwete ez wâ unde wâ.
nu ersach si den gebresten dâ:
si begunde an die scharten
5 lang' unde sêre warten
und gedâhte in ir muote:
,,sem mir got der guote,
ich waene, ich den gebresten hân,

der hie inne solte stân,
und zwâre ich wil es nemen war."
si brâhte in unde sazte in dar:
nu fuogte diu lucke
und daz vertâne stucke
und wâren alse einbaere,
als obe ez ein dinc waere.

23

1

Tristan, a knight at the court of King Marke of Cornwall, has slain the Irish hero Morold and thus freed his country from subjugation to Ireland. But he has been wounded by Morold's poisoned sword and learns that only Isolde, Morold's sister and Queen of Ireland, can cure him. Assuming the name of Tantris, he goes to Ireland, is healed, and becomes a favorite of both Queen Isolde and her daughter (the heroine of the epic), whose name is also Isolde. He returns home to Cornwall, but some time later again journeys to Ireland to obtain the hand of young Isolde for his king, Marke. He still conceals his real identity, but, in the scene which follows, young Isolde discovers that a splinter of steel which had been found in the head of the slain Morold fits exactly into the sword of Tantris. She thus knows that Tantris is really Tristan, slayer of her uncle.

Gar oft betrachtete Isot
Des Manns Gestalt, sein ganzes Tun,
Und insgeheim begann° sie nun
Nach seinem Antlitz, seinen Händen
Manchen Seitenblick zu senden°.   5
So hatte sie auf alles acht,
Was eine Maid° an einem Mann
Mit Züchten wohl betrachten kann,
Und alles schien ihr auserlesen.
    Ich weiß nicht, wie sie dazu kam,   10
Daß sie sein Schwert zu Händen nahm,
Sie zog es aus und schaut' es an
Von allen Seiten, bis sie da
Die Lücke in der Klinge sah.
Lang stand die Maid° und starrte   25
Auf die seltsame Scharte

insgeheim *secretly* (line 3)
began (line 5)
mit Züchten *with propriety* / auserlesen *exquisite* (lines 8–9)
Maid° *maid* (lines 7, 15)
Klinge *blade* (line 14)
Scharte *notch* (line 16)

Und dacht' in ihrem Mute:
„Mir helfe Gott° der Gute!
Den Fehl an diesem Eisen,
Das wird sich gleich erweisen,
5 Ich glaub', den hab' ich hier im Schrein."—
Sie holte ihn und setzt' ihn ein,
Und sieh, da ward die Lücke
Von dem unsel'gen Stücke
So ganz und glatt geschlossen,
10 Als wär's hineingegossen.
„Ach, unselige Isot!"
So rief sie, „Ach und wehe mir!
Wer hat die leid'ge Waffe hier
Vom Lande° Kornwall° hergetragen?
15 Damit ward mir mein Ohm erschlagen,
Und der ihn schlug, der hieß Tristan.
Wer gab sie diesem fremden Mann?
Der ist Tantris doch genannt."—
Da hub sie an, wie festgebannt
20 Die Namen zu betrachten,
Auf beider Laut zu achten.
„O Himmel", sprach sie da bei sich,
„Diese Namen quälen mich:
Woher auch beide stammen,
25 Sie lauten nah zusammen."
„Ja", sprach sie, „Tantris und Tristan,
Da klingt mir ein Geheimnis an.
Dies Schwert, das soll sein Ende° sein.
Nun eile, räch dein Leid, Isot!
30 Liegt er von diesem Schwerte tot,
Womit er deinen Ohm erschlug,
Dann tatst der Rache du genug."—

den Fehl *the missing piece*

Schrein *chest*

Lücke *gap*

leid'ge *abominable*

Ohm *uncle*

hub . . . an *began*
festgebannt *spell-bound*

klingt mir an *strikes my ear*

   Schnell trat die junge Königin

blankem *shining* Mit blankem Schwert vor Tristan hin,

   Der eben dort im Bade saß.

   „Tristan", sprach sie, „des bin ich gewiß,

   So bist du Tantris und Tristan: 5

   Die beiden sind e i n toter Mann.

   Für das, was Tristan mir getan,

empfahn *receive* Soll Tantris nun den Lohn empfahn." —

   „Gnade, schöne Maid° Isot!"

verruchter *infamous* Rief Tristan. — „Ei, verruchter Mann, 10

   Ei, rufst du mich um Gnade an?

   Gnade gehöret nicht zu dir:

   Tristan, dein Leben läßt du mir."

   Hiermit lief sie ihn wieder an,

   Und wieder rief hiermit Tristan: 15

   „Gnade, Gnade, schöne Maid!"

   Er mochte ohne Sorgen sein:

   Und hätte sie ihn auch gefunden

Stricken *ropes* Mit Stricken in das Bad gebunden,

   Und hätt' auch niemand ihr gewehrt, 20

versehrt *harmed* Sie hätt' ihm doch kein Haar versehrt.

frauenmilde *gentle* Die süße frauenmilde Maid,

   Die nie im Herzen Bitterkeit

Herzensgalle *rancor* Und Herzensgalle nie getragen,

   Die sollte einen Mann erschlagen! 25

   Sie tat nur so vor Zorn und Leid,

   Als wäre sie dazu bereit;

   Sie hätt' es auch vielleicht gewagt,

versagt *failed* Hätte das Herz ihr nicht versagt:

   Das wollte, so zu hassen, 30

Sich nicht gebieten lassen.
Sie warf das Schwert danieder
Und hob es alsbald wieder:

alsbald *at once*

Gut oder bös, was wählt sie nun?
5 Sie will es lassen, will es tun.
So schwankt der ungewisse Streit,
Bis doch die süße Weiblichkeit
Zu Tristans Heil den Zorn vertrieb
Und Morold ungerochen blieb.

2

*Tristan finally obtains the consent of Queen Isolde for her daughter's marriage to King
Marke, and the young Isolde agrees to accompany Tristan to Cornwall. Just before their departure,
Queen Isolde prepares a love philter and entrusts it secretly to her daughter's maid and com-
panion Brangäne, who is to see that Isolde and Marke drink it after the wedding.*

10 Doch während er und sein Geleit

Geleit *retinue*

Sich fertig machten und bereit,
Braute Frau Isot indes

braute *brewed*

In einem kleinen Glasgefäß

Glasgefäß *vessel of glass*

Einen Trank der Minne
15 Den sie mit weisem Sinne,
Mit feiner Wissenschaft erdacht
Und dann mit Zauberkunst vollbracht:

vollbracht *created, produced*

Es mußten, die ihn tranken,
In Herzen und Gedanken
20 Sich lieben wider Willen
In Sehnsucht, nicht zu stillen°,
Eins fortan in Glück und Not,

fortan *thenceforth*

Eins im Leben und im Tod.
Mit diesem Tranke kam die Weise,
25 Und zu Brangäne sprach sie leise:
„Du sollst mit meiner Tochter hin.
Nun richte darauf deinen Sinn,
Und was ich sage, merke dir:

Dies Glas° mit diesem Tranke hier,
Das nimm in deine treue Hut
Und hüt' es über alles Gut.
Sieh, daß kein Aug' auf Erden
Es möge inne werden,   5
Und sorg' vor allem andern Dinge,
Daß niemand es zum Munde bringe.
Doch nimm die Stunde wohl in acht:
Bevor ihr in der Hochzeitnacht
Isot mit Marke laßt allein,   10
Schenk' ihnen diesen Trank für Wein,
Doch so, daß sie und niemand mehr
Das Glas° zusammen trinken leer.''

3

On board the ship, the fateful potion is accidentally drunk by the unsuspecting Tristan and Isolde.

Man hielt an eines Hafens Strand;
Zur Kurzweil ging das Volk ans Land°,   Kurzweil *diversion*
Und still° und einsam ward's an Bord°.
Tristan aber kam sofort
5 Ins Kämmerlein der Frauen,
Um nach Isot zu schauen,
Und als er bei der Lichten saß   der Lichten *the fair one*
Und plauderte bald dies, bald das,
Hieß er zu trinken bringen.
10 Nun war da bei der Königin
Niemand in der Kammer drin
Als ein'ge kleine Mägdelein;
Von denen rief eins: „Hier steht Wein,
Ein Glas voll,° seht, in diesem Schrank."—
15 Wohl glich dem Weine dieser Trank:
Ach, leider nein, es war kein Wein,
Es war die ungestillte Pein,
Die endlos heiße Herzensnot,
Von der einst beide lagen tot.
20 Doch arglos sprang das Kind empor,   arglos *unsuspecting*
Zog den verborgnen Trank hervor,
Und reicht' ihn seinem Meister hin;
Der bot ihn erst der Königin.
Ungern und nur auf sein Begehr   Begehr *request*
25 Trank sie, und danach trank auch er,
Und beide wähnten, es sei Wein.   wähnten *believed*
Inzwischen trat Brangäne ein;
Die hatte kaum das Glas gesehn,
So wußte sie, was hier geschehn.
30 „O weh mir Armen!" rief sie, „weh,
O weh Tristan, o weh Isot,
Der Trank ist euer beider Tod!"—
Doch als die Jungfrau und der Mann,
Als nun Isolde und Tristan
35 Den Trank getrunken, was geschah?
Gleich war der Welt Unruhe da,   Herzensjägerin *hunter of*
Minne, die Herzensjägerin,   *hearts*

Und schlich zu ihren Herzen hin
Und unterwarf sie mit Gewalt.
Eins und einig wurden bald,
Die zwei gewesen und entzweit.
Nun hatten sie nach langem Streit   5
In raschem Frieden sich gefunden.
entschwunden *vanished*   Der Haß Isoldens war entschwunden:
Versöhnerin *conciliator*   Minne, die Versöhnerin,
Die hatte ihrer beider Sinn
Von Hasse so gereinigt,   10
In Liebe so vereinigt,
Daß eins dem andern hell und klar
Und lauter wie ein Spiegel war.
Sie hatten nur ein einz'ges Herz:
Isoldens Leid war Tristans Schmerz   15
Und Tristans Schmerz Isoldens Leid.
Sie einten sich für alle Zeit
In Freude und in Leide.

4

Tristan and Isolde, now the victims of an overpowering love, become involved in deception and intrigue to keep their love from Marke. A dwarf, Melot, attached to Marke's court, having become suspicious, persuades the king into a scheme to surprise the lovers by concealing himself in a tree at their trysting place. But they discover his presence and by quick thinking and adroit conversation allay his suspicions.

Und als sie kamen in den Garten°
Geheim zu nächt'ger Stunde
Und suchten in der Runde,
Da fand der König mit dem Zwerge
5 Keinen Ort, wo er sich bärge,   sich bergen (inf.) *to hide*
Um selber ungesehen
Die beiden auszuspähen.   auszuspähen *to spy out*
Doch in des Gartens° Mitte stand
Ein Ölbaum an des Brunnens Rand,   Ölbaum *olive tree*
10 Niedrig, doch von Ästen breit:
Schnell machten beide sich bereit,
Daß sie den Baum bestiegen.
Dort saßen sie und schwiegen.
    Herr Tristan, da es dunkel ward,
15 Schlich wieder hin auf seine Fahrt.
So kam's, daß er den Schatten sah
Vom König und dem kleinen Wicht;   Wicht *creature, wight*
Denn durch die Zweige klar und licht

Von oben fiel des Mondes Schein.
Doch als er so von diesen zwein
Nahm die Gestalten deutlich wahr,
Sofort erkannt' er die Gefahr.
„Gott und Herr", dacht' er bei sich,   5

beschirme *protect*   „Beschirme du Isold und mich!
Denn fallen diese Schatten nicht
Ihr gleich von Anfang zu Gesicht,
So eilt sie gradaus her zu mir."

wand *wound*   Und ihres Mantels Falten wand   10
Isot ums Haupt mit schneller Hand°
Und schlich durch Gras° und Blumen dann
Zum Ölbaum, wo der Brunnen rann.
Doch als sie Tristan kam so nah,
Daß eines nun das andre sah,   15
Blieb jener unbeweglich stehn,
Was doch zuvor noch nie geschehn:
Denn kam sie sonst zu ihm gegangen,
So lief er hin, sie zu empfangen.

Das wunderte die Königin,   20
Und ängstlich fuhr's ihr durch den Sinn;

frug = fragte   Sie frug sich bang, was heute
Der fremde Brauch bedeute.
Da ward ihr Herz von Sorgen schwer;
Sie schlich gesenkten Haupts daher,   25
Furchtsam zögernd Schritt für Schritt:
So kam's, wie sie mit scheuem Tritt
Dem Baum sich nahte, daß sie da
Im Gras drei Mannesschatten sah,
Und stand doch nur ein einz'ger dort.   30
Daran erkannt' auch sie sofort
Die Schlingen und Gefahren

Und an des Freunds Gebaren,   Gebaren *actions*
Der sich ihr fern hielt wie noch nie.
Und wieder dachte sie bei sich:
„Kennt Tristan wirklich die Gefahr?
5 Gewiß, er kennt sie offenbar;
Das zeigt er mir ja deutlich an."—
    Sie stand von ferne und begann:
„Herr Tristan, ich bin schlecht erbaut,   schlecht erbaut *not pleased*
Wie meiner Torheit Ihr vertraut
10 Und deren also sicher seid,
Daß Ihr von mir zu solcher Zeit
Zwiesprach mögt begehren.   Zwiesprach *a private talk*
Nun, Herr, was Ihr mir habt zu sagen,
Das saget mir; denn ich will gehn:
15 Ich kann nicht länger bei Euch stehn.
Man hat so manche Märe   Märe *tale*
Von Euch erfunden und von mir:
Sie schwören alle drauf, daß wir
Begehrlich trachten jederzeit   begehrlich trachten
20 Nach sündiger Vertraulichkeit.   *passionately strive*
So geht der Wahn von Mund zu Mund,
Daß mit solch quälendem Verdacht
Mein Herr, der König, mich bewacht
Um Euretwillen, Herr Tristan,
25 Gott weiß, er tut nicht recht daran."
    „Ach, güt'ge Herrin", sprach Tristan,
„Ihr ließt — ich zweifle nicht daran —
In Wort und Tat Euch nimmer scheiden
Von dem, was Ehre heischt und Pflicht.   heischt *demands*
30 Doch dulden das die Lügner nicht,
Die Arges über uns erdacht
Und damit grundlos uns gebracht   bringen (inf.) um *to deprive of*
Um meines Herren Hulden,   Hulden *favor*
Gott weiß, für kein Verschulden.   Verschulden *offence*
35 Ihr wißt, daß gegen Euch und ihn
Ich doch so ganz unschuldig bin:
Bedenkt das mit gerechtem Sinn
Und ratet ihm erbarmungsvoll: erbarmungsvoll *mercifully*
Er stelle sich, und so auch Ihr,   sich anstellen (inf.) *to act*
40 Freundschaftlich an, als ob ihr mir
Noch gnädig wäret wie vor Zeiten."
    „Herr Tristan", sprach darauf Isot,

„Eure Not und Traurigkeit,
Das wisse Gott, die sind mir leid.
Zwar hätt' ich Ursach', Euch zu hassen;
Doch will ich's aus Erbarmen lassen,
Weil Ihr in solchem Herzeleid   5
Schuldlos um meinetwillen seid.

wie mir's gelinge as far as Wie mir's gelinge, Eure Bitte
possible Trag ich ihm vor, so gut ich kann."
             „Dank, edle Herrin", sprach Tristan.
So schieden sie bei diesem Wort.   10
Die Königin ging wieder fort.
Tristan lenkte trauernd auch

von dannen from there Von dannen seine Schritte.
Der König als der dritte
Saß auf dem Baume trauervoll,   15
Das Leid, davon das Herz ihm schwoll,
Das ging ihm recht an Seel' und Leib,
Daß er den Neffen und das Weib

befehdet attacked Mit bösem Wahn befehdet.
mißgeschaffnen Wicht Melot, den mißgeschaffnen Wicht,   20
misshapen creature Schalt er mit grimmigem Gesicht,
Er hätte schmählich ihn betrogen
Und auf sein reines Weib gelogen.
Dann stiegen sie vom Baume nieder
Und ritten nach dem Walde wieder.   25

Aus einer Tristanhandschrift

5

In the last complete section of Gottfried's unfinished poem, Tristan is forced to go into exile, Marke at long last having discovered the lovers together. The poignant leave-taking contains some of the most moving verse of the entire epic.

„Nun, Herzenskönigin Isot,
Nun müssen wir uns scheiden,
Und ach, wann wird uns beiden
Je wieder hier auf Erden
5 Solch süße Stunde werden?
Doch haltet fest im Sinne,
Wie wir in treuer Minne
Uns angehört bis diesen Tag:
Seht, daß sie treu verbleiben mag.
10 Laßt mich aus Eurem Herzen nicht;
Denn aus dem meinen, bis es bricht,
Da kommt Ihr nun und nimmer;
Vergesset mein um keine Not!
Süße, herrliche Isot,
15 Lebt wohl und küßt mich noch einmal!"—
   Sie trat zurück in banger Qual
Und sah mit Seufzen nach ihm hin:
„Herr, unser Herz und unser Sinn,
Ach, die sind doch zu lange
20 Und mit zu vollem Drange
Einander hingegeben,
Um je fortan im Leben   **fortan** *henceforth*
Zu lernen, was Vergessen sei.
Hier nehmet hin dies Ringelein,
25 Und laßt Euch das ein Zeichen sein
Der Treue und der Minne,
Und werden Eure Sinne
Jemals fern im fremden Land
Einer andern zugewandt,   **zugewandt** *turned to*
30 So seht es an und denkt dabei,
Wie weh mir jetzt im Herzen sei.
Mein Leben zieht mit Euch von hier.
So kommt denn her und küsset mich!
Isot und Tristan, Ihr und ich,
35 Wir zwei sind immer beide
Ein Leib in Lieb und Leide.°

Laßt diesen Kuß das Siegel sein,
Daß ich bin Euer und Ihr mein
In steten Treuen bis zum Tod,
Untrennbar Tristan und Isot."

Dürer Selbstbildnis, 1500

IV

ALBRECHT DÜRER

1

Albrecht Dürer's paintings, woodcuts, engravings, and drawings helped to give to his beloved city of Nürnberg a position in sixteenth-century Germany comparable to that of Florence or Venice in Renaissance Italy. The illustrations in this chapter will give you an idea of the variety and beauty of his works. He remained, with all his fame, a simple and attractive personality, who honored the memory of his father — a goldsmith, immigrant to Nürnberg from Hungary — and his poor, careworn mother; and in his <u>Gedenkbuch,</u> *recollections of his life, there is a moving passage on her last illness and death.*

Nun sollt ihr wissen, daß im Jahr 1513 meine arme elende Mutter, die ich zwei Jahre nach meines Vaters Tod zu mir nahm in meine Pflege, nachdem sie neun Jahre bei mir gewesen war, an einem Morgen früh also tödlich krank wurde, daß wir die Kammer aufbrachen, denn wir, da sie nicht 5 aufmachen konnte, sonst nicht zu ihr konnten. Also trugen wir sie herab in eine Stube, und man gab ihr beide Sakramente°. Denn alle Welt meinte, sie sollte sterben. Denn sie hatte keine

gesunde Zeit nie nach meines Vaters Tod. Und ihre guten
Werke und Barmherzigkeit, die sie gegen jedermann erzeigt
hat, kann ich nicht genugsam anzeigen und ihr gutes Lob.

Diese meine fromme Mutter hat achtzehn Kinder getragen
5 und erzogen, hat oft die Pestilenz° gehabt, viele andere schwere
bedeutende Krankheiten, hat große Armut gelitten, Verspot-
tung, Verachtung, höhnische Worte, Schrecken und große
Widerwärtigkeit, doch ist sie nie rachgierig gewesen.

Als man zählte 1514 Jahre, es war der 17. Tag im Mai°,
10 zwei Stunden vor der Nacht, ist meine fromme Mutter
Barbara Dürer verschieden christlich° mit allen Sakramenten°,
aus päpstlicher Gewalt von Pein und Schuld absolviert°. Sie
hat mir auch vorher ihren Segen gegeben und den göttlichen
Frieden gewünscht mit viel schöner Lehre, daß ich mich vor
15 Sünde hüten sollte.

Und sie fürchtete den Tod hart, aber sie sagte, vor Gott zu kommen fürchtete sie sich nicht. Sie ist auch hart gestorben, und ich merkte, daß sie etwas Grausames sah. Denn sie forderte das Weihwasser, und hatte doch vorher lange nicht geredet. Also brachen ihr die Augen. Ich sah auch, wie ihr 5 der Tod zwei große Stöße ans Herz gab, und wie sie Mund und Augen zutat und verschied mit Schmerzen. Ich betete für sie. Davon habe ich solche Schmerzen gehabt, daß ich es nicht aussprechen kann. Gott sei ihr gnädig. Und ihre gewöhnliche Freude ist allweg gewesen, von Gott zu reden, 1 und sie sah gern die Ehre Gottes. Und sie war im 63. Jahr, als sie starb. Und ich habe sie ehrlich nach meinem Vermögen begraben lassen. Gott der Herr verleihe mir, daß ich auch ein seliges Ende° nehme, und daß Gott mit seinem himmlischen Heer, mein Vater, Mutter und Freunde zu meinem Ende 1 kommen wollen, und daß uns der allmächtige Gott das ewige Leben gebe. Amen. Und in ihrem Tod sah sie viel lieblicher aus, denn als sie noch das Leben hatte.

Weihwasser *holy water*

allweg *always*

2

Dürer's restless desire to know the best of Italian art led him to Venice. During a year of study and creation there, he wrote to his friend Pirkheimer, a Nürnberg humanist, letters full of details of his pleasant life, and in the end he expressed his sorrow at leaving this happy land for the less appreciative north.

Venedig *Venice*
Welschen *Italians*
Lautenspieler *lute players*
Bellini (*a renowned Venetian painter*)

Ich wollte, daß Ihr hier zu Venedig wärt, es sind so viele artige Gesellen unter den Welschen, vernünftige Gelehrte, 2 gute Lautenspieler, Verständige im Malen und viele von edlem Sinne, und sie tun mir viel Ehre. Giovanni Bellini hat mich vor vielen Herren sehr gelobt. Er wollte gern etwas von mir haben und ist selber zu mir gekommen und hat mich gebeten, ich sollte ihm etwas machen, er wollte's wohl bezahlen. 2 Und mir sagen alle die Leute, daß er ein so frommer Mann ist, daß ich ihm gleich günstig bin. Er ist sehr alt und ist noch der beste unter den Malern.

Da Ihr schreibt, ich soll bald heimkommen, will ich so früh kommen, wie ich kann. Ich mache Euch bekannt, wann 3 ich kommen will. Ich bin in 10 Tagen hier fertig. Danach werde ich nach Bologna° reisen, zum Unterricht in der heim-

Willibald Pirkheimer

lichen Perspektive°, die mich einer dort lehren will. Da werde
ich in ungefähr 8 oder 10 Tagen bereit sein, wieder nach
Venedig zu fahren. Danach will ich mit dem nächsten Boten
kommen. O, wie wird's mich nach der Sonne frieren—hier
5 bin ich ein Herr, daheim ein Schmarotzer!

Schmarotzer *parasite*

3

Dürer combined grandeur of imagination with meticulous craftsmanship and an extra-ordinary scientific interest in the technique of painting developed in Renaissance Italy. He prepared a text on the problem of human proportions in art, dedicating it to his friend Pirkheimer. From the dedication comes the following passage.

Wenn die Bücher der Alten, die von der Kunst des
Malens geschrieben haben, noch vorhanden wären, so könnte
mein Vorhaben, als dächte ich, etwas Besseres zu erfinden,
unfreundlich ausgelegt werden. Da aber solche Bücher ganz

Vorhaben *intention*
ausgelegt *interpreted*

Traumgesicht, Aquarell

verweisen (inf.) *to reproach*

verloren worden sind, so kann mir billig nicht verwiesen werden, daß ich, wie auch die Alten getan haben, meine Meinung und Erfindung schriftlich ausgehen lasse, damit die Kunst der Malerei mit der Zeit wieder zu ihrer Vollkommenheit kommen möge.   5

Es ist offenbar, daß die deutschen Maler mit ihrer Hand und ihrem Brauch der Farben nicht wenig geschickt sind, obwohl sie bisher an der Kunst der Messung, auch Perspektive° und anderem dergleichen Mangel gehabt haben. Daher ist wohl zu hoffen, wenn sie auch diese erlangen und also den 10 Brauch und die Kunst miteinander besitzen, so werden sie mit der Zeit keiner anderen Nation° den Preis vor sich lassen.

4

The turmoil of the Reformation and the Peasants' War accompanying it stirred in Dürer, as in many of his contemporaries, an almost apocalyptic feeling; nightmares and visions disturbed them, the end of the world seemed close at hand. Dürer dreamed one night of a flood descending from heaven, like that which Noah escaped, and the next morning he painted his vision, writing below it what he had seen.

Im Jahre 1525 nach dem Pfingsttag zwischen dem Mittwoch und dem Donnerstag in der Nacht im Schlaf habe ich dies Gesicht gesehen, wie viele große Wasser vom Himmel fielen. Und das erste traf das Erdreich ungefähr vier Meilen°
5 von mir mit einer solchen Grausamkeit; mit einem übergroßen Rauschen und Zerspritzen und ertränkte das ganze Land. Dabei erschrak ich so gar schwer, daß ich daran erwachte, ehe die anderen Wasser fielen. Und die Wasser, die da fielen, die waren sehr groß. Und von ihnen fielen etliche
10 weiter, etliche näher, und sie kamen von so hoch herab, daß sie schienen gleich langsam zu fallen. Aber da das erste Wasser, das das Erdreich traf, bald herbeikam, da fiel es mit einer solchen Geschwindigkeit, Wind° und Brausen, daß ich also erschrak, als ich erwachte, daß mir all mein Körper zitterte
15 und ich lange nicht recht zu mir selbst kam. Aber da ich am Morgen aufstand, malte ich hier oben, wie ich es gesehen hatte. Gott wende alle Dinge zum besten.

Pfingsttag *Whitsunday, Pentecost*

Erdreich *earth*

Zerspritzen *burst of spray* ertränkte *drowned, flooded*

43

5

The last of Dürer's major works, and perhaps the finest, is the "Four Apostles"—John and Peter, Paul and Mark—a theme that moved him especially, as he saw the chaos created in Nürnberg by "false prophets"—rabble-rousing extremists who misinterpreted the Gospels. Heinrich Wölfflin, outstanding among modern European art critics, wrote of this painting:

Hier wollte er wenigstens einmal in monumentaler° Form° sich aussprechen. Niemand hat die Bilder bestellt, niemand hat sie gekauft, sie sollten auch nicht in eine Kirche kommen. Dürer schenkte sie dem Rat seiner Vaterstadt. In Zeiten, wo alles wankt, will er die Bilder der Lehrer aufstellen, die der Menschheit als einzige Weiser zum Rechten dienen können. Mit merkwürdiger Auswahl sind es nicht die Apostelfürsten Petrus° und Paulus°, denen das erste Wort gegeben ist, sondern Johannes° und Paulus, und dann erst folgen Petrus und Markus°.

Es sind hohe schmale Tafeln, gerade ausreichend, einen Mann zu fassen. Jede Raumschönheit im italienischen° Sinne bleibt ausgeschlossen. Alles ist Ausdruck. Die Bewegung wird aber mehr gefühlt als gesehen, denn die Figuren° sind in große Mäntel gehüllt. Mit der ganzen ungeheuren Energie°, die Dürer in sich trug, sind die wuchtigen Massen° der weißen Hülle bei Paulus modelliert, und dann im ausgesprochenen Gegensatz dazu der weichere Stoff bei Johannes. Seine Farbe ist ein ziemlich warmes° Rot, das Weiß des Paulus, kühl an sich, ist mit grün-grauen Schatten noch mehr abgekühlt. Dürer wußte, wie viel Ausdruck in der Farbe liegt.

Das Motiv° bei Johannes ist eine lässige Neigung des Kopfes mit dem Blick in ein offenes Buch, bei Paulus nichts als das gerüstete Dastehen mit aufgesetztem Schwert und einer gewaltigen Bibel°, das Auge nach außen. Er trägt den Band auf dem vorgestreckten Unterarm°.

Im Blick liegt ein Kontrast°, der selbst für die Nebenfiguren festgehalten ist. Es scheint, daß alle Kraft der Wirkung dem Auge des Paulus vorbehalten bleiben und Johannes, der mit gesenkten Lidern° niedersieht, ihm keine Konkurrenz machen sollte. Auch Petrus zeigt das Auge nicht, während Markus mit aufgerissener Lidspalte fast furchtbar blickt.

Johannes° ist ein Jünglingskopf. Petrus° ist der gute alte Mann, wirkt aber fast gleichgültig neben dem vulkanischen Markus°, in dessen gelbem Kopf die dunklen Augen rollen

---

Margin glosses:

wanken (inf.) *to totter*
Weiser *guides*
Apostelfürsten *chief apostles*
wuchtigen *weighty, heavy*
modelliert *modelled, molded*
ausgesprochenen *decided*
lässige *relaxed*
das gerüstete Dastehen *his standing there in readiness*
Konkurrenz *competition*
aufgerissener Lidspalte *wide-open eyes*
vulkanischen *volcanic*

44

Die vier Apostel, Ölgemälde: Johannes, Petrus, Markus, Paulus

wie ein Gewitter. Er ist der psychologische° Kontrast° zu der ruhigen Gewalt des Paulus.

Dieser Hauptkopf unter den Vieren hat Dürer wohl zwanzig Jahre lang im Sinne gelegen — es ist eine Vorstellung, die schon in Venedig auftaucht. Dann erscheint sie wieder beim Helleraltar; jetzt aber erreicht sie erst ihre Ausbildung ins Großartige.

Wer einmal unter der Macht dieses Apostelauges gestanden hat, der weiß, daß hier nicht nur ein neuer Begriff von heiligen Männern in die Erscheinung getreten ist, sondern ein neuer Begriff von menschlicher Größe überhaupt. Von solchen Männern ist das Werk der Reformation° getan worden. Und nur in solchen männlichen Typen° hat Dürer sein Höchstes geben können.

Helleraltar *the Heller altar (a painting by Dürer)*

Apostelauge *apostle's eye*

Ritter, Tod und Teufel, Kupferstich 1513

V

MARTIN LUTHER

1

No matter what one's religious views may be, the personality and accomplishments of Martin Luther stand forth as among the most significant in the age of the Reformation in Germany, and indeed in all Europe. For Luther not only headed a religious reformation; German language and literature, German education, political and social theory and action, all bear the marks of his powerful influence. Most memorable culturally is of course his translation of the ·Bible. The preparation and the continuing revisions of this colossal work extended over two

Das Erst Buch Mose. I.

I.

Ɱ anfang fchuff Gott hi‐
mel vnd erden/Vnd die erde war wůſt
vnd leer/vnd es war finſter auff der tieff‐
fe/vnd der Geiſt Gottes fchwebet auff
dem waſſer.

Vnd Gott ſprach/Es werde liecht/
Vnd es ward liecht/vnd Gott ſahe das
liecht fur gut an/Da ſcheidet Gott das
liecht vom finſternis / vnd nennet das
liecht/Tag/vnd die finſternis/Nacht/
Da ward aus abend vnd morgen der
erſte tag.

Vnd Gott ſprach/Es werde eine feſte zwiſſchen den waſſern/vnd
die ſey ein vnterſcheid zwiſchen den waſſern/Da macht Gott die Fe‐
ſte/vnd ſcheidet das waſſer hunden/von dem waſſer droben an der Fe‐
ſten/Vnd es geſchach alſo/Vnd Gott nennet die Feſten/Himel/Da
ward aus abend vnd morgen der ander tag.

Vnd Gott ſprach/Es famle ſich das waſſer vnter dem himel/an
ſondere örter/das man das trocken ſehe/vnd es geſchach alſo/Vnd
Gott nennet das trocken/Erde/vnd die ſamlung der waſſer nennet er/
Meere/Vnd Gott ſahe es fur gut an.

Vnd Gott ſprach/Es laſſe die erde auff gehen gras vnd kraut/das
ſich beſame / vnd fruchtbare beume/da ein jglicher nach ſeiner art
frucht trage/vnd habe ſeinen eigen ſamen bey jm ſelbs/auff erden/
Vnd es geſchach alſo/Vnd die erde lies auffgehen/gras vnd kraut/
das ſich beſamet/ein jglichs nach ſeiner art/vnd beume die da frucht
trugen/vnd jren eigen ſamen bey ſich ſelbs hatten/ein jglicher nach ſei‐
ner art/Vnd Gott ſahe es fur gut an/Da ward aus abend vnd mor‐
gen der dritte tag.

Vnd Gott ſprach/Es werden Liechter an der Feſte des Himels/
vnd ſcheiden tag vnd nacht / vnd geben/zeichen/monden/tage vnd
jare/vnd ſeien liecher an der Feſten des himels/das ſie ſcheinen auff er‐
den/Vnd es geſchach alſo/Vnd Gott macht zwey groſſe liechter/Ein
gros liecht/das den tag regire/vnd ein klein liecht/das die nacht regi‐
re/dazu auch ſternen/Vnd Gott ſetzt ſie an die Feſte des himels/das
ſie ſchienen auff die erde/vnd den tag vnd die nacht regirten/vnd ſchei‐
deten liecht vnd finſternis/Vnd Gott ſahe es fur gut an/Da ward aus
abend vnd morgen der vierde tag.

Vnd Gott ſprach/Es errege ſich das waſſer mit webenden vnd le‐
bendigen thiern/vnd mit geuogel das auff vnter der Feſte des hi‐
mels fleuget/Vnd Gott ſchuff groſſe walfiſche vnd allerley thier/das
da lebt vnd webt/vnd vom waſſer erregt ward/ein jglichs nach ſeiner
art/vnd allerley geſiderts geuogel/ein jglichs nach ſeiner art/Vnd Got
ſahe es fur gut an/vnd ſegnet ſie/vnd ſprach/Seid fruchtbar vnd meh
ret euch/vnd erfüllet das waſſer im meer/ vnd das geuogel mehre ſich
auff erden/Da ward aus abend vnd morgen der funffte tag.

Vnd Gott ſprach/Die erde bringe erfur lebendige thier/ein jg‐
lichs nach ſeiner art/viech/gewürm vnd thier auff erden/ein jglichs

Ɒ   nach

(marginal notes) zeichen / als der ſonnen/ vnd mon‐ den finſternis / vnd andere wun‐ der am himel. Monden/als die Jar feſte/als new monden/vol mon‐ den etc. Tage / a's die O‐ ſtern / Pfingſten/ etc. vnd bey vns die Quatember/ hafftige tage im jar.

---

decades, though Luther translated with astonishing speed, completing the New Testament in three months. He did not "create" the German literary language by this one book, but he did establish something of a norm for literary German, rising above both the local boundaries of dialects and the artificial style of government offices. You will find in the opening verses of Genesis (in German, das erste Buch Mose) the combination of majesty and simplicity that characterizes his Bible.

1. Am Anfang schuf Gott Himmel und Erde.
2. Und die Erde war wüst und leer, und es war finster
auf der Tiefe, und der Geist Gottes schwebte auf dem Wasser.

3. Und Gott sprach: Es werde Licht. Und es ward Licht.

4. Und Gott sah, daß das Licht gut war. Da schied Gott das Licht von der Finsternis.

5. Und nannte das Licht Tag und die Finsternis Nacht. Da ward aus Abend und Morgen der erste Tag.

6. Und Gott sprach: Es werde eine Feste zwischen den Wassern, und die sei ein Unterschied zwischen den Wassern.

Feste *firmament*

7. Da machte Gott die Feste und schied das Wasser unter der Feste von dem Wasser über der Feste. Und es geschah also.

8. Und Gott nannte die Feste Himmel. Da ward aus Abend und Morgen der andere Tag.

9. Und Gott sprach: Es sammle sich das Wasser unter dem Himmel an besondere Örter, daß man das Trockne sehe. Und es geschah also.

10. Und Gott nannte das Trockne Erde, und die Sammlung der Wasser nannte er Meer. Und Gott sah, daß es gut war.

sich besamen (inf.) *to yield seed*

11. Und Gott sprach: Es lasse die Erde aufgehen Gras und Kraut, das sich besame, und fruchtbare Bäume, da ein jeglicher nach seiner Art Frucht trage und habe seinen eignen Samen bei sich selbst auf Erden. Und es geschah also.

12. Und die Erde ließ aufgehen Gras und Kraut, das sich besamte ein jegliches nach seiner Art, und Bäume die da Frucht trugen und ihren eigenen Samen bei sich selbst hatten, ein jeglicher nach seiner Art. Und Gott sah, daß es gut war.

13. Da ward aus Abend und Morgen der dritte Tag.

14. Und Gott sprach: Es werden Lichter an der Feste des Himmels, die da scheiden Tag und Nacht und geben Zeichen, Zeiten, Tage und Jahre.

15. Und seien Lichter an der Feste des Himmels, daß sie scheinen auf Erden. Und es geschah also.

16. Und Gott machte zwei große Lichter: ein großes Licht, das den Tag regiere, und ein kleines Licht, das die Nacht regiere, dazu auch Sterne.

17. Und Gott setzte sie an die Feste des Himmels, daß sie schienen auf die Erde.

18. Und den Tag und die Nacht regierten und schieden Licht und Finsternis. Und Gott sah, daß es gut war.

19. Da ward aus Abend und Morgen der vierte Tag.

webenden *moving*
Gevögel *winged creatures*

20. Und Gott sprach: Es errege sich das Wasser mit webenden und lebendigen Tieren, und Gevögel fliege auf Erden unter der Feste des Himmels.

50

21. Und Gott schuf große Walfische und allerlei Getier, das da lebt und webt, davon das Wasser sich erregte, ein jegliches nach seiner Art, und allerlei gefiedertes Gevögel, ein jegliches nach seiner Art. Und Gott sah, daß es gut war.

5 22. Und Gott segnete sie und sprach: Seid fruchtbar und mehret euch und erfüllet das Wasser im Meer; und das Gefieder mehre sich auf Erden.

23. Da ward aus Abend und Morgen der fünfte Tag.

24. Und Gott sprach: Die Erde bringe hervor lebendige
10 Tiere, ein jegliches nach seiner Art; Vieh, Gewürm und Tiere auf Erden, ein jegliches nach seiner Art. Und es geschah also.

25. Und Gott machte die Tiere auf Erden, ein jegliches nach seiner Art, und das Vieh nach seiner Art und allerlei Gewürm auf Erden nach seiner Art. Und Gott sah, daß es gut
15 war.

26. Und Gott sprach: Lasset uns Menschen machen, ein Bild das uns gleich sei, die da herrschen über die Fische im Meer und über die Vögel unter dem Himmel und über das Vieh und über die ganze Erde und über alles Gewürm,
20 das auf Erden kriecht.

27. Und Gott schuf den Menschen ihm zum Bilde, zum Bilde Gottes schuf er ihn; und schuf sie, einen Mann und ein Weib.

Walfische *whales*
Getier *beasts*

gefiedertes *feathered*

Gefieder *winged creatures*

Gewürm *worms, creeping things*

**Zeichnung von
Albrecht Dürer**

2

The translation of the familiar thirteenth chapter of St. Paul's First Epistle to the Corinthians is an example of Luther's simple poetic style at its best. You may know Brahms' musical setting of the first three and the last two verses of the chapter, in the fourth part of <u>Vier ernste Gesänge</u>.

Erz here: *brass*
Schelle *bell, cymbal*
weissagen (inf.) *to prophesy*

Habe *goods*

nichts nütze *of no value*
langmütig *long-suffering*
Mutwillen treiben (inf.) *to act mischievously*
blähen (inf.) *to puff up*
ungebärdig *unseemly, improperly*
trachtet *seeks*

Anschläge *thoughts, designs*

in einem dunklen Wort
King James version: *darkly*
Angesicht *face*

Wenn ich mit Menschen- und mit Engelzungen redete und hätte der Liebe nicht, so wäre ich ein tönend Erz oder eine klingende Schelle.

Und wenn ich weissagen könnte und wüßte alle Geheimnisse und alle Erkenntnis und hätte allen Glauben, also daß 5 ich Berge versetzte, und hätte der Liebe nicht, so wäre ich nichts.

Und wenn ich alle meine Habe den Armen gäbe und ließe meinen Leib brennen, und hätte der Liebe nicht, so wäre mir's nichts nütze. 1

Die Liebe ist langmütig und freundlich; die Liebe eifert nicht; die Liebe treibt nicht Mutwillen; sie blähet sich nicht; sie stellet sich nicht ungebärdig; sie suchet nicht das ihre; sie lässet sich nicht erbittern; sie trachtet nicht nach Schaden; sie freuet sich nicht der Ungerechtigkeit; sie freuet sich aber 1 der Wahrheit; sie verträget alles, sie glaubet alles, sie hoffet alles, sie duldet alles.

Die Liebe höret nimmer auf, so doch die Weissagungen aufhören werden, und die Sprachen aufhören werden, und die Erkenntnis aufhören wird. 2

Denn unser Wissen ist Stückwerk, und unser Weissagen ist Stückwerk.

Wenn aber kommen wird das Vollkommene, so wird das Stückwerk aufhören.

Da ich ein Kind war, da redete ich wie ein Kind und 2 war klug wie ein Kind und hatte kindische Anschläge; da ich aber ein Mann ward, tat ich ab, was kindisch war.

Wir sehen jetzt durch einen Spiegel in einem dunklen Wort, dann aber von Angesicht zu Angesichte. Jetzt erkenne ich's stückweise; dann aber werde ich erkennen, gleichwie ich 3 erkennet bin.

Nun aber bleibt Glaube, Hoffnung, Liebe, diese drei; aber die Liebe ist die größte unter ihnen.

(allen glauben)
Wie wol allein
der glaube gerecht
machet/ als S.
Paulus allenthal-
ben treibet/ doch
wo die liebe nicht
folget / were der
glaube gewislich
nicht recht / ob er
gleich wunder the-
te-

Enn ich mit menschen vnd mit Engel zungen redet/vnd hette der liebe nicht / so were ich ein donend ertz / odder eine klingende schelle / Vnd wenn ich weissagen künde/vnd wüste alle geheimnis / vnd alle erkentnis / vnd hette allen glauben / also / das ich berge versetzte/ vnd hette der liebe nicht/so were ich nichts. Vnd wenn ich alle meine habe den armen gebe/vnd liesse meinen leib brennen/vnd hette der liebe nicht/so were mirs nichts nütze.

(vngeberdig)
Wie die zornigen/
storrigen/ vngedül-
tigen Köpffe thun.

Die liebe ist langmütig vnd freundlich / die liebe eivert nicht/die liebe schalcket nicht / sie blehet sich nicht / sie stellet sich nicht vngeberdig / sie suchet nicht das jre / sie lesset sich nicht erbittern/sie gedencket nicht arges/sie frewet sich nicht der vngerechtigkeit / sie frewet sich

This is Luther's version of the Lord's Prayer:

Unser Vater in dem Himmel! Dein Name werde geheiliget.

Dein Reich komme. Dein Wille geschehe auf Erden wie
5 im Himmel.

Unser täglich Brot gib uns heute.

Und vergib uns unsere Schulden, wie wir unsern Schuldigern vergeben.

Und führe uns nicht in Versuchung, sondern erlöse uns
10 von dem Übel. Denn dein ist das Reich und die Kraft und die
Herrlichkeit in Ewigkeit. Amen.

Hände von Albrecht Dürer

3

Luther's translation of the Bible did not, of course, receive universal acclaim, and was attacked because of his non-literal versions of some passages. He defended himself in an essay Über Dolmetschen (On Translating), *from which the following is taken.*

Man muß nicht die Buchstaben in der lateinischen Sprache fragen, wie man soll deutsch reden; sondern man muß die Mutter im Hause°, die Kinder auf der Gasse, den gemeinen Mann auf dem Markt° fragen und denselbigen auf den Mund sehen, wie sie reden, und darnach dolmetschen; so 5 verstehen sie es denn und merken, daß man deutsch mit ihnen redet. Als wenn Christus° spricht die Worte Matth. 12, 34. Wenn ich da denen soll folgen, die mir die Buchstaben vorlegen, und also dolmetschen: „Aus dem Überfluß des Herzens redet der Mund": sage mir: Ist das deutsch geredet? 10 Welcher Deutsche versteht solches? Was ist Überfluß des Herzens für ein Ding? Also redet die Mutter im Hause und der gemeine Mann: „Wes das Herz voll ist, des gehet der Mund über." Das heißt gut deutsch geredet.

Das kann ich mit gutem Gewissen zeugen, daß ich meine 15 höchste Treue und Fleiß im Dolmetschen erzeiget und nie keine falschen Gedanken gehabt habe. Denn ich habe ja keinen Heller dafür genommen, noch gesucht, noch damit gewonnen, so habe ich meine Ehre darinnen nicht gemeinet, das weiß Gott, mein Herr, sondern hab' zu Dienst getan den 20 lieben Christen, und zu Ehren Eines, der droben sitzt.

Doch habe ich wiederum die Buchstaben nicht allzufrei° lassen fahren, sondern mit großen Sorgen darauf gesehen, daß wo etwa an einem Ort gelegen ist, habe ich es nach den Buchstaben behalten und bin nicht so frei° davon gegangen. 25 Als Joh. 6, 27, da Christus° spricht: Diesen hat Gott der Vater versiegelt. Das wäre wohl besser deutsch gewesen: Diesen hat Gott der Vater gezeichnet, oder: diesen meint Gott der Vater. Aber ich habe eher wollen der deutschen Sprache abbrechen, denn vom Worte weichen. 30

Ach, es ist Dolmetschen ja nicht eines jeglichen Kunst; es gehört dazu ein recht treues, frommes, fleißiges, furchtsames, christliches, gelehrtes, erfahrenes, geübtes Herz.

dolmetschen *translate*

Matth. = Matthäus *St. Matthew*

Heller (*a small coin*)

an einem Ort gelegen ist *a passage is especially important*
Joh. = Johannes *St. John*

gezeichnet *marked*

jeglichen = jeden

54

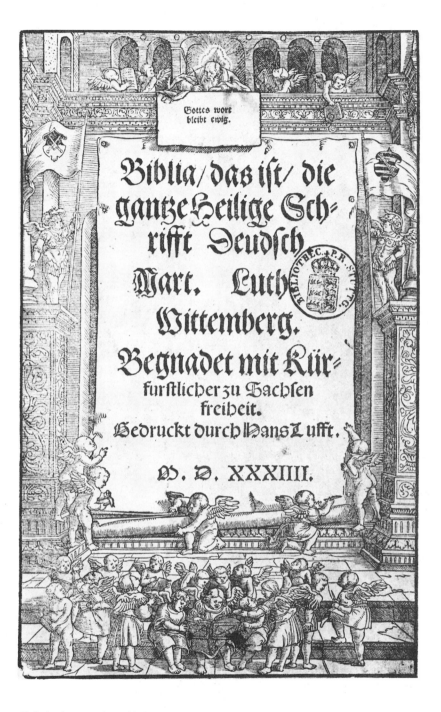

Titelseite der ersten Lutherbibel

4

Luther's "Ein' feste Burg", familiar in English translation, is often called the battle hymn of the Reformation. The hymn was set to music of his own composition, and Bach, two centuries later, used it as the basis of a cantata. The first two stanzas follow.

Ein' feste Burg

Ein' feste Burg ist unser Gott,
Ein' gute Wehr und Waffen.
Er hilft uns frei aus aller Not,
Die uns jetzt hat betroffen.
Der alt' böse Feind,   5
Mit Ernst er's jetzt meint.
Groß' Macht und viel' List
Sein' grausam' Rüstung ist,
Auf Erd' ist nicht sein'sgleichen.   10

ers itzt meint, gros macht vñ vil list, sein grausam rü

stung ist, auff erd ist nicht seins gleichen,

EIn feste burg ist vnser Gott / ein gute wehr vnd waffen / Er hilfft vns frey aus aller not / die vns itzt hat betroffen / Der alt böse feind / mit ernst ers itzt meint / gros macht vñ viel list / sein grausam rüstung ist / auff erd ist nicht seins gleichen.

Mit vnser macht ist nichts gethan / wir sind gar bald verloren / Es streit für vns der rechte man / den Gott hat selbs erkoren / Fragstu wer der ist? er heisst Jhesus Christ / der HERR Ze

Mit unser Macht ist nichts getan,
Wir sind gar bald verloren.
Es streit' für uns der rechte Mann,
Den Gott hat selbst erkoren.
Fragst du, wer der ist?
Er heißt Jesus Christ,
Der Herr Zebaoth,
Und ist kein ander Gott.
Das Feld muß er behalten.

erkoren *chosen*

Zebaoth *Sabaoth, Lord of Hosts*
das Feld behalten *win the battle*

5

In his early years as a reformer, Luther wrote eloquently on behalf of religious freedom. This is a passage from the document "*Von weltlicher Obrigkeit (authority), wie weit man ihr Gehorsam schuldig sei.*"

Ein jegliches Reich muß seine Gesetze und Rechte haben, und ohne Gesetz kann kein Reich noch Regiment bestehen. Das weltliche Regiment hat Gesetze, die sich nicht weiter erstrecken denn über Leib und Gut und was äußerlich ist auf

5 Erden. Denn über die Seele kann und will Gott niemand regieren lassen denn sich selbst allein. Darum, wo weltliche Gewalt sich vermißt, der Seele Gesetze zu geben, da greift sie Gott in sein Regiment, und verführt und verderbt nur die Seelen. Das wollen wir so klar machen, daß man's greifen

10 solle, damit die Fürsten und Bischöfe sehen, was sie für Narren sind, wenn sie die Leute mit ihren Gesetzen und Geboten zwingen wollen, so oder so zu glauben.

Der Seele soll und kann niemand gebieten, er wisse denn ihr den Weg zu weisen gen Himmel. Das kann

15 aber kein Mensch tun, sondern Gott allein. Denn es kann nimmer ein Mensch eine Seele töten oder lebendig machen, gen Himmel oder Hölle führen. Nun sage mir, wie viel Witz muß der Kopf wohl haben, der da gebieten will, wo er gar keine Gewalt hat? Wer wollte den nicht für unsinnig

20 halten, der dem Mond geböte, er sollte scheinen, wenn er wollte?

Noch jetzt verfahren unser Kaiser und die klugen Fürsten also, daß sie ihren Untertanen gebieten zu glauben, ohne Gottes Wort, wie sie es gut dünkt, und wollen dennoch

25 christliche Fürsten heißen.

Was wäre mir das für ein Richter, der blind° die Sache richten wollte, die er weder hört noch sieht? Nun sage mir, wie kann die Herzen sehen, erkennen, richten, urteilen und ändern ein Mensch? Denn solches ist allein Gott vorbehalten.

30 Darum ist es unmöglich, jemand zu gebieten oder zu zwingen mit Gewalt, so oder so zu glauben.

Weil es denn einem jeglichen auf seinem Gewissen liegt, wie er glaubt oder nicht glaubt, und damit der weltlichen Gewalt kein Schaden geschieht, soll sie auch zufrieden sein

35 und so oder so glauben lassen, wie man kann und will, und niemand mit Gewalt drängen. Denn es ist ein freies Werk um den Glauben, dazu man niemand zwingen kann.

Regiment *government*

äußerlich *external*

sich vermessen (inf.) *to presume*

er wisse denn *unless he knows*
gen = gegen

Untertanen *subjects*
sie es dünkt *they deem*

Herzen (*object of the several infinitives*)
vorbehalten (inf.) *to reserve*

es ist ein freies Werk um den Glauben *faith is a free act*

59

Titelseite von Tragische Geschichte vom Doctor Faust, 1631

HISTORIA

Von D. Johañ Fausten/dem weitbeschreyten Zauberer vnd Schwartzkünstler/ Wie er sich gegen dem Teuffel auff eine benandte zeit verschrieben/ Was er hierzwischen für seltzame Abenthewr gesehen/ selbs angerichtet vnd getrieben/ biß er endlich seinen wol verdienten Lohn empfangen.

Mehrertheils auß seinen eygenen hinderlassenen Schrifften/ allen hochtragenden/fürwitzigen vnnd Gottlosen Menschen zum schrecklichen Beyspiel/abschewlichem Exempel/vnd trewhertziger Warnung zusammen gezogen/ vnd in Druck verfertiget.

IACOBI IIII.

Seyt Gott vnderthänig/widerstehet dem Teuffel/so fleuhet er von euch.

CVM GRATIA ET PRIVILEGIO.

Gedruckt zu Franckfurt am Mayn/ durch Johann Spies.

M. D. LXXXVII.

Titelseite des ersten Faustbuches, 1587

VI

DAS FAUSTBUCH

Faust, the theologian, physician, alchemist, astrologer, and necromancer, who sold his soul to the devil in return for a deeper knowledge of the mysteries of the universe, is a famous figure in European literature. He has been made so chiefly by Johann Wolfgang von Goethe's masterpiece, Faust, eine Tragödie°, *(see pp. 79–113).*

But the Faust legend antedates Goethe's version by several centuries. The excerpts on the next few pages are drawn from the sixteenth-century chapbook, the first printed account of the Faust legend, published in 1587, called "Historia° von Doktor Johann Faust, dem Zauberer und Schwarzkünstler, wie er sich dem Teufel auf eine bestimmte Zeit verschrieben[1], was für seltsame Abenteuer er gesehen und getrieben, bis er endlich seinen wohlverdienten Lohn empfangen hat. Aus seinen eigenen hinterlassenen Schriften, allen gottlosen Menschen zum schrecklichen Beispiel, abscheulichen[2] Exempel° und treuherziger Warnung° in den Druck gesetzt."

This work enjoyed enormous popularity, not only in Germany but in translation throughout Europe. Among the many adaptations of the legend, the best known are Marlowe's Elizabethan tragedy, Tragical History of Dr. Faustus, *Goethe's tragedy, the opera by Gounod, a symphony by Liszt, a dramatic cantata by Berlioz, an overture by Wagner, and most recently, Thomas Mann's musical novel,* Doktor Faustus.

The title of the chapbook implies that Faust was a historical character. There is, in fact, a good deal of evidence about the activities of a Dr. Faust who roamed through Germany shortly before the Reformation, claiming, if not demonstrating, extraordinary occult powers. Around the figure of this charlatan, the fertile folk imagination wove a fantastic web of adventures which ultimately crystallized into the story of the pact with the devil that has established the basic pattern of all subsequent versions of the legend.

1

In the first excerpt, Faust dips his pen in his own blood, and fashions the famous agreement.

Ich, Johannes Faustus Doktor, bekenne öffentlich mit meiner eigenen Hand in Kraft dieses Briefes; ich hatte mir vorgenommen, die Elementa zu spekulieren, fand aber in den
5 Gaben, die mir von oben gnädig mitgeteilt worden sind,

in Kraft *by means of*
die Elementa zu spekulieren
"to speculate the elements",
i.e., to experiment with the
supernatural

[1] sold, [2] awful

solche Fähigkeit in meinem eigenen Kopfe nicht. Da ich sie auch von den Menschen nicht erlernen konnte, so habe ich mich gegenwärtigem gesandtem Geist untergeben, der sich Mephistopheles, ein Diener des höllischen Prinzen°, nennt. Er hat mir auch versprochen, in allem untertänig und gehorsam zu sein.

sich untergeben (inf.) to submit

untertänig submissive, obedient

Dagegen verspreche ich: wenn 24 Jahre von Dato° dieses Briefes herum und vorüber gelaufen sind, soll er Macht über mich haben, und über alles, was mir gehört, es sei Leib, Seele, Fleisch, Blut oder Gut, nach seiner Art und Weise und seinem Gefallen zu schalten, walten, regieren und führen. Hierauf sage ich allen denen, die leben, allem himmlischen Heer, und allen Menschen ab, und das muß sein.

schalten und walten (infs.) to have full control

Als Zeugnis dessen habe ich diesen Receß mit eigener Hand geschrieben und unterschrieben, und mit meinem eigenen Blut versiegelt und bezeugt, usw.

Receß agreement

Unterzeichnet,
Johann Faustus, der Erfahrene der Elemente° und der geistlichen Doctrin°.

2

One of Faust's most frequently performed marvels is to conjure up the spirits of figures long since dead. For the edification of his students one evening, he calls forth the beautiful Helen of Troy.

Am Sonntag kamen die Studenten wieder zum Nachtessen
in Doktor Fausts Haus, und brachten ihr Essen und Trank
mit, welche angenehme Gäste waren. Als nun der Wein
herumging, wurde am Tisch von schönen Frauen geredet,
und einer unter ihnen sagte, er möchte keine Frau lieber sehen
als die schöne Helena° aus Griechenland, wegen deren die
schöne Stadt Troja° zerstört wurde. „Sie mußte schön gewesen sein", sagten sie alle. Doktor Faustus antwortete, „Weil
ihr denn so begehrt, die schöne Gestalt der Königin Helena
zu sehen, will ich sie euch vorstellen, damit ihr persönlich
ihren Geist in Form° und Gestalt, wie sie im Leben gewesen
ist, sehen sollt." Darauf warnte Doktor Faustus, daß keiner
ein Wort sagen, noch vom Tisch aufstehen, noch sie zu
berühren versuchen sollte, und ging zur Stube hinaus.

Als er wieder hereinkam, folgte ihm die Königin Helena
nach, so wunderschön, daß die Studenten nicht wußten, ob
sie wachten oder träumten, so verwirrt waren sie. Diese
Helena erschien in einem kostbaren schwarzen Kleid, ihr
schönes, herrliches, goldfarbiges Haar hing ihr so lang herab,
daß es ihr bis an die Knie reichte. Sie hatte schöne, kohl-
schwarze Augen, ein liebliches Gesicht, mit einem runden
Köpflein, ihre Lippen° rot wie Kirschen, mit einem kleinen
Mündlein, einen Hals wie ein weißer Schwan°, rote Backen
wie ein Röslein, ein außerordentlich schönes Gesicht, und
eine längliche, aufgerichtete, gerade Gestalt. In summa°, es
war an ihr nichts zu tadeln. Sie sah sich überall in der Stube
um, mit gar frechem und unverschämtem Gesicht, daß die
Studenten sich alle in sie verliebten. Weil sie sie aber für
einen Geist hielten, verging ihnen diese Liebe leicht, und
Helena ging also mit Doktor Faust wieder zur Stube hinaus.

Griechenland *Greece*

längliche *tall*

63

3

As the 24 years draw to their close, Faust invites his students to a banquet at a certain inn, where he reveals to them his approaching doom. He requests them to stay the night with him and to rescue his body the following morning, so that it may receive burial.

Die 24 Jahre waren abgelaufen, und in der letzten Woche erschien ihm der Geist, und zeigte ihm an, daß der Teufel in der nächsten° Nacht seinen Leib holen werde. Doktor Faust klagte und weinte die ganze Nacht so sehr, daß der Geist wieder vor ihm erschien, und zu ihm sprach: „Mein Faustus, 5 sei doch nicht so kleinmütig. Obgleich du deinen Leib verlierst, ist es doch noch lange, bis der Tag deines Gerichtes kommen wird."

Doktor Faustus, der nicht anders wußte, als daß er das Versprechen mit seinem Leib bezahlen mußte, ging an dem 10 Tag, an dem der Geist gesagt hatte, daß der Teufel ihn holen werde, zu den Studenten, die ihn vorher besucht hatten. Er bat sie, mit ihm in ein gewisses Dorf, eine halbe Meile° von der Stadt entfernt, spazieren zu gehen, und eine Mahlzeit mit ihm da zu halten. Sie gingen also zusammen dahin und 15 hielten ein Nachtessen mit vielen köstlichen Gerichten. Doktor Faustus war mit ihnen fröhlich, doch kam es ihm nicht vom Herzen. Er bat sie alle, ihm einen großen Gefallen zu tun und die ganze Nacht bei ihm zu bleiben, denn er hätte ihnen etwas Wichtiges zu sagen. Als nun der Schlaftrunk getrunken 20 wurde, bezahlte Doktor Faustus den Wirt und bat die Studenten, mit ihm in eine andere Stube zu gehen.

„Meine lieben Freunde", sprach er, „warum ich euch zusammengerufen habe ist dies: Ihr habt seit vielen Jahren gewußt, was für ein Mann ich bin, in vielen Künsten und 25 Zaubereien erfahren. Was ihr aber nicht gewußt habt, ist, daß

kleinmütig *faint-hearted*

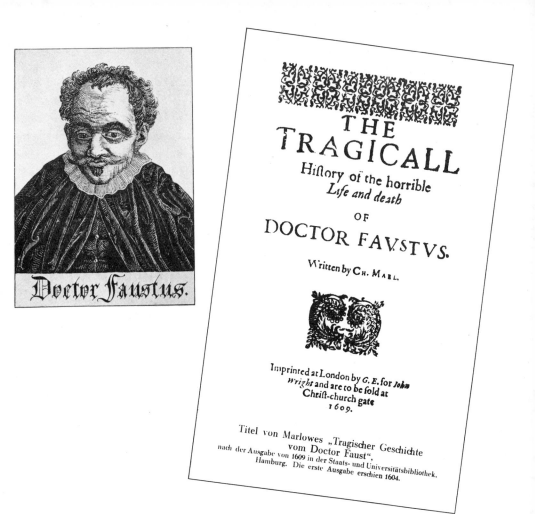

Titel von Marlowes „Tragischer Geschichte vom Doctor Faust", nach der Ausgabe von 1609 in der Staats- und Universitätsbibliothek, Hamburg. Die erste Ausgabe erschien 1604.

diese Künste von dem Teufel kommen, dem ich meinen Leib und meine Seele versprechen mußte. Nun ist die Zeit bis auf diese Nacht zu Ende gelaufen, und das Stundenglas steht mir vor Augen. Er wird mich diese Nacht holen, weil ich ihm
5 Leib und Seele mit meinem eigenen Blut verschrieben habe. Darum habe ich euch, freundliche, liebe Herren, vor meinem Ende zu mir berufen, um mit euch einen Abschiedstrunk zu trinken.

    „Was aber die Abenteuer anbelangt, die ich in den 24
10 Jahren getrieben habe, die werdet ihr alle nach meinem Tode aufgeschrieben finden. Laßt euch mein schreckliches Ende euer ganzes Leben lang ein Vorbild und eine Erinnerung sein, daß ihr Gott vor Augen haben und ihn bitten sollt, daß er euch vor dem Trug und List des Teufels behüten und nicht
15 in Versuchung führen wolle.

verschrieben *made over*

was die Abenteuer anbelangt *as far as the adventures are concerned*

Vorbild *example*

65

„Endlich ist es meine freundliche Bitte, ihr sollt zu Bett
gehen und ruhig schlafen. Wenn ihr ein Gepolter im Hause
hört, erschreckt nicht, und steht nicht vom Bett auf, denn
euch soll kein Leid widerfahren. Wenn ihr aber meinen toten
Leib findet, laßt ihn in der Erde begraben. Denn ich sterbe 5
als ein böser und guter Christ; ein guter Christ, weil ich eine
herzliche Reue habe, und in meinem Herzen immer um
Gnade bitte, damit meine Seele errettet werden möchte; ein
böser Christ, weil ich weiß, daß der Teufel meinen Leib
haben will. Ich will ihm den Leib gerne lassen, wenn er mir 10
nur die Seele in Frieden läßt."

Die Studenten weinten und umarmten einander, als sie
Faustus hörten. Doktor Faustus blieb in der Stube, während
die anderen sich zu Bett begaben, konnten aber nicht recht
schlafen, denn sie wollten den Ausgang hören. Es geschah 15
zwischen zwölf und ein Uhr in der Nacht, daß ein großer
ungestümer Wind° gegen das Haus blies und es an allen
Seiten umgab, als ob er das Haus zu Boden reißen wollte.
Die Studenten sprangen aus dem Bette und begannen einander
zu trösten, wollten aber aus ihrer Kammer nicht. Sie lagen 20
nahe bei der Stube, worin Doktor Faust war, und hörten ein
schreckliches Pfeifen und Zischen, als ob das Haus voller
Schlangen und anderer schädlicher Würmer wäre. Gleichzeitig
begann Doktor Faustus um Hilfe und Mordio zu schreien,
aber kaum mit halber Stimme. Bald danach hörte man ihn 25
nicht mehr. Als es nun Tag wurde, sind die Studenten, die die
ganze Nacht nicht geschlafen hatten, in die Stube gegangen,
worin Doktor Faustus gewesen war. Sie sahen aber keinen
Faustus mehr, und nichts als eine Stube voll Blut. Das
Gehirn klebte an der Wand, weil es der Teufel von einer 30
Wand zur anderen geschlagen hatte. Es lagen auch seine
Augen und einige Zähne da, ein fürchterlicher und schrecklicher Anblick. Da fingen die Studenten alle an, ihn zu
beweinen, und suchten ihn an allen Enden. Endlich aber
fanden sie seinen Leib neben einem Haufen Mist liegen, 35
schrecklich anzusehen, weil ihm der Kopf und alle Glieder
zitterten.

Gepolter *uproar*

ungestümer *furious, violent*

zischen (inf.) *to hiss*

Mordio *murder*

an allen Enden *everywhere*
Mist *manure*

VII

Lessing

NATHAN der WEISE

Gotthold Ephraim Lessing, eldest of the three chief figures of the golden age of German literature, represents in it the high point of the Aufklärung of the eighteenth century. He was the defender and propagator of religious tolerance: the critic of traditional standards in life, art, and literature; the pioneer in developing a national theater and drama in Germany. But he was not merely a representative of the Aufklärung, with its all-too-optimistic faith in human intelligence and progress; and his drama Nathan der Weise is a noble statement of his religious faith as well as his rationalism.

This drama was Lessing's last major work, the fourth of the series of plays with which he gave a new direction to the German stage. Its hero is Nathan, a Jewish merchant, living in Jerusalem at the time of the Crusades. Its other chief characters include Saladin, the Mohammedan ruler who had conquered Jerusalem and who appears in the play almost like an ideal king of the eighteenth century, noble and wise; and a young Knight Templar, who comes, in the course of the play, to understand, if not to exemplify, enlightened Christianity. Thus three great religions are represented; but the pervasive influence throughout is Nathan's.

In the following scene, the central one of the drama, Nathan has been summoned to the Sultan. He expects that the ruler wants to borrow money, as in fact he does. But first Saladin, seeking to find out how wise Nathan really is, asks him which of the three religions is the true one.

The answer, Nathan's tale of the three rings, is a parable whose theme has appeared in many forms and places, most notably in Boccaccio's _Decamerone_ where it is the third story of the first day. Lessing, in accordance with the philosophy of the Enlightenment, made of it, as Saladin sees, a convincing plea for tolerance in religion.

Nathan der Weise.

Ein

Dramatisches Gedicht,

in fünf Aufzügen.

Introite, nam et heic Dii sunt!
APVD GELLIVM.

Von

Gotthold Ephraim Lessing.

1779.

Saladin

Du nennst dich Nathan?

Nathan

Ja.

Saladin

Den weisen Nathan?

Nathan

Nein.

Saladin

₅ Wohl! Nennst du dich nicht, nennt dich das Volk.

Nathan

Kann sein, das Volk!

Saladin

Du glaubst doch nicht, daß ich
Verächtlich von des Volkes Stimme denke?—
Ich habe längst gewünscht, den Mann zu kennen,
₁₀ Den es den Weisen nennt.

Nathan

Und wenn es ihn
Zum Spott so nennte? Wenn dem Volke weise
Nichts weiter wär' als klug? und klug nur der,
Der sich auf seinen Vorteil gut versteht?

Saladin

Auf seinen wahren Vorteil, meinst du doch? 5

Nathan

eigennützig (adj.) *selfish* Dann freilich wär' der Eigennützigste
Der Klügste. Dann wär' freilich klug und weise
Nur eins.

Saladin

Ich höre dich erweisen, was
Du widersprechen willst. — Des Menschen wahre 10
Vorteile, die das Volk nicht kennt, kennst du.
Hast du zu kennen wenigstens gesucht;
Hast drüber nachgedacht; das auch allein
Macht schon den Weisen.

Nathan

dünkt *deems, imagines* Der sich jeder dünkt 15
Zu sein . . . Sultan°, ich
Will sicherlich dich so bedienen, daß
Kundschaft *patronage* Ich deiner fernern Kundschaft würdig bleibe.

Saladin

Bedienen? wie?

Nathan

Du sollst das Beste haben 20
Von allem; sollst es um den billigsten
Preis haben.

Saladin

Wovon sprichst du? doch wohl nicht
Von deinen Waren°?—
Ich habe mit dem Kaufmann nichts zu tun. 2

Nathan

So wirst du ohne Zweifel wissen wollen,
Was ich auf meinem Wege von dem Feinde,

70

K. Ehrhardt als Nathan
Aufführung im Deutschen Fernsehen

Der allerdings sich wieder regt, etwa
Bemerkt, getroffen?—Wenn ich unverhohlen. . . .

Saladin

Auch darauf bin ich eben nicht mit dir
Gesteuert. Davon weiß ich schon, soviel
5 Ich nötig habe. — Kurz; —

Nathan

Gebiete, Sultan.

Saladin

      Da du nun
So weise bist, so sage mir doch einmal —
Was für ein Glaube, was für ein Gesetz
10 Hat dir am meisten eingeleuchtet?

gesteuert *aimed*

eingeleuchtet *appeared true*

Nathan

Sultan,
Ich bin ein Jud'.

Saladin

Muselmann *Moslem*

Und ich ein Muselmann.
Der Christ ist zwischen uns. — Von diesen drei
Religionen° kann doch eine nur 5
Die wahre sein. — Ein Mann wie du bleibt da
Nicht stehen, wo der Zufall der Geburt
Ihn hingeworfen; oder wenn er bleibt,
Bleibt er aus Einsicht, Gründen, Wahl des Bessern.

wohlan! *well then!*

Wohlan! so teile deine Einsicht mir 10
Dann mit. Laß mich die Gründe hören. — Wie?

stutzest *hesitate*

Du stutzest? wägst mich mit dem Auge? — Kann
Wohl sein, daß ich der erste Sultan bin,

Grille *whim*

Der eine solche Grille hat, die mich
Doch eines Sultans eben nicht so ganz 15
Unwürdig dünkt. — Nicht wahr? — So rede doch!
Sprich! Oder willst du einen Augenblick,
Dich zu bedenken? Gut, ich geb' ihn dir.
Geschwind denk' nach! Ich säume nicht, zurück
Zu kommen. 20

(Er geht in das Nebenzimmer.)

Nathan

(allein)

wie ist mir denn? *how is this?*

Hm! hm! — wunderlich! — Wie ist
Mir denn? — Was will der Sultan? was? — Ich bin
Auf Geld gefaßt, und er will — Wahrheit. Wahrheit! —
Zwar der Verdacht, daß er die Wahrheit nur 25

Falle *trap*

Als Falle brauche, wär' auch gar zu klein! —
Zu klein? — Was ist für einen Großen denn

stürzte mit der Türe so ins Haus *rushed right ahead*
pocht *knocks*

Zu klein? — Gewiß, gewiß, er stürzte mit
Der Türe so ins Haus! Man pocht doch, hört
Doch erst, wenn man als Freund sich naht. — Ich muß 30
Behutsam gehn! Und wie? wie das? — So ganz

Stockjude *fanatic Jew*

Stockjude sein zu wollen, geht schon nicht. —
Und ganz und gar nicht Jude, geht noch minder.
Denn, wenn kein Jude, dürft' er mich nur fragen,
Warum kein Muselmann? — Das war's! Das kann 35

abspeisen (inf.) *to satisfy (by feeding)*

Mich retten! — Nicht die Kinder bloß speist man
Mit Märchen ab. — Er kommt. Er komme nur!

72

Saladin

Ich komm' dir doch
Nicht zu geschwind zurück? Nun so rede!
Es hört uns keine Seele.

Nathan

Möcht' auch doch
5 Die ganze Welt uns hören.

Saladin

So gewiß
Ist Nathan seiner Sache? Ha! das nenn'
Ich einen Weisen! Nie die Wahrheit zu
Verhehlen! für sie alles auf das Spiel
10 Zu setzen! Leib und Leben! Gut und Blut!

Nathan

Ja! ja! wenn's nötig ist und nützt.

Saladin

Von nun
An darf ich hoffen, einen meiner Titel°,
Verbesserer der Welt und des Gesetzes,
15 Mit Recht zu führen.

Nathan

Traun, ein schöner Titel!   Traun! *Faith!*
Doch, Sultan, eh' ich mich dir ganz vertraue,
Erlaubst du wohl, dir ein Geschichtchen zu
Erzählen?

Saladin

20 Warum das nicht? Ich bin stets
Ein Freund gewesen von Geschichtchen, gut
Erzählt.

Nathan

Ja, gut erzählen, das ist nun
Wohl eben meine Sache nicht.

Saladin

Schon wieder
25 So stolz bescheiden? — Mach! erzähl', erzähle!   mach! *come on!*

Nathan

Vor grauen Jahren lebt' ein Mann in Osten,
Der einen Ring° von unschätzbarem Wert
Aus lieber Hand besaß. Der Stein war ein
Opal°, der hundert schöne Farben spielte,
Und hatte die geheime Kraft, vor Gott   5
Und Menschen angenehm zu machen, wer
In dieser Zuversicht ihn trug. Was Wunder,
Daß ihn der Mann in Osten darum nie
Vom Finger ließ und die Verfügung traf,
Auf ewig ihn bei seinem Hause zu   10
Erhalten? Nämlich so. Er ließ den Ring
Von seinen Söhnen dem geliebtesten
Und setzte fest, daß dieser wiederum
Den Ring von seinen Söhnen dem vermache,
Der ihm der liebste sei, und stets der liebste,   15
Ohn' Ansehn der Geburt, in Kraft allein
Des Rings, das Haupt, der Fürst des Hauses werde. —
Versteh mich, Sultan.

Saladin
Ich versteh' dich. Weiter!

Nathan
So kam nun dieser Ring, von Sohn zu Sohn,   20
Auf einen Vater endlich von drei Söhnen,
Die alle drei ihm gleich gehorsam waren,
Die alle drei er folglich gleich zu lieben
Sich nicht entbrechen konnte. Nur von Zeit
Zu Zeit schien ihm bald der, bald dieser, bald   25
Der dritte, — so wie jeder sich mit ihm
Allein befand, und sein ergießend Herz
Die andern zwei nicht teilten, — würdiger
Des Ringes, den er denn auch einem jeden
Die fromme Schwachheit hatte zu versprechen.   30
Das ging nun so, solang es ging. — Allein
Es kam zum Sterben, und der gute Vater
Kommt in Verlegenheit. Es schmerzt ihn, zwei
Von seinen Söhnen, die sich auf sein Wort
Verlassen, so zu kränken. — Was zu tun? —   35
Er sendet in geheim zu einem Künstler,
Bei dem er, nach dem Muster seines Ringes,
Zwei andere bestellt und weder Kosten

Glosses (left margin):

was Wunder *is it any wonder*

die Verfügung traf *gave the order*

vermachen (inf.) *to bequeath*

sich ... entbrechen *refrain (from)*

ergießend *overflowing*

74

Noch Mühe sparen heißt, sie jenem gleich,
Vollkommen gleich zu machen. Das gelingt
Dem Künstler. Da er ihm die Ringe bringt,
Kann selbst der Vater seinen Musterring
5 Nicht unterscheiden. Froh und freudig ruft
Er seine Söhne, jeden insbesondre,
Gibt jedem insbesondre seinen Segen —
Und seinen Ring — und stirbt. — Du hörst doch, Sultan?

Saladin

(der sich betroffen von ihm gewandt)

Ich hör', ich höre! — Komm mit deinem Märchen
10 Nur bald zu Ende. — Wird's?

wird's? *will you?*

Nathan

Ich bin zu Ende.
Denn was noch folgt, versteht sich ja von selbst. —
Kaum war der Vater tot, so kommt ein jeder
Mit seinem Ring, und jeder will der Fürst
15 Des Hauses sein. Man untersucht, man zankt,
Man klagt. Umsonst; der rechte Ring war nicht
Erweislich; —

zanken (inf.) *to quarrel*

*(Nach einer Pause°, in welcher er des Sultans Antwort
erwartet.)*

Fast so unerweislich als
Uns jetzt — der rechte Glaube.

Saladin

20 Wie? das soll
Die Antwort sein auf meine Frage? . . .

Nathan

Soll
Mich bloß entschuldigen, wenn ich die Ringe
Mir nicht getrau' zu unterscheiden, die
25 Der Vater in der Absicht machen ließ,
Damit sie nicht zu unterscheiden wären.

Saladin

Die Ringe! — Spiele nicht mit mir! — Ich dächte,
Daß die Religionen°, die ich dir
Genannt, doch wohl zu unterscheiden wären.
30 Bis auf die Kleidung, bis auf Speis' und Trank!

Nathan

Und nur von seiten ihrer Gründe nicht. —
Denn gründen alle sich nicht auf Geschichte?
Geschrieben oder überliefert! — Und
Geschichte muß doch wohl allein auf Treu'
Und Glauben angenommen werden? — Nicht? —   5
Nun, wessen Treu' und Glauben zieht man denn
Am wenigsten in Zweifel? Doch der Seinen?
Doch deren Blut wir sind? doch deren, die
Von Kindheit an uns Proben ihrer Liebe
Gegeben? die uns nie getäuscht, als wo   10
Getäuscht zu werden uns heilsamer war? —
Wie kann ich meinen Vätern weniger
Als du den deinen glauben? Oder umgekehrt.
Kann ich von dir verlangen, daß du deine
Vorfahren Lügen strafst, um meinen nicht   15
Zu widersprechen? Oder umgekehrt.
Das nämliche gilt von den Christen. Nicht? —

Saladin

(Bei dem Lebendigen! Der Mann hat recht.
Ich muß verstummen.)

Nathan

    Laß auf unsre Ring'   20
Uns wieder kommen. Wie gesagt: die Söhne
Verklagten sich, und jeder schwur dem Richter,
Unmittelbar aus seines Vaters Hand
Den Ring zu haben. — Wie auch wahr! — Nachdem
Er von ihm lange das Versprechen schon   25
Gehabt, des Ringes Vorrecht einmal zu
Genießen. — Wie nicht minder wahr! — Der Vater,
Beteu'rte jeder, könne gegen ihn
Nicht falsch gewesen sein! und eh' er dieses
Von ihm, von einem solchen lieben Vater,   30
Argwohnen laß': eh' müß' er seine Brüder,
So gern er sonst von ihnen nur das Beste
Bereit zu glauben sei, des falschen Spiels
Bezeihen, und er wolle die Verräter
Schon auszufinden wissen, sich schon rächen.   35

beteu'rte *asserted*

argwohnen *be suspected*

bezeihen *accuse*

76

Saladin

Und nun, der Richter? — Mich verlangt zu hören,
Was du den Richter sagen lässest. Sprich!

Nathan

Der Richter sprach: Wenn ihr mir nun den Vater
Nicht bald zur Stelle schafft, so weis' ich euch
5 Von meinem Stuhle. Denkt ihr, daß ich Rätsel
Zu lösen da bin? Oder harret ihr,
Bis daß der rechte Ring den Mund eröffne? —
Doch halt! Ich höre ja, der rechte Ring
Besitzt die Wunderkraft, beliebt zu machen,
10 Vor Gott und Menschen angenehm. Das muß
Entscheiden! Denn die falschen Ringe werden
Doch das nicht können! — Nun, wen lieben zwei
Von euch am meisten? — Macht, sagt an! Ihr schweigt?
Die Ringe wirken nur zurück? und nicht
15 Nach außen? Jeder liebt sich selber nur
Am meisten? — O, so seid ihr alle drei
Betrogene Betrüger! Eure Ringe
Sind alle drei nicht echt. Der echte Ring
Vermutlich ging verloren. Den Verlust
20 Zu bergen, zu ersetzen, ließ der Vater
Die drei für einen machen.

S. Wischnewski als Saladin

Saladin

Herrlich! herrlich!

Nathan

Und also, fuhr der Richter fort, wenn ihr
Nicht meinen Rat statt meines Spruches wollt:
25 Geht nur! — mein Rat ist aber der: ihr nehmt
Die Sache völlig wie sie liegt. Hat von
Euch jeder seinen Ring von seinem Vater,
So glaube jeder sicher seinen Ring
Den echten. — Möglich, daß der Vater nun
30 Die Tyrannei° des einen Rings nicht länger
In seinem Hause dulden wollen! — Und gewiß,
Daß er euch alle drei geliebt und gleich
Geliebt, indem er zwei nicht drücken mögen,
Um einen zu begünstigen. — Wohlan!
35 Es strebe von euch jeder um die Wette,
Die Kraft des Steins in seinem Ring an Tag

um die Wette streben (inf.)
to vie (*with*)

77

Zu legen! Komme dieser Kraft mit Sanftmut,

Mit herzlicher Verträglichkeit, mit Wohltun,
Mit innigster Ergebenheit in Gott
Zu Hilf'! Und wenn sich dann der Steine Kräfte
Bei euern Kindes-Kindeskindern äußern,   5
So lad' ich über tausend tausend Jahre
Sie wiederum vor diesen Stuhl. Da wird
Ein weis'rer Mann auf diesem Stuhle sitzen
Als ich, und sprechen. Geht! —

Saladin

Gott! Gott!   10

Nathan

Saladin
Wenn du dich fühlest, dieser weisere
Versprochne Mann zu sein . . .

Saladin

(*der auf ihn zustürzt und seine Hand ergreift, die er bis zu Ende nicht wieder fahren läßt*)
Ich Staub? Ich Nichts?
O Gott!   15

Nathan

Was ist dir, Sultan?

Saladin

Nathan, lieber Nathan! —
Die tausend tausend Jahre deines Richters
Sind noch nicht um. — Sein Richterstuhl ist nicht
Der meine. — Geh! — Geh! — Aber sei mein Freund.   20

VIII

Goethe

FAUST

Zeichnung von Goethe: Erscheinung des Erdgeists

Goethe's _Faust, eine Tragödie_°, is the supreme achievement of German literature. How Goethe has transformed the popular folk tale into a timeless classic will become clear to you by a comparison of the excerpts from the _Faustbuch_ which you have read with those of Goethe which follow. His unique achievement has been in elevating the legend, a story of magic and high adventure which is full of excitement, suspense, color, and pageantry, into an exalted document of human aspiration and a revealing portrait of our modern civilization.

The work is a drama in two parts written in verse of extraordinary beauty, variety, and clarity. The characters of the legend have been deepened and converted into powerful symbols. Above all, Faust himself has been ennobled. In Goethe's dramatic poem, he is an earnest scholar whose compulsion to seek ultimate solutions has made him impatient with the limitations of traditional knowledge and prompted him to experiment within the wider range of magic and the occult in his burning desire to pierce the secrets of the universe and discover "_was die Welt im Innersten zusammenhält_" (see page 82, lines 1-2). This undertaking, although it leads into iniquitous paths, especially after his desperate pact with the devil, is essentially good, and makes possible his salvation in the end.

1

PART ONE

In the first excerpt, containing the opening lines of the play, Faust reveals his discontent with human knowledge and his resolve to seek through magic the attainment of transcendent perception.

Nacht

In einem hochgewölbten engen gotischen Zimmer Faust,   gotischen *Gothic*
unruhig auf seinem Sessel am Pulte.

Faust

Habe nun, ach, Philosophie°,
Juristerei und Medizin°,   Juristerei *jurisprudence*
Und leider auch Theologie°
Durchaus studiert, mit heißem Bemühn.
5 Da steh' ich nun, ich armer Tor,
Und bin so klug als wie zuvor!
Heiße Magister, heiße Doktor° gar,   Magister *Master of Arts*
Und ziehe schon an die zehen Jahr'
Herauf, herab und quer und krumm
10 Meine Schüler an der Nase herum—
Und sehe, daß wir nichts wissen können!
Das will mir schier das Herz verbrennen.   schier *almost entirely, just*
Zwar bin ich gescheiter als alle die Laffen,   *about*
Doktoren, Magister, Schreiber und Pfaffen;   gescheiter *more clever*
                                                 Laffen *ninnies, fools*
15 Mich plagen keine Skrupel° noch Zweifel,   Pfaffen *priests*
Fürchte mich weder vor Hölle noch Teufel—
Dafür ist mir auch alle Freud' entrissen,
Bilde mir nicht ein, was Recht's zu wissen,
Bilde mir nicht ein, ich könnte was lehren,
20 Die Menschen zu bessern und zu bekehren.   bekehren *convert*
Auch hab' ich weder Gut noch Geld,
Noch Ehr' und Herrlichkeit der Welt;
Es möchte kein Hund so länger leben!
Drum hab' ich mich der Magie ergeben,   Magie *magic*
25 Ob mir durch Geistes Kraft und Mund
Nicht manch Geheimnis würde kund;
Daß ich nicht mehr mit saurem Schweiß
Zu sagen brauche, was ich nicht weiß;

Daß ich erkenne, was die Welt
Im Innersten zusammenhält,

tu' . . . kramen (*dialect*)
rummage, deal

Schau' alle Wirkenskraft und Samen,
Und tu' nicht mehr in Worten kramen.

2

Mephistopheles gains entrance into Faust's study in the shape of a dog. In the following scene, Faust, suspecting that a demon lurks in the animal, attempts to gain control of it. His first attempt fails, but when he confronts the demonic creature with the crucifix, (p. 83, ll. 3–5), he succeeds.

Faust

Soll ich mit dir das Zimmer teilen,   5
Pudel°, so laß das Heulen,
So laß das Bellen!
Solch einen störenden Gesellen
Mag ich nicht in der Nähe leiden.
Einer von uns beiden   10

Zelle *cell, room*

Muß die Zelle meiden.

Gastrecht *hospitality*

Ungern heb' ich das Gastrecht auf,
Die Tür ist offen, hast freien Lauf.
Aber was muß ich sehen!
Kann das natürlich geschehen?   15
Ist es Schatten? ist's Wirklichkeit?
Wie wird mein Pudel lang und breit!
Er hebt sich mit Gewalt, —
Das ist nicht eines Hundes Gestalt!
Welch ein Gespenst bracht' ich ins Haus!   20

Nilpferd *hippopotamus*

Schon sieht er wie ein Nilpferd aus,

Gebiß *teeth*

Mit feurigen Augen, schrecklichem Gebiß.
O! du bist mir gewiß!

Höllenbrut *offspring of hell*

Für solche halbe Höllenbrut

Salomonis Schlüssel *Key of Solomon (a conjurer's book)*

Ist Salomonis Schlüssel gut.   25

. . .

grinst . . . an *grins at*

Es liegt ganz ruhig und grinst mich an;
Ich hab' ihm noch nicht weh getan.
Du sollst mich hören

beschwören *exorcise*

Stärker beschwören.

82

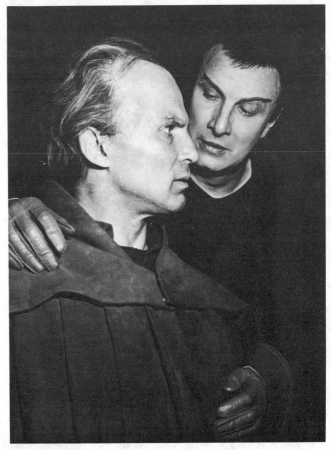

Bist du, Geselle,
Ein Flüchtling der Hölle?
So sieh dies Zeichen,
Dem sie sich beugen,
5 Die schwarzen Scharen!

Hinter den Ofen gebannt,   gebannt *confined by magic*
Schwillt es wie ein Elefant°.
Den ganzen Raum füllt es an,
Es will zum Nebel zerfließen. —
10 Steige nicht zur Decke hinan!
Lege dich zu des Meisters Füßen!
Erwarte nicht
Die stärkste von meinen Künsten!

Mephistopheles

(*tritt, indem der Nebel fällt, gekleidet wie ein fahrender*   fahrender Scholastikus
Scholastikus, hinter dem Ofen hervor)   *traveling scholar*
Wozu der Lärm? Was steht dem Herrn zu Diensten?   Was steht dem Herrn zu
                                                                     Diensten? *What does the*
                                                                     gentleman want?

Faust

Das also war des Pudels Kern!
Ein fahrender Scolast? Der Casus macht mich lachen.

Casus *case, occurrence*

Mephistopheles

Ich salutiere den gelehrten Herrn!
Ihr habt mich weidlich schwitzen machen.

salutiere *greet, salute*
weidlich *vigorously*

Faust

Nun gut, wer bist du denn?   5

Mephistopheles

Ein Teil von jener Kraft,
Die stets das Böse will und stets das Gute schafft.

Faust

Was ist mit diesem Rätselwort gemeint?

Mephistopheles

Ich bin der Geist, der stets verneint!

Gustaf Gründgens als Mephisto, Schauspielhaus Hamburg

Gustaf Gründgens und Will Quadflieg, Schauspielhaus Hamburg

3

Some days later, when Faust is in one of his most despairing moods, Mephisto proposes the agreement. Note the terms, especially those suggested by Faust himself. Compare with the agreement of the chapbook (p. 61). What are the possible implications of the changes made by Goethe?

Faust

In jedem Kleide werd' ich wohl die Pein
Des engen Erdenlebens fühlen.
Ich bin zu alt, um nur zu spielen,
Zu jung, um ohne Wunsch zu sein.
5 Was kann die Welt mir wohl gewähren?
„Entbehren sollst du! sollst entbehren!"

Das ist der ewige Gesang,

Der jedem an die Ohren klingt,

Den, unser ganzes Leben lang,

heiser *hoarsely*   Uns heiser jede Stunde singt.

Nur mit Entsetzen wach' ich morgens auf;   5

Ich möchte bittre Tränen weinen,

Den Tag zu sehn, der mir in seinem Lauf

Nicht einen Wunsch erfüllen wird, nicht einen,

Und so ist mir das Dasein eine Last,

Der Tod erwünscht, das Leben mir verhaßt.   10

Mephistopheles

Hör' auf, mit deinem Gram zu spielen,

Geier *vulture*   Der wie ein Geier dir am Leben frißt!

Ich bin keiner von den Großen;

Doch willst du, mit mir vereint,

Deine Schritte durch's Leben nehmen,   15

mich ... bequemen *agree*   So will ich mich gern bequemen

Dein zu sein, auf der Stelle.

Ich bin dein Geselle

Und mach' ich dir's recht,

Bin ich dein Diener, bin dein Knecht!   20

**Faust and Mephistopheles,
Lithographie von Delacroix**

Faust

Und was soll ich dagegen dir erfüllen?

Mephistopheles

Ich will mich hier zu deinem Dienst verbinden,
Auf deinen Wink nicht rasten und nicht ruhn;
Wenn wir uns drüben wieder finden,
5 So sollst du mir das Gleiche tun.

Faust

Werd' ich beruhigt je mich auf ein Faulbett legen,   Faulbett *bed of ease*
So sei es gleich um mich getan!   um mich getan *the end of me*
Kannst du mich schmeichelnd je belügen,
Daß ich mir selbst gefallen mag,
10 Kannst du mich mit Genuß betrügen —
Das sei für mich der letzte Tag!
Werd' ich zum Augenblicke sagen:
„Verweile doch! du bist so schön!"
Dann magst du mich in Fesseln schlagen,   in Fesseln schlagen *put in*
15 Dann will ich gern zugrunde gehn!   *chains*
Dann mag die Totenglocke schallen
Dann bist du deines Dienstes frei,
Die Uhr mag stehn, der Zeiger fallen,
Es sei die Zeit für mich vorbei!

Mephistopheles

20 Bedenk' es wohl! Wir werden's nicht vergessen.

Faust

Dazu hast du ein volles Recht!

Mephistopheles

Nur eins! — Um Lebens oder Sterbens willen
Bitt' ich mir ein paar Zeilen aus.   bitt' ich mir ... aus *I ask for*
Ist doch ein jedes Blättchen gut.
25 Du unterzeichnest dich mit einem Tröpfchen Blut.

. . .

Faust

Wohin soll es nun gehn?

Mephistopheles

Wohin es dir gefällt.
Wir sehn die kleine, dann die große Welt.

Faust

Allein bei meinem langen Bart
Fehlt mir die leichte Lebensart.
glücken *succeed* Es wird mir der Versuch nicht glücken;
Ich wußte nie mich in die Welt zu schicken.
Vor andern fühl' ich mich so klein;   5
Ich werde stets verlegen sein.

Mephistopheles

Mein guter Freund, das wird sich alles geben;
Sobald du dir vertraust, sobald weißt du zu leben.

Faust

Wie kommen wir denn aus dem Haus?
Wo hast du Pferde, Knecht und Wagen?   10

Mephistopheles

Wir breiten nur den Mantel aus,
Der soll uns durch die Lüfte tragen.
Du nimmst bei diesem kühnen Schritt
Nur keinen großen Bündel mit.
Feuerluft *hydrogen* Ein bißchen Feuerluft, die ich bereiten werde,   15
behend *swiftly* Hebt uns behend von dieser Erde,
Und sind wir leicht, so geht es schnell hinauf. —
gratuliere *congratulate* Ich gratuliere dir zum neuen Lebenslauf.

4

*Faust has been transformed by a magic potion into a young man. As part of an elaborate
plan to aid Faust in the seduction of Margarete (Gretchen), a beautiful, devout maiden, Mephisto
has placed a casket full of jewels in her room. She discovers it in the scene which follows.*

Abend
Ein kleines reinliches Zimmer

Margarete

(*mit einer Lampe*)

schwül *sultry* Es ist so schwül, so dumpfig hie
dumpfig *musty*

(*sie macht das Fenster auf*)

Und ist doch eben so warm nicht drauß'.   20

Gretchen am Spinnrad, Lithographie von Delacroix

Es wird mir so, ich weiß nicht wie —
Ich wollt', die Mutter käm' nach Haus!
Mir läuft ein Schauer über'n ganzen Leib —
Bin doch ein töricht furchtsam Weib!

    (*Sie fängt an zu singen, indem sie sich auszieht.*)

5 Es war ein König in Thule
  Gar treu bis an das Grab,
Dem sterbend seine Buhle
Einen golden Becher gab.

Es ging ihm nichts darüber,
10 Er leert' ihn jeden Schmaus;
Die Augen gingen ihm über,
Sooft er trank daraus.

Schauer *shudder*

Thule (*proper name, far off legendary land*)

Buhle *sweetheart*

Schmaus *feast*

Und als er kam zu sterben,
Zählt' er seine Städt' im Reich,
Gönnt' alles seinem Erben,
Den Becher nicht zugleich.

Er saß beim Königsmahle,   5
Die Ritter um ihn her,
Auf hohem Vätersaale,
Dort auf dem Schloß am Meer.

Dort stand der alte Zecher,
Trank letzte Lebensglut,   10
Und warf den heiligen Becher
Hinunter in die Flut.

Er sah ihn stürzen, trinken
Und sinken tief ins Meer,
Die Augen täten ihm sinken,   15
Trank nie einen Tropfen mehr.

*(Sie eröffnet den Schrein, ihre Kleider einzuräumen, und
erblickt das Schmuckkästchen.)*

Wie kommt das schöne Kästchen hier herein?
Ich schloß doch ganz gewiß den Schrein.
Es ist doch wunderbar! Was mag wohl drinne sein?
Da hängt ein Schlüsselchen am Band,   20
Ich denke wohl, ich mach' es auf! —
Was ist das? Gott im Himmel! Schau'!
So was hab' ich mein' Tage nicht gesehn!
Ein Schmuck! mit dem könnt' eine Edelfrau
Am höchsten Feiertage gehn.   25
Wie sollte mir die Kette stehn?
Wem mag die Herrlichkeit gehören?

(Sie putzt sich damit auf und tritt vor den Spiegel.)

Wenn nur die Ohrring' meine wären?
Man sieht doch gleich ganz anders drein.
Was hilft euch Schönheit, junges Blut?   30
Das ist wohl alles schön und gut,
Allein man läßt's auch alles sein;
Man lobt euch halb mit Erbarmen.
Nach Golde drängt,
Am Golde hängt   35
Doch alles. Ach, wir Armen!

90

5

Faust soon falls deeply in love with Gretchen and flees from her presence to keep from harm-
ing her. But love for him has stirred depths of emotion in her which she is unable to control.
The intensely erotic poem which follows, spoken by Gretchen at her spinning wheel, is one of the
most affecting dramatic moments of the entire tragedy.

Gretchens Stube

Gretchen

(*am Spinnrade allein*)

Meine Ruh' ist hin,
Mein Herz ist schwer;
Ich finde sie nimmer
Und nimmermehr.

5 Wo ich ihn nicht hab'
Ist mir das Grab;
Die ganze Welt
Ist mir vergällt.   vergällt *made bitter*

Mein armer Kopf
10 Ist mir verrückt,   verrückt *utterly distracted,*
Mein armer Sinn   *crazed*
Ist mir zerstückt.   zerstückt *torn apart*

Meine Ruh' ist hin,
Mein Herz ist schwer
15 Ich finde sie nimmer,
Und nimmermehr.

Nach ihm nur schau' ich
Zum Fenster hinaus,
Nach ihm nur geh' ich
20 Aus dem Haus.
Sein hoher Gang,
Sein' edle Gestalt,
Seines Mundes Lächeln,
Seiner Augen Gewalt,

25 Und seiner Rede
Zauberfluß,
Sein Händedruck,
Und ach, sein Kuß!

91

Meine Ruh' ist hin,
Mein Herz ist schwer;
Ich finde sie nimmer
Und nimmermehr.

Mein Busen drängt   5
Sich nach ihm hin.
Ach dürft' ich fassen
Und halten ihn,

Und küssen ihn
So wie ich wollt',   10
An seinen Küssen
Vergehen sollt'!

6

Faust, goaded by Mephistopheles, has returned to Gretchen, she has yielded to him and is now pregnant. Her sense of guilt is intensified by the fact that what she had thought was a harmless sleeping potion has caused her mother's death. In this poignant scene before a statue of the Sorrowful Mother, Gretchen prays desperately for divine help.

(In der Mauerhöhle ein Andachtsbild der Mater dolorosa.* Blumenkrüge davor. Gretchen steckt frische Blumen in die Krüge.)

Gretchen

Ach, neige,
Du Schmerzenreiche,   Schmerzenreiche *Lady of*
Dein Antlitz gnädig meiner Not!   *Sorrows*

Das Schwert im Herzen,
5 Mit tausend Schmerzen
Blickst auf zu deines Sohnes Tod.

Zum Vater blickst du
Und Seufzer schickst du
Hinauf um sein' und deine Not.

10 Wer fühlet,
Wie wühlet   wühlen (inf.) *to rage, seethe*
Der Schmerz mir im Gebein?   Gebein = Körper
Was mein armes Herz hier banget,
Was es zittert, was verlanget,
15 weißt nur du, nur du allein!

Wohin ich immer gehe,
Wie weh, wie weh, wie wehe
Wird mir im Busen hier!
Ich bin, ach, kaum alleine,
20 Ich wein', ich wein', ich weine,
Das Herz zerbricht in mir.

Die Scherben vor meinem Fenster   Scherben *flower pots*
Betaut' ich mit Tränen, ach,   betauen (inf.) *to moisten,*
Als ich am frühen Morgen   *bedew*
25 Dir diese Blumen brach.

**devotional statue of the Mother of Sorrows*

Schien hell in meine Kammer
Die Sonne früh herauf,
Saß ich in allem Jammer
In meinem Bett schon auf.

Hilf! Rette mich von Schmach und Tod! 5
Ach, neige,
Du Schmerzenreiche,
Dein Antlitz gnädig meiner Not!

7

Faust has killed Gretchen's brother in a duel before her house and has once again fled with Mephisto. An outcast, Gretchen has wandered about aimlessly. In a moment of insanity brought on by her crushing sense of guilt, she has drowned her baby and been condemned to death. In this final scene from Faust, Part One, she awaits her punishment in prison, where Faust appears in a vain attempt to liberate her. The scene and Faust, Part One end with a voice from heaven proclaiming Gretchen's salvation after death, while Mephisto drags Faust on to other, more grandiose adventures.

Kerker *dungeon*

Kerker

Faust tritt ein, mit einem Bund Schlüssel und einer Lampe.

Margarete

(*sich auf ihrem Lager verbergend*)

Weh! Weh! Sie kommen. Bittrer Tod!

Faust

(*leise*)

Still! Still! Ich komme, dich zu befreien. 10

Margarete

sich . . . hinwälzend *writhing*

(*sich vor ihn hinwälzend*)

Bist du ein Mensch, so fühle meine Not!

Faust

Du wirst die Wächter aus dem Schlafe schreien!

aufzuschließen *to unfasten, unlock*

(*Er faßt die Ketten, sie aufzuschließen.*)

Margarete

(auf den Knien)

Wer hat dir, Henker, diese Macht
Über mich gegeben?
Du holst mich schon um Mitternacht!
Erbarme dich und laß mich leben!
5 Ist's morgen früh nicht zeitig genung?

(Sie steht auf.)

Bin ich doch noch so jung, so jung!
Und soll schon sterben!
Schön war ich auch, und das war mein Verderben.
Nah war der Freund, nun ist er weit;
10 Zerrissen liegt der Kranz, die Blumen zerstreut.
Fasse mich nicht so gewaltsam an!
Schone mich! Was hab' ich dir getan?
Laß mich nicht vergebens flehen,
Hab' ich dich doch mein' Tage nicht gesehen!

Faust

15 Werd' ich den Jammer überstehen?

(wirft sich nieder)

Margarete

(wirft sich zu ihm)

O laß uns knien, die Heil'gen anzurufen!
Sieh! unter diesen Stufen,
Unter der Schwelle
Siedet die Hölle!
20 Der Böse,
Mit furchtbarem Grimme,
Macht ein Getöse!

Faust

(laut)

Gretchen! Gretchen!

Margarete

(aufmerksam)

Das war des Freundes Stimme!

(Sie springt auf. Die Ketten fallen ab.)

Wo ist er? Ich hab' ihn rufen hören!
Ich bin frei! Mir soll niemand wehren!
An seinen Hals will ich fliegen,
An seinem Busen liegen!
Er rief „Gretchen"! Er stand auf der Schwelle.
Mitten durchs Heulen und Klappen der Hölle,
Durch den grimmigen, teuflischen Hohn,
Erkannt' ich den süßen, den liebenden Ton.

klappen (inf.) *to clatter*

Faust

Ich bin's!

Margarete

Du bist's! O sag' es noch einmal!

(*ihn fassend*)

Er ist's! Er ist's! Wohin ist alle Qual?
Wohin die Angst des Kerkers? der Ketten?
Du bist's! Kommst mich zu retten!
Ich bin gerettet! —
Schon ist die Straße wieder da,
Auf der ich dich zum ersten Male sah.

Faust

(*fortstrebend*)

Komm mit! Komm mit!

Margarete

weile *stay*

O weile!
Weil' ich doch so gern, wo du weilest!

liebkosend *caressing*

(*liebkosend*)

Faust

Eile!
Wenn du nicht eilest,
Werden wir's teuer büßen müssen.

Margarete

Wie? Du kannst nicht mehr küssen?
Mein Freund, so kurz von mir entfernt,
Und hast's Küssen verlernt?
Warum wird mir an deinem Halse so bang,
Wenn sonst von deinen Worten, deinen Blicken

96

Antje Weisgerber und Will Quadflieg, Schauspielhaus Hamburg

Ein ganzer Himmel mich überdrang,
Und du mich küßtest, als wolltest du mich ersticken?
Küsse mich!
Sonst küss' ich dich!

    (*Sie umfaßt ihn.*)

5 O weh! deine Lippen sind kalt,
Sind stumm.
Wo ist dein Lieben
Geblieben?
Wer brachte mich drum?

    (*Sie wendet sich von ihm.*)

überdringen (inf.) *to sweep over*

Wer brachte mich drum?
Who has deprived me of it?

97

Faust

Komm! Folge mir! Liebchen, fasse Mut!

herzen (inf.) to embrace   Ich herze dich mit tausendfacher Glut;

Nur folge mir! Ich bitte dich nur dies!

Margarete

(*zu ihm gewendet*)

Und bist du's denn? Und bist du's auch gewiß?

Faust

Ich bin's! Komm mit!   5

Margarete

Fesseln fetters   Du machst die Fesseln los,

Nimmst mich wieder in deinen Schoß.

mich . . . zu schmiegen to   Mich an deine Seite zu schmiegen,
nestle, cuddle up

Das war ein süßes, ein holdes Glück!

Aber es will mir nicht mehr gelingen;   10

Mir ist's, als müßt' ich mich zu dir zwingen,

Als stießest du mich von dir zurück;

Und doch bist du's und blickst so gut, so fromm.

Faust

Fühlst du, daß ich es bin, so komm!

Margarete

Dahinaus?   15

Faust

Ins Freie!

Margarete

Du gehst nun fort! O Heinrich, könnt' ich mit!

Faust

Du kannst! So wolle nur! Die Tür steht offen.

Margarete

Ich darf nicht fort; für mich ist nichts zu hoffen.

Was hilft es, fliehn? Sie lauern doch mir auf.   20

Es ist so elend, betteln zu müssen,

Und noch dazu mit bösem Gewissen!

Es ist so elend, in der Fremde schweifen,

Und sie werden mich doch ergreifen!

Faust

Hilft hier kein Flehen, hilft kein Sagen,
So wag ich's, dich hinwegzutragen.

Margarete

Laß mich! Nein, ich leide keine Gewalt!
Fasse mich nicht so mörderisch an!
5 Sonst hab' ich dir ja alles zulieb getan.

dir . . . alles zulieb getan
done everything to please you

Faust

Der Tag graut! Liebchen! Liebchen!

Margarete

Tag! Ja, es wird Tag! Der letzte Tag dringt herein;
Mein Hochzeittag sollt' es sein!
Sag niemand, daß du schon bei Gretchen warst.

Faust

10 O wär' ich nie geboren!

Mephistopheles

(*erscheint draußen*)

Auf! Oder ihr seid verloren!

Margarete

Was steigt aus dem Boden herauf?
Der! Der! Schick' ihn fort!
Was will der an dem heiligen Ort?
15 Er will mich!

Faust

Du sollst leben!

Margarete

Gericht Gottes! Dir hab' ich mich übergeben!

Mephistopheles

(*zu Faust*)

Komm! Komm! Ich lasse dich mit ihr im Stich!

Margarete

Dein bin ich, Vater! Rette mich! —
20 Heinrich! Mir graut's vor dir!

99

Mephistopheles

Sie ist gerichtet!

Stimme

(von oben)

Ist gerettet!

Mephistopheles

(zu Faust)

Her zu mir!

(verschwindet mit Faust)

Stimme

(von innen, verhallend)

verhallend *dying away*

Heinrich! Heinrich!

Zeichnung von Goethe: Hexen im Zauberkreis

8

PART TWO

Because of a certain diffuseness and an overabundance of classical and mythological allusion of every sort, Part Two is considered very difficult and is not as widely read or performed as Part One. It is, however, indispensable to a true picture of Goethe's Faust, since Part One ends with the dénouement of the Gretchen tragedy, leaving Faust himself in a more hopeless position than ever.

„Wir sehn die kleine, dann die große Welt", Mephisto had said when the pact was completed, (see p. 87, l. 28). Faust Part Two shows Faust and us this great world. The first two scenes here included (to be compared with the corresponding part from the Faustbuch, p. 63) are at an emperor's court. The emperor has asked Faust to entertain him and his courtiers by conjuring up Helen of Troy and Paris, her Trojan lover. Faust draws Mephisto aside to demand that he perform the feat. But Mephisto demurs; classical antiquity is beyond his sphere of influence. He can do no more than to advise Faust himself to descend to the realm of "Mothers" and return with a magic tripod by means of which the spirits of Paris and Helen can be summoned. What Goethe had in mind when he created this realm of "Mothers" is a subject of widely varying interpretations.

Finstere Galerie°

Mephistopheles

Was ziehst du mich in diese düstern Gänge?
Ist nicht da drinnen Lust genug,
Im dichten, bunten Hofgedränge   Hofgedränge *court throngs*
Gelegenheit zu Spaß und Trug?

Faust

5 Der Kaiser will, — es muß sogleich geschehn, —
Will Helena und Paris vor sich sehn;
Das Musterbild der Männer so der Frauen   so = wie
In deutlichen Gestalten will er schauen.
Geschwind ans Werk! Ich darf mein Wort nicht brechen.

Mephistopheles

10 Unsinnig war's, leichtsinnig zu versprechen.

Faust

Mit wenig Murmeln, weiß ich, ist's getan;
Wie man sich umschaut, bringst du sie zur Stelle.

Ernst Barlach: Faust und Mephisto, Holzschnitt 1923

Mephistopheles

Das Heidenvolk geht mich nichts an,
Es haust in seiner eignen Hölle.
Doch gibt's ein Mittel...

Faust

Sprich, und ohne Säumnis!

Mephistopheles

5 Die Mütter sind es!

Faust

(*aufgeschreckt*)

Mütter!

Mephistopheles

Schaudert's dich?

Faust

Die Mütter! Mütter! — 's klingt so wunderlich!

Mephistopheles

Hier diesen Schlüssel nimm!

Faust

10 Das kleine Ding!

Mephistopheles

Erst faß' ihn an und schätz' ihn nicht gering.

geringschätzen (inf.) *to disdain*

Faust

Er wächst in meiner Hand! er leuchtet, blitzt!

Mephistopheles

Merkst du nun bald, was man an ihm besitzt?
Der Schlüssel wird die rechte Stelle wittern;
15 Folg' ihm hinab! Er führt dich zu den Müttern.
Versinke denn! Ich könnt' auch sagen: steige!
Den Schlüssel schwinge°, halte sie vom Leibe!

Faust

(*begeistert*)

Wohl! Fest ihn fassend fühl' ich neue Stärke!
Die Brust erweitert, hin zum großen Werke!

Mephistopheles

Dreifuß *tripod* Ein glühnder Dreifuß tut dir endlich kund,
Du seist im tiefsten, allertiefsten Grund.
Bei seinem Schein wirst du die Mütter sehn,   5
Die einen sitzen, andre stehn und gehn,
Schemen *phantoms* Sie sehn dich nicht, denn Schemen sehn sie nur,
Da faß' ein Herz, denn die Gefahr ist groß,
Und gehe grad' auf jenen Dreifuß los,
Berühr' ihn mit dem Schlüssel!   10

Faust

(*macht eine entschieden gebietende Attitüde° mit dem Schlüssel*)

Mephistopheles

(*ihn betrachtend*)

So ist's recht!
Und eh' sie's merken, bist mit ihm zurück.
Und hast du ihn einmal hierher gebracht,
So rufst du Held und Heldin aus der Nacht.

Faust

Und nun, was jetzt?   15

Mephistopheles

Dein Wesen strebe nieder;
stampfend *stamping* Versinke stampfend, stampfend steigst du wieder.

Faust

(*stampft und versinkt*)

Mephistopheles

zum Besten frommen (inf.) Wenn ihm der Schlüssel nur zum Besten frommt!
to do some good, to be of Neugierig bin ich, ob er wiederkommt.
advantage

9

Faust having returned with the tripod, succeeds in evoking the spirits of Paris and Helen, to the amazement of the court astrologer and the evident delight of the spectators. But he becomes so enamored of Helen's beauty that he resents Paris' advances to her and violently interrupts the phantom pantomime, with disastrous results.

Rittersaal
Kaiser und Hof sind eingezogen.

Herold°

Hier sitzt nun alles, Herr und Hof im Runde,
Die Bänke drängen sich im Hintergrunde;
Auch Liebchen hat, in düstern Geisterstunden,   Geisterstunden *witching*
Zur Seite Liebchens lieblich Raum gefunden.   *hours*

105

Und so, da alle schicklich Platz genommen,
Sind wir bereit; die Geister mögen kommen!

Posaunen *trumpets*

(*Posaunen. Faust steigt herauf.*)

Astrolog°

Im Priesterkleid, bekränzt, ein Wundermann,
Der nun vollbringt, was er getrost begann.
Ein schöner Jüngling tritt im Takt hervor.   5
Hier schweigt mein Amt, ich brauch' ihn nicht zu nennen:
Wer sollte nicht den holden Paris kennen!

getrost with confidence
Takt beat, rhythm

(*Paris hervortretend*)

Dame

O! welch ein Glanz aufblühnder Jugendkraft!

Zweite

Wie eine Pfirsche frisch und voller Saft!

Pfirsche peach

Dritte

Die fein gezognen, süß geschwollnen Lippen!   10

Vierte

Du möchtest wohl an solchem Becher nippen?

nippen to sip

Dame

Er setzt sich nieder, weichlich, angenehm.

Ritter

Auf seinem Schoße wär' Euch wohl bequem?

Dame

Sanft hat der Schlaf den Holden übernommen.

Ritter

Er schnarcht nun gleich; natürlich ist's, vollkommen!   15

schnarchen (inf.) to snore

(*Helena hervortretend*)

Mephistopheles

Das wär' sie denn! Vor dieser hätt' ich Ruh';
Hübsch ist sie wohl, doch sagt sie mir nicht zu.

zusagen (inf.) to appeal to

Faust

Mein Schreckensgang bringt seligsten Gewinn.
Verschwinde mir des Lebens Atemkraft,

Schreckensgang terrifying journey

Wenn ich mich je von dir zurückgewöhne! —
Du bist's, der ich die Regung aller Kraft,
Den Inbegriff der Leidenschaft,
Dir Neigung, Lieb', Anbetung, Wahnsinn zolle!

mich ... von dir zurückgewöhne *give you up*

Inbegriff *epitome*
Anbetung *adoration*
zolle *render, pay as tribute*

Mephistopheles

5 So faßt Euch doch und fallt nicht aus der Rolle°!

Ältere Dame

Groß, wohlgestaltet, nur der Kopf zu klein.

Jüngere

Seht nur den Fuß! Wie könnt' er plumper sein?

plumper *clumsier*

Diplomat°

Fürstinnen hab' ich dieser Art gesehn;
Mich deucht, sie ist vom Kopf zum Fuße schön.

mich deucht *methinks*

Hofmann

Hofmann *courtier*

10 Sie nähert sich dem Schläfer listig mild.

Poet°

Sie neigt sich über, seinen Hauch zu trinken.
Beneidenswert! — ein Kuß! — Das Maß ist voll.

Duenna°

Vor allen Leuten! Das ist doch zu toll!

Faust

Furchtbare Gunst dem Knaben! —

Mephistopheles

Ruhig! Still!
15 Laß das Gespenst doch machen, was es will!

Hofmann

Sie schleicht sich weg, leichtfüßig; er erwacht.

Dame

Sie sieht sich um! Das hab' ich wohl gedacht.

Hofmann

Mit Anstand kehrt sie sich zu ihm herum.

Dame

Ich merke schon, sie nimmt ihn in die Lehre;
In solchem Fall sind alle Männer dumm.
Er glaubt wohl auch, daß er der erste wäre.

Astrolog°

Nicht Knabe mehr! Ein kühner Heldenmann,
Umfaßt er sie, die kaum sich wehren kann.   5
Gestärkten Arms hebt er sie hoch empor.
Entführt er sie wohl gar?

entführen (inf.) *to abduct*

Faust

              Verwegner Tor!
Du wagst! Du hörst nicht! Halt! das ist zu viel!

verwegner *rash*

Astrolog

Nur noch ein Wort! Nach allem, was geschah,   10
Nenn ich das Stück: den Raub der Helena.

Faust

Was Raub! Bin ich für nichts an dieser Stelle?
Ist dieser Schlüssel nicht in meiner Hand?
Ich rette sie und sie ist doppelt mein.
Gewagt! Ihr Mütter! Mütter! Müßt's gewähren!   15
Wer sie erkannt, der darf sie nicht entbehren.

Astrolog

Was tust du, Fauste! Fauste! — Mit Gewalt
Faßt er sie an, schon trübt sich die Gestalt.
Den Schlüssel kehrt er nach dem Jüngling zu,
Berührt ihn! Weh uns, wehe! Nu! im Nu!   20

Nu! im Nu! *Now then! In a trice!*

    (*Explosion°. Faust liegt am Boden. Die Geister gehen in
Dunst auf.*)

Dunst *vapor, smoke*

Mephistopheles

    (*der Fausten auf die Schulter nimmt*)

Da habt ihr's nun! mit Narren sich beladen,
Das kommt zuletzt dem Teufel selbst zu Schaden.

    (*Finsternis. Tumult°.*)

10

Fired with longing, Faust descends to Hades and brings the "real" Helen back to earth. They spend a brief but happy life together. In the scene which follows, Helen, sitting as his Queen on her throne in Faust's palace, senses the strangeness of her unaccustomed surroundings and questions Faust particularly about the speech of one of his retainers. He has spoken in rhymed couplets, a verse form with which the classical Helen is of course unfamiliar. In this unusual and tender love scene Faust, at her request, teaches her the art of rhyme.

Helena zu Faust

Ich wünsche dich zu sprechen, doch herauf
An meine Seite komm! Der leere Platz
Beruft den Herrn und sichert mir den meinen.
Vielfache Wunder seh' ich, hör' ich an.
5 Erstaunen trifft mich, fragen möcht' ich viel.
Doch wünscht' ich Unterricht, warum die Rede
Des Manns mir seltsam klang, seltsam und freundlich.
Ein Ton scheint sich dem andern zu bequemen,   bequemen *accommodate*
Und hat ein Wort zum Ohre sich gesellt,   sich gesellt *united*
10 Ein andres kommt, dem ersten liebzukosen.   liebzukosen *to caress*

Faust

Gefällt dir schon die Sprechart unsrer Völker,   Sprechart *mode of speaking*
O so gewiß entzückt auch der Gesang,
Befriedigt Ohr und Sinn im tiefsten Grunde.
Doch ist am sichersten, wir üben's gleich;
15 Die Wechselrede lockt es, ruft's hervor.   Wechselrede *discourse, dialogue*

Helena

So sage denn, wie sprech' ich auch so schön?

Faust

Das ist gar leicht, es muß von Herzen gehn.
Und wenn die Brust von Sehnsucht überfließt,
Man sieht sich um und fragt . . .

Helena

            wer mitgenießt.   mitgenießt *shares in the enjoyment*

Faust

20 Nun schaut der Geist nicht vorwärts, nicht zurück,
Die Gegenwart allein . . .

Helena

ist unser Glück.

Faust

Schatz ist sie, Hochgewinn, Besitz und Pfand;
Bestätigung, wer gibt sie? . . .

Hochgewinn *great gain*

Helena

Meine Hand.

Chor

Nah und näher sitzen sie schon,   5
Aneinander gelehnet,
Schulter an Schulter, Knie° an Knie,
Hand in Hand wiegen sie sich
Über des Throns°
Aufgepolsterter Herrlichkeit.   10

aufgepolstert *"plush"*,
cushioned

Helena

Ich fühle mich so fern und doch so nah,
Und sage nur zu gern: „Da bin ich! da!"

Faust

Ich atme kaum, mir zittert, stockt das Wort;
Es ist ein Traum, verschwunden Tag und Ort.

11

By the end of Act IV, Part Two, Faust has had many varieties of experience and has at last begun to realize that happiness is to be found, not by attempting to penetrate the mysteries of the supernatural, but by restricting oneself to the more limited sphere of productive activity for the good of humanity. At 100 years of age, he energetically supervises the reclaiming of land from the sea. In the foreknowledge of the joy which is to be derived from incessant struggle for the benefit of mankind, he speaks the fateful words, „Verweile doch, du bist so schön", (see p. 87, l. 13) which, in his former despairing mood, he had thought he would never utter. Mephisto interprets this literally and believes he has won the wager as Faust falls lifeless to the ground. But since in their context those very words convey precisely the reverse of their meaning in Part One, Mephisto has in fact lost. The exultant Mephisto is deprived of his booty by the intervention of God, whose angels announce: „Wer immer strebend sich bemüht, den können wir erlösen", and Faust's soul is carried to heaven by the now immortal Gretchen. With the song of the Chorus Mysticus the spectacle is terminated.

Palast

Weiter Ziergarten, großer, gradgeführter Kanal°. Faust, im höchsten Alter, wandelnd, nachdenkend.

Ziergarten *ornamental garden*
gradgeführter *straight-cut*

Faust

Noch hab' ich mich ins Freie nicht gekämpft.
Könnt' ich Magie von meinem Pfad entfernen,
Die Zaubersprüche ganz und gar verlernen;
Stünd' ich, Natur°, vor dir ein Mann allein,
5 Da wär's der Mühe wert, ein Mensch zu sein.
Das war ich sonst, eh' ich's im Düstern suchte,
Mit Frevelwort mich und die Welt verfluchte.
Ich habe nur begehrt und nur vollbracht
Und abermals gewünscht und so mit Macht
10 Mein Leben durchgestürmt; erst groß und mächtig,
Nun aber geht es weise, geht bedächtig.

Magie *magic*

Frevelwort *blasphemous word*

bedächtig *thoughtfully, deliberately*

111

Erdenkreis *world, globe*
verrannt *blocked, barred*
blinzelnd *blinking*

Der Erdenkreis ist mir genug bekannt.
Nach drüben ist die Aussicht uns verrannt;
Tor, wer dorthin die Augen blinzelnd richtet,
Sich über Wolken seinesgleichen dichtet!
Er stehe fest und sehe hier sich um;   5
Dem Tüchtigen ist diese Welt nicht stumm!
Was braucht er in die Ewigkeit zu schweifen?
Was er erkennt, läßt sich ergreifen.
Er wandle so den Erdentag entlang;

spuken *hover around*

Wenn Geister spuken, geh' er seinen Gang,   10
Im Weiterschreiten find' er Qual und Glück,
Er, unbefriedigt jeden Augenblick.
Aufseher!

Mephistopheles

Hier!

Faust

       Wie es auch möglich sei,   15
Arbeiter schaffe Meng' auf Menge.
Mit jedem Tage will ich Nachricht haben,

sich verlängt *grows longer*
eröffn' ich *I will open*

Wie sich verlängt der unternommene Graben.
Eröffn' ich Räume vielen Millionen°,
Nicht sicher zwar, doch tätig-frei zu wohnen.   20
Ja! diesem Sinne bin ich ganz ergeben,
Das ist der Weisheit letzter Schluß:
Nur der verdient sich Freiheit wie das Leben,
Der täglich sie erobern muß.

umringen (inf.) *to surround*

Und so verbringt, umrungen von Gefahr,   25
Hier Kindheit, Mann und Greis sein tüchtig Jahr.

Gewimmel *throng*

Solch ein Gewimmel möcht' ich sehn,
Auf freiem Grund mit freiem Volke stehn.
Zum Augenblicke dürft' ich sagen:
„Verweile doch, du bist so schön!"   30

Vorgefühl *anticipation*

Im Vorgefühl von solchem hohen Glück
Genieß' ich jetzt den höchsten Augenblick.

Lemuren (*spirits of the wicked dead, minions of the devil*)

(Faust sinkt zurück, die Lemuren fassen ihn auf und legen ihn auf den Boden.)

Engel

(schwebend in der höheren Atmosphäre°, Faustens Unsterbliches tragend)

Gerettet ist das edle Glied
Der Geisterwelt vom Bösen;
Wer immer strebend sich bemüht,
Den können wir erlösen.

(*Mater gloriosa schwebt einher*)

Eine Büßerin

(*sonst Gretchen genannt*)

Mater gloriosa (Latin)
Glorious Mother (Mary)
einherschweben (inf.) *to hover near*

5 Neige, neige,
Du Ohnegleiche,
Du Strahlenreiche,
Dein Antlitz gnädig meinem Glück.
Der früh Geliebte,
10 Nicht mehr Getrübte,
Er kommt zurück!
Vom edlen Geisterchor umgeben,
Er ahnet kaum das frische Leben.
Vergönne mir, ihn zu belehren,
15 Noch blendet ihn der neue Tag.

Mater gloriosa

Komm! Hebe dich zu höhern Sphären°!
Wenn er dich ahnet, folgt er nach.

Chorus mysticus

Alles Vergängliche	*All that is transitory*
Ist nur ein Gleichnis;	*Is but a symbol;*
20 Das Unzulängliche,	*The insufficient*
Hier wird's Ereignis;	*Here becomes actuality;*
Das Unbeschreibliche,	*The indescribable*
Hier ist's getan,	*Here is accomplished;*
Das Ewig-Weibliche	*The eternal feminine*
25 Zieht uns hinan.	*Draws us on.*

— Finis —

Wilhelm Tell

Schauspiel

von

Schiller.

Zum Neujahrsgeschenk
auf 1805.

Tübingen
in der J. G. Cotta'schen Buchhandlung
1804.

IX

Schiller

Wilhelm Tell

Friedrich Schiller, Germany's greatest dramatic poet, was a contemporary of Goethe. For a time, around the turn of the nineteenth century, the two poets were in closest contact with one another, actively exchanging advice and criticism on each other's literary projects. Goethe had first conceived the idea of an epic poem based on the legend of Wilhelm Tell and had visited the appropriate regions in Switzerland with that in mind. He discussed the project with Schiller, but soon abandoned it. When Schiller later took up the idea of dramatizing the legend, he was dependent on maps, printed descriptions and, above all, the visual impressions of Goethe and other friends who had visited the Tell country, for Schiller had never been to Switzerland. Thus he was able to create a dramatic masterpiece that breathes the very air and spirit of Switzerland with such authenticity that the Swiss have accepted it as their national drama.

The first excerpt depicts the legendary feat of marksmanship by which Tell shoots the apple from the head of his son. For an understanding of the colorful scene, which employs a huge company of performers, it is necessary to know that Gessler, the governor and representative of the emperor of the Holy Roman Empire, has been driving the Swiss folk to the point of insurrection by his repressive measures. His most recent provocative act has been to have his hat placed on a pole in the market place and to demand obeisance to it as a symbol of the subjection of the Swiss to the imperial will. Tell's failure to perform the required act gives rise to the exciting climactic scene of the play. Note the expert handling of the large mass of people on the stage, and the skillful manner in which the difficult climax is accomplished by means of a temporary diversion of attention to the insubordination of the outraged Rudenz, a Swiss knight who had joined the retine of the imperial governor.

Handschrift Schillers, 3. Akt, 3. Szene

1

Dritter Akt. Dritte Szene

*Wiese. Im Vordergrund Bäume, in der Tiefe der Hut
auf einer Stange. Tell mit der Armbrust tritt auf, den Knaben
an der Hand führend. Sie gehen an dem Hut vorbei.*

Stange *pole*
Armbrust *crossbow*

Walter

Ei, Vater, sieh den Hut dort auf der Stange!

Tell

Was kümmert uns der Hut? Komm, laß uns gehen!

*(Indem er abgehen will, tritt ihm Frießhard mit vorgehaltener
Pike° entgegen.)*

Frießhard

In des Kaisers Namen! Haltet an und steht!

Tell

(greift in die Pike°)
Was wollt Ihr? Warum haltet Ihr mich auf?

Frießhard

5 Ihr habt's Mandat° verletzt; Ihr müßt uns folgen.

Leuthold

Ihr habt dem Hut nicht Reverenz bewiesen.

Reverenz *homage*

Tell

Freund, laß mich gehen!

Frießhard

Fort, fort ins Gefängnis!

Walter

Den Vater ins Gefängnis! Hilfe! Hilfe!
0 Herbei, ihr Männer! gute Leute, helft!
Gewalt! Gewalt! Sie führen ihn gefangen.

*(Rösselmann und Petermann kommen herbei mit drei anderen
Männern.)*

117

Petermann

Was gibt's?

Rösselmann

Was legst du Hand an diesen Mann?

Frießhard

Er ist ein Feind des Kaisers, ein Verräter!

Tell

(*faßt ihn heftig*)

Ein Verräter, ich!

Rösselmann

Du irrst dich, Freund! Das ist
Der Tell, ein Ehrenmann und guter Bürger.

Walter

(*erblickt Walter Fürst und eilt ihm entgegen*)
Großvater, hilf! Gewalt geschieht dem Vater.

Frießhard

Ins Gefängnis, fort!

Walter Fürst

(*herbeieilend*)
5 Um Gottes willen, Tell, was ist geschehen?
(*Melchtal und Stauffacher kommen.*)

Frießhard

Des Landvogts oberherrliche Gewalt
Verachtet er und will sie nicht erkennen.

Stauffacher

Das hätt' der Tell getan?

Melchtal

Das lügst du, Bube!

Leuthold

0 Er hat dem Hut nicht Reverenz bewiesen.

Walter Fürst

Und darum soll er ins Gefängnis?

Frießhard

Wir tun, was unsers Amtes—Fort mit ihm!

Melchtal

(*zu den Landleuten*)
Nein, das ist schreiende Gewalt! Ertragen wir's,
Daß man ihn fortführt, frech, vor unsern Augen?

Petermann

5 Wir sind die Stärkern. Freunde, duldet's nicht!

Landvogts *governor's*
oberherrliche *sovereign*

119

Noch drei Landleute

(*herbeieilend*)

Wir helfen euch. Was gibt's? Schlagt sie zu Boden!

Tell

Ich helfe mir schon selbst. Geht, gute Leute!
Meint ihr, wenn ich die Kraft gebrauchen wollte,
Ich würde mich vor ihren Spießen fürchten?

Melchtal

(*zu Frießhard*)

Wag's, ihn aus unsrer Mitte wegzuführen!   5

Walter Fürst und Stauffacher

gelassen! *keep calm!* Gelassen! Ruhig!

Frießhard

(*schreit*)

Aufruhr und Empörung *riot   Aufruhr und Empörung!
and insurrection*
(*man hört Jagdhörner*)

120

Weiber

Da kommt der Landvogt!

Frießhard

(*ruft*)

Zu Hilf', zu Hilf', den Dienern des Gesetzes!

Walter Fürst

Da ist der Vogt! Weh uns, was wird das werden!

(*Geßler zu Pferd, den Falken auf der Faust, Rudolf der*   Falken *falcon*
Harras, Berta und Rudenz, ein großes Gefolge von bewaffneten   Harras *Master of the Horse*
Knechten, welche einen Kreis von Piken° um die ganze Szene°
schließen)

Rudolf

Platz, Platz dem Landvogt!

Geßler

Treibt sie auseinander!
Was läuft das Volk zusammen? Wer ruft Hilfe?

(*allgemeine Stille*)

Wer war's? Ich will es wissen.

(*zu Frießhard*)

Du tritt vor!
Wer bist du, und was hältst du diesen Mann?

(*Er gibt den Falken einem Diener.*)

Frießhard

gestrenger Herr *your Lordship*
wohlbestellter *duly appointed*
über frischer Tat *in the very act*
versagte *denied*

Gestrenger Herr, ich bin dein Waffenknecht
Und wohlbestellter Wächter bei dem Hut.
Diesen Mann ergriff ich über frischer Tat,
Wie er dem Hut den Ehrengruß versagte.
Verhaften wollt' ich ihn, wie du befahlst,
Und mit Gewalt will ihn das Volk entreißen.

Geßler

(*nach einer Pause*)

Verachtest du so deinen Kaiser, Tell,
Und mich, der hier an seiner Statt gebietet,
Daß du die Ehr' versagst dem Hut, den ich
Zur Prüfung des Gehorsams aufgehangen?

Trachten *endeavor, aim*

Dein böses Trachten hast du mir verraten.

(*nach einigem Stillschweigen*)

Du bist ein Meister auf der Armbrust, Tell,
Man sagt, du nehmst es auf mit jedem Schützen?

Walter Tell

Und das muß wahr sein, Herr, 'nen Apfel schießt
Der Vater dir vom Baum auf hundert Schritte.

Geßler

Ist das dein Knabe, Tell?

Tell

Ja, lieber Herr.

Geßler

Hast du der Kinder mehr?

Tell

Zwei Knaben, Herr.

Geßler

Und welcher ist's, den du am meisten liebst?

Tell

Herr, beide sind sie mir gleich liebe Kinder.

Geßler

Nun Tell! Weil du den Apfel triffst vom Baume
Auf hundert Schritt', so wirst du deine Kunst
5 Vor mir bewähren müssen — Nimm die Armbrust —
Du hast sie gleich zur Hand — und mach' dich fertig,
Einen Apfel von des Knaben Kopf zu schießen —
Doch will ich raten, ziele gut, daß du
Den Apfel treffest auf den ersten Schuß;
10 Denn fehlst du ihn, so ist dein Kopf verloren.

(*Alle geben Zeichen des Schreckens.*)

Tell

ansinnen (inf.) *to demand of*

Herr — Welches Ungeheure sinnet Ihr
Mir an? — Ich soll vom Haupte meines Kindes —
— Nein, nein doch, lieber Herr, das kommt Euch nicht
Zu Sinn — Verhüt's der gnäd'ge Gott! — das könnt Ihr
Im Ernst von einem Vater nicht begehren!   5

Geßler

Du wirst den Apfel schießen von dem Kopf
Des Knaben — Ich begehr's und will's.

Tell

                      Ich soll
Mit meiner Armbrust auf das liebe Haupt
Des eignen Kindes zielen? — Eher sterb' ich!   1

Geßler

Du schießest oder stirbst mit deinem Knaben.

Tell

Ich soll der Mörder werden meines Kinds!
Herr, Ihr habt keine Kinder — wisset nicht,
Was sich bewegt in eines Vaters Herzen.

Berta

Scherzt nicht, O Herr, mit diesen armen Leuten!   1

Geßler

Wer sagt Euch, daß ich scherze?

(*greift nach einem Baumzweige, der über ihn herhängt*)

                     Hier ist der Apfel.
Man mache Raum — er nehme seine Weite,
Wie's Brauch ist — achtzig Schritte geb' ich ihm —
Nicht weniger, noch mehr — Er rühmte sich,
Auf ihrer hundert seinen Mann zu treffen —
Jetzt, Schütze, triff und fehle nicht das Ziel!

was zauderst du? *why do you hesitate?*

Öffnet die Gasse! — Frisch! Was zauderst du?

verwirkt *forfeited*

Dein Leben ist verwirkt, ich kann dich töten;
Und sieh, ich lege gnädig dein Geschick
In deine eigne kunstgeübte Hand.
Der kann nicht klagen über harten Spruch,
Den man zum Meister seines Schicksals macht.

(Walter Fürst wirft sich vor ihm nieder.)

Walter Tell

Großvater, knie nicht vor dem falschen Mann!
Sagt, wo ich hinstehn soll! Ich fürcht' mich nicht,
Der Vater trifft den Vogel ja im Flug,
Er wird nicht fehlen auf das Herz des Kindes.

Stauffacher

Herr Landvogt, rührt Euch nicht des Kindes Unschuld?

Geßler

(zeigt auf den Knaben)

Man bind' ihn an die Linde dort!

Walter Tell

Mich binden!
Nein, ich will nicht gebunden sein. Ich will
Still halten wie ein Lamm° und auch nicht atmen.
Wenn ihr mich bindet, nein, so kann ich's nicht,
So werd' ich toben gegen meine Bande.

toben *struggle*

Rudolf

Die Augen nur laß dir verbinden, Knabe!

Walter Tell

Warum die Augen? Denket Ihr, ich fürchte
Den Pfeil von Vaters Hand? — Ich will ihn fest
Erwarten und nicht zucken mit den Wimpern.
— Frisch, Vater, zeig's, daß du ein Schütze bist!
Er glaubt dir's nicht, er denkt uns zu verderben!

zucken mit den Wimpern *blink*

(Er geht an die Linde, man legt ihm den Apfel auf.)

Melchtal

(zu den Landleuten)

Was? Soll der Frevel sich vor unsern Augen
Vollenden? Wozu haben wir geschworen?

Frevel *outrage*

Stauffacher

Es ist umsonst. Wir haben keine Waffen;
Ihr seht den Wald von Lanzen° um uns her.

Tell

(*spannt die Armbrust und legt den Pfeil auf*)

Öffnet die Gasse! Platz!

Stauffacher

Was, Tell? Ihr wolltet — Nimmermehr — Ihr zittert,
Die Hand erbebt Euch, Eure Knie wanken —

wanken *are shaking*

Tell

(*läßt die Armbrust sinken*)

Mir schwimmt es vor den Augen!

Weiber

Gott im Himmel!

Tell

(*zum Landvogt*)

Erlasset mir den Schuß! Hier ist mein Herz!

erlassen (inf.) *to release from*

(*Er reißt die Brust auf.*)

Ruft Eure Reisigen und stoßt mich nieder!

Reisigen *horsemen*

Geßler

Ich will dein Leben nicht, ich will den Schuß.
Du kannst ja alles, Tell! An nichts verzagst du;
Dich schreckt kein Sturm, wenn es zu retten gilt.
Jetzt, Retter, hilf dir selbst — du rettest alle!

(*Tell steht in fürchterlichem Kampf, mit den Händen
zuckend und die rollenden Augen bald auf den Landvogt, bald
zum Himmel gerichtet. — Plötzlich greift er in seinen Köcher,
nimmt einen zweiten Pfeil heraus und steckt ihn in seinen Goller.
Der Landvogt bemerkt alle diese Bewegungen.*)

zuckend *twitching*
Köcher *quiver*
Goller *leather jacket*

126

Walter Tell

(*unter der Linde*)

Vater, schieß zu! Ich fürcht' mich nicht.

Tell

Es muß!

(*Er rafft sich zusammen und legt an.*)

rafft sich zusammen und legt an *collects himself and aims*

Rudenz

(*der die ganze Zeit über in der heftigsten Spannung gestanden und mit Gewalt an sich gehalten, tritt hervor*)

Herr Landvogt, weiter werdet Ihr's nicht treiben,
Ihr werdet n i c h t — Es war nur eine Prüfung —

Geßler

5 Ihr schweigt, bis man Euch aufruft!

Rudenz

Ich w i l l reden!
Ich darf's! Des Königs Ehre ist mir heilig;
Doch solches Regiment muß Haß erwerben.
Das ist des Königs Wille° nicht — ich darf's

Regiment *government, rule*

) Behaupten — Solche Grausamkeit verdient
Mein Volk nicht; dazu habt Ihr keine Vollmacht.

Vollmacht *authority*

Geßler

Ha, Ihr erkühnt Euch!

erkühnt Euch *dare, presume*

Rudenz

Ich hab' still geschwiegen
Zu allen schweren Taten, die ich sah;
5 Doch länger schweigen wär' Verrat zugleich
An meinem Vaterland und an dem Kaiser.

Berta

(*wirft sich zwischen ihn und den Landvogt*)

O Gott, Ihr reizt den Wütenden noch mehr!

Rudenz

Mein Volk verließ ich; meinen Blutsverwandten
Entsagt' ich, alle Bande der Natur°
o Zerriß ich, um an Euch mich anzuschließen —

127

Das Beste aller glaubt' ich zu befördern,
Da ich des Kaisers Macht befestigte —

Binde *blindfold* Die Binde fällt von meinen Augen — Schaudernd
Seh' ich an einen Abgrund mich geführt —
Mein freies Urteil habt Ihr irr' geleitet,
Mein redlich Herz verführt — ich war daran,
Mein Volk in bester Meinung zu verderben.

Geßler

verwegen (adj.) *rash* Verwegner, diese Sprache deinem Herrn?

Rudenz

Der Kaiser ist mein Herr, nicht Ihr. Frei bin ich
Wie Ihr geboren, und ich messe mich
Mit Euch in jeder ritterlichen Tugend.
Und stündet Ihr nicht hier in Kaisers Namen,
Den ich verehre, selbst wo man ihn schändet,
Den Handschuh wärf' ich vor Euch hin, Ihr solltet
Nach ritterlichem Brauch mir Antwort geben.
Ja, winkt nur Euren Reisigen — Ich stehe
Nicht wehrlos da wie d i e —

(*auf das Volk zeigend*)

Ich hab' ein Schwert,
Und wer mir naht —

Stauffacher

(*ruft*)

Der Apfel ist gefallen!

(*Indem sich alle nach dieser Seite gewendet, und Berta
zwischen Rudenz und den Landvogt sich geworfen, hat Tell den*
abgedrückt *released* *Pfeil abgedrückt.*)

Rösselmann

Der Knabe lebt!

Viele Stimmen

Der Apfel ist getroffen!

(*Walter Fürst schwankt und droht zu sinken, Berta hält
ihn.*)

Geßler

(*erstaunt*)

Rasende *madman* Er hat geschossen? Wie? Der Rasende!

Berta

Der Knabe lebt! Kommt zu Euch, guter Vater!

Walter Tell

(*kommt mit dem Apfel gesprungen*)

Vater, hier ist der Apfel — Wußt' ich's ja;
Du würdest deinen Knaben nicht verletzen.

Tell

(*stand mit vorgebognem Leib, als wollte er dem Pfeil folgen — die Armbrust entsinkt seiner Hand — wie er den Knaben kommen sieht, eilt er ihm mit ausgebreiteten Armen entgegen und hebt ihn zu seinem Herzen hinauf; in dieser Stellung sinkt er kraftlos zusammen. Alle stehen gerührt.*)

sinkt . . . zusammen *collapses*

Berta

O güt'ger Himmel!

Walter Fürst

(*zu Vater und Sohn*)

Kinder! meine Kinder!

Stauffacher

Gott sei gelobt!

Leuthold

Das war ein Schuß! Davon
Wird man noch reden in den spätsten Zeiten.

Rudolf

Erzählen wird man von dem Schützen Tell,
Solang' die Berge stehn auf ihrem Grunde.

(*reicht dem Landvogt den Apfel*)

Geßler

Bei Gott! der Apfel mitten durch geschossen!
Es war ein Meisterschuß, ich muß ihn loben.

Stauffacher

Kommt zu Euch, Tell, steht auf, Ihr habt Euch
    männlich
Gelöst, und frei könnt Ihr nach Hause gehen.

Rösselmann

Kommt, kommt und bringt der Mutter ihren Sohn!

(*Sie wollen ihn wegführen.*)

Geßler

Tell, höre!

Tell

(*kommt zurück*)

Was befehlt Ihr, Herr?

Geßler

                Du stecktest
Noch einen zweiten Pfeil zu dir — Ja, ja,
Ich sah es wohl — was meintest du damit?

Tell

(*verlegen*)

Herr, das ist also bräuchlich bei den Schützen.

Geßler

Nein, Tell, die Antwort lass' ich dir nicht gelten;
Es wird was anders wohl bedeutet haben.
Sag' mir die Wahrheit frisch und fröhlich, Tell;
Was es auch sei, dein Leben sichr' ich dir.
Wozu der zweite Pfeil?

Tell

wohlan *very well*   Wohlan, o Herr,
Weil Ihr mich meines Lebens habt gesichert,
So will ich Euch die Wahrheit gründlich sagen.

(*Er zieht den Pfeil aus dem Goller und sieht den Landvogt
mit einem furchtbaren Blick an.*)

durchschoß *would have shot*   Mit diesem zweiten Pfeil durchschoß ich — Euch,
Wenn ich mein liebes Kind getroffen hätte,
Eurer *you (genitive after*   Und Eurer — wahrlich! hätt' ich nicht gefehlt.
fehlen)

Geßler

Wohl, Tell! Des Lebens hab' ich dich gesichert;
Ich gab mein Ritterwort, das will ich halten —

130

Doch weil ich deinen bösen Sinn erkannt,
Will ich dich führen lassen und verwahren,
Wo weder Mond noch Sonne dich bescheint,
Damit ich sicher sei vor deinen Pfeilen.
Ergreift ihn, Knechte! Bindet ihn!

führen lassen und verwahren
have led away and locked up

(*Tell wird gebunden.*)

Ich kenn' euch alle — ich durchschau' euch ganz —
Den nehm' ich jetzt heraus aus eurer Mitte,
Doch alle seid ihr teilhaft seiner Schuld.
Wer klug ist, lerne schweigen und gehorchen.

seid teilhaft share

(*Er entfernt sich, Berta, Rudenz, Rudolf und Knechte folgen, Frießhard und Leuthold bleiben zurück.*)

Walter Fürst

(*in heftigem Schmerz*)

Es ist vorbei; er hat's beschlossen, mich
Mit meinem ganzen Hause zu verderben!

Altdorf mit Wilhelm Tell Denkmal

Stauffacher

(zum Tell)

Wütrich *tyrant*   O, warum mußtet Ihr den Wütrich reizen!

Tell

sich bezwingen (inf.) *to*   Bezwinge sich, wer meinen Schmerz gefühlt!
control oneself

Stauffacher

O, nun ist alles, alles hin! Mit Euch
Sind wir gefesselt alle und gebunden!

Landleute

umringen *surround*   *(umringen den Tell)*

Mit Euch geht unser letzter Trost dahin!

Tell

Lebt wohl!

Walter Tell

schmiegend *clinging*   *(sich mit heftigem Schmerz an ihn schmiegend)*

O Vater! Vater! lieber Vater!

Tell

(hebt die Arme zum Himmel)

Dort droben ist dein Vater! Den ruf an!

Stauffacher

Tell, sag' ich Eurem Weibe nichts von Euch?

Tell

(hebt den Knaben an seine Brust)

Der Knab' ist unverletzt; mir wird Gott helfen.

(reißt sich schnell los und folgt den Waffenknechten)

2

   The preceding scene, with Tell being led off a prisoner, brings the third act to a close. In Act Four, he escapes, and resolves that the safety of his family and his people demands the death of the tyrant Geßler. The deed is accomplished in the following scene, on a country road near the village of Küßnacht, and proves to be the decisive act which spurs his people on to throw off the yoke of oppression and declare their independence.

Vierter Akt. Dritte Szene

Die hohle Gasse bei Küßnacht°

*Man steigt von hinten zwischen Felsen herunter, und die
Wanderer° werden, ehe sie auf der Szene° erscheinen, schon von
der Höhe gesehen. Felsen umschließen die ganze Szene; auf
einem der vordersten ist ein Vorsprung.*

umschließen *surround*

Vorsprung *projection*

Tell

(tritt auf mit der Armbrust)

Durch diese hohle Gasse muß er kommen;
Es führt kein andrer Weg nach Küßnacht° — Hier
Vollend' ich's — Die Gelegenheit ist günstig.
Dort der Holunderstrauch verbirgt mich ihm,
Von dort herab kann ihn mein Pfeil erlangen.
Mach' deine Rechnung mit dem Himmel, Vogt,
Fort mußt du, deine Uhr ist abgelaufen.

Holunderstrauch *elder bush*

Vogt *governor*

133

Ich lebte still und harmlos — Das Geschoß
War auf des Waldes Tiere nur gerichtet,
Meine Gedanken waren rein von Mord —
Du hast aus meinem Frieden mich heraus

Geschreckt, in gährend Drachengift hast du
Die Milch der frommen Denkart mir verwandelt;
Zum Ungeheuren hast du mich gewöhnt —
Wer sich des Kindes Haupt zum Ziele setzte,
Der kann auch treffen in das Herz des Feinds.

Die armen Kindlein, die unschuldigen,
Das treue Weib muß ich vor deiner Wut

Beschützen, Landvogt! — Da, als ich den Bogenstrang
anzog — als mir die Hand erzitterte —
Als du mit grausam teuflischer Lust

Mich zwangst, aufs Haupt des Kindes anzulegen —
Als ich ohnmächtig flehend rang vor dir,

Damals gelobt' ich mir in meinem Innern
Mit furchtbarm Eidschwur, den nur Gott gehört,
Daß meines nächsten Schusses erstes Ziel
Dein Herz sein sollte — Was ich mir gelobt

In jenes Augenblickes Höllenqualen,
Ist eine heil'ge Schuld — ich will sie zahlen.
Du bist mein Herr und meines Kaisers Vogt;
Doch nicht der Kaiser hätte sich erlaubt,
Was du — Er sandte dich in diese Lande,
Um Recht zu sprechen — strenges, denn er zürnet —
Doch nicht, um mit der mörderischen Lust

Dich jedes Greuels straflos zu erfrechen:
Es lebt ein Gott, zu strafen und zu rächen.

(Wanderer gehen über die Szene.)

Auf dieser Bank von Stein will ich mich setzen,
Dem Wanderer zur kurzen Ruh bereitet —
Sie alle ziehen ihres Weges fort
An ihr Geschäft — und meines ist der Mord!

(setzt sich)

Sonst, wenn der Vater auszog, liebe Kinder,
Da war ein Freuen, wenn er wieder kam;

Denn niemals kehrt' er heim, er bracht' euch etwas —
Jetzt geht er einem andern Weidwerk nach,
Am wilden° Weg sitzt er mit Mordgedanken:
Des Feindes Leben ist's, worauf er lauert.

— Und doch an euch nur denkt er, liebe Kinder,
Auch jetzt — euch zu verteid'gen, eure holde Unschuld
Zu schützen vor der Rache des Tyrannen°,
Will er zum Morde jetzt den Bogen spannen.

(*Geßler und Rudolf der Harras zeigen sich zu Pferd auf der
Höhe des Wegs. Tell geht ab.*)

Geßler

5 Sagt, was Ihr wollt, ich bin des Kaisers Diener
Und muß drauf denken, wie ich ihm gefalle.
Er hat mich nicht ins Land geschickt, dem Volk
Zu schmeicheln und ihm sanft zu tun — Gehorsam
Erwartet er; der Streit ist, ob der Bauer
10 Soll Herr sein in dem Lande, oder der Kaiser.
Ich hab' den Hut nicht aufgesteckt zu Altorf°
Des Scherzes wegen, oder um die Herzen
Des Volks zu prüfen; diese kenn' ich längst.
Ich hab' ihn aufgesteckt, daß sie den Nacken
15 Mir lernen beugen, den sie aufrecht tragen.

Rudolf der Harras

Das Volk hat aber doch gewisse Rechte —

Geßler

Ich will ihn brechen, diesen starren Sinn,
Den kecken Geist der Freiheit will ich beugen,
Ein neu Gesetz will ich in diesen Landen
20 Verkündigen — Ich will —

(*Ein Pfeil durchbohrt ihn; er fährt mit der Hand ans Herz   durchbohrt *pierces*
und will sinken. Mit matter Stimme*)

Gott sei mir gnädig!

Rudolf der Harras

Herr Landvogt — Gott! Was ist das? Woher kam das? (*springt°
vom Pferde*)
Welch gräßliches Ereignis — Gott — Herr Ritter —   gräßlich *ghastly*
Ruft die Erbarmung Gottes an; Ihr seid   Erbarmung *mercy*
25 Ein Mann des Todes!

Geßler

Das ist Tells Geschoß.   Geschoß *arrow*

(Ist vom Pferd herab dem Rudolf Harras in den Arm gegleitet und wird auf der Bank niedergelassen. Tell erscheint oben auf der Höhe des Felsen.)

Tell

Du kennst den Schützen, suche keinen andern!
Frei sind die Hütten, sicher ist die Unschuld
Vor dir, du wirst dem Lande nicht mehr schaden.

(Verschwindet von der Höhe. Volk stürzt herein.)

X

LUDWIG van BEETHOVEN

Ludwig van Beethoven has been aptly called "the man who freed music." For it was Beethoven who at the beginning of the nineteenth century, opened up new vistas of tonal expressivity and laid the foundation for the extraordinary development of music in the course of the following one hundred years. He expanded its dynamic and coloristic resources and infused into it an unprecedented intensity, flexibility, and range of emotion. The figure of Beethoven, the proud individualist, hair unkempt, clothes in disorder, with fiery eyes and an arrogant, forbidding expression, his whole aspect a counterpart of the emotional force in his music, has been preserved for us in numerous paintings and illustrations.

It was the tragic fate of this musical Titan, who in his youth as a piano virtuoso dazzled his audiences with the fire and brilliance of his playing, to fall victim to deafness. At the age of 27, at the height of his career as a concert pianist, there began a roaring in his ears which increased rapidly in severity. Morbidly sensitive about his deafness, he sought for years to keep it secret, and acknowledged it openly only in his middle thirties, long after rumors about it were widespread. Subject also to other bodily ills, he often sank into fits of despondency and melancholy. The famous Heiligenstadt Will, the product of one of these attacks of hypochondriac despair, written in 1802, when Beethoven was but 31 years old, was discovered among his papers after his death in 1827. It was written at the time of his Second Symphony, when all of his greatest works lay still in the future. Its poignant message brings into high relief the great tragedy of his life.

In sharp contrast, much of his finest music is filled with a dynamic sense of joy and an exuberant affirmation of life. No other work of art expresses with more power the joy of human existence than the magnificent finale to his Ninth Symphony, a choral movement set to the text of part of Schiller's ode, „An die Freude," which is also included here.

Das Heiligenstädter Testament° vom Oktober 1802

Für meine Brüder Karl und Johann Beethoven.

O ihr Menschen, die ihr mich für feindselig, störrisch oder misanthropisch° haltet oder erklärt, wie unrecht tut ihr mir! Ihr wißt nicht die geheime Ursache von dem, was euch so scheint. Mein Herz und mein Sinn waren von Kindheit an für das zarte Gefühl des Wohlwollens. Aber bedenkt nur, 5 daß seit sechs Jahren ein heilloser Zustand mich befallen, durch unvernünftige Ärzte verschlimmert. Von Jahr zu Jahr in der Hoffnung, gebessert zu werden, betrogen, endlich zu dem Überblick eines dauernden Übels (dessen Heilung vielleicht Jahre dauern wird oder gar unmöglich ist) gezwungen, 10 mit einem feurigen, lebhaften Temperament° geboren, selbst empfänglich für die Zerstreuungen der Gesellschaft, mußte ich früh mich absondern, einsam mein Leben zubringen. Wollte ich auch zuweilen mich einmal über alles das hinaussetzen, o wie hart wurde ich durch die verdoppelte traurige 15 Erfahrung meines schlechten Gehörs dann zurückgestoßen, und doch war's mir noch nicht möglich, den Menschen zu sagen: sprecht lauter, schreit, denn ich bin taub. Ach, wie wäre es möglich, daß ich die Schwäche eines Sinnes zugeben sollte, der bei mir in einem vollkommnern Grade als bei 20 andern sein sollte, einen Sinn, den ich einst in der größten Vollkommenheit besaß, in einer Vollkommenheit, wie ihn wenige von meinem Fache gewiß haben noch gehabt haben. — O, ich kann es nicht. Darum verzeiht, wenn ihr mich da zurückweichen sehen werdet, wo ich mich gerne unter euch 25 mischte. Doppelt wehe tut mir mein Unglück, indem ich dabei verkannt werden muß. Für mich darf Erholung in menschlicher Gesellschaft nicht stattfinden. Nur soviel, als es die höchste Notwendigkeit fordert, darf ich mich in Gesellschaft einlassen. Wie ein Verbannter muß ich leben. 30 Nahe ich mich einer Gesellschaft, so überfällt mich eine heiße Ängstlichkeit, indem ich fürchte, in Gefahr gesetzt zu werden, meinen Zustand merken zu lassen. — So war es denn auch dieses halbe Jahr, das ich auf dem Lande zubrachte. Von meinem vernünftigen Arzte aufgefordert, soviel als möglich 35 mein Gehör zu schonen, kam er fast meiner jetzigen natürlichen Disposition° entgegen, obschon, vom Triebe zur Gesellschaft manchmal hingerissen, ich mich dazu verleiten ließ. Aber welche Demütigung, wenn jemand neben mir stand

---

feindselig *hostile*
störrisch *stubborn*

Wohlwollen *good will*

absondern *isolate*
mich ... über ... hinaussetzen *forget, get away from*

verkennen (inf.) *to misunderstand*

138

Letzte Seite des Heiligenstädter Testaments

und von weitem eine Flöte hörte und ich nichts hörte, oder jemand den Hirten singen hörte und ich auch nichts hörte. Solche Ereignisse brachten mich nahe an Verzweiflung: es fehlte wenig, und ich endigte selbst mein Leben. — Nur sie, die Kunst, sie hielt mich zurück. Ach, es dünkte mir un-

Flöte *flute*

es dünkte mir *it seemed to me*

möglich, die Welt eher zu verlassen, bis ich das alles hervorgebracht, wozu ich mich aufgelegt fühlte, und so fristete ich dieses elende Leben — wahrhaft elend; einen so reizbaren Körper, daß eine etwas schnelle Veränderung mich aus dem besten Zustande in den schlechtesten versetzen kann. — 5 Geduld — so heißt es, sie muß ich nun zur Führerin wählen: ich habe es. — Dauernd, hoffe ich, soll mein Entschluß sein, auszuharren. Vielleicht geht's besser, vielleicht nicht: ich bin gefaßt. — Schon in meinem 28. Jahre gezwungen, Philosoph° zu werden, es ist nicht leicht, für den Künstler schwerer als 10 für irgend jemand. — Gottheit, du siehst herab auf mein Inneres, du kennst es; du weißt, daß Menschenliebe und Neigung zum Wohltun darin hausen. O Menschen, wenn ihr einst dieses lest, so denkt, daß ihr mir unrecht getan, und der Unglückliche, er tröste sich, einen seinesgleichen zu 15 finden, der trotz allen Hindernissen der Natur° doch noch alles getan, was in seinem Vermögen stand, um in die Reihe würdiger Künstler und Menschen aufgenommen zu werden. — Ihr meine Brüder Karl und Johann, sobald ich tot bin, und Professor Schmidt lebt noch, so bittet ihn in meinem Namen, 20 daß er meine Krankheit beschreibe, und dieses hier geschriebene Blatt fügt Ihr dieser meiner Krankengeschichte bei, damit wenigstens soviel als möglich die Welt nach meinem Tode mit mir versöhnt werde. — Zugleich erkläre ich Euch beide hier für die Erben des kleinen Vermögens (wenn man 25 es so nennen kann) von mir. Teilt es redlich und vertragt und helft Euch einander. Was Ihr mir zuwider getan, das wißt Ihr, war Euch schon längst verziehen. Dir, Bruder Karl, danke ich noch insbesondere für Deine in dieser letzteren Zeit mir bewiesene Anhänglichkeit. Mein Wunsch ist, daß 30 Euch ein besseres, sorgenloseres Leben als mir werde. Empfehlt Euren Kindern Tugend: sie nur allein kann glücklich machen, nicht Geld; ich spreche aus Erfahrung. Sie war es, die mich selbst im Elende gehoben; ihr danke ich nebst meiner Kunst, daß ich durch keinen Selbstmord mein Leben endigte. — Lebt 35 wohl und liebt Euch!

Mit Freuden eile ich dem Tode entgegen. — Kommt er früher, als ich Gelegenheit gehabt habe, noch alle meine Kunstfähigkeiten zu entfalten, so wird er mir trotz meinem harten Schicksal doch noch zu früh kommen, und ich würde 40 ihn wohl später wünschen. — Doch auch dann bin ich zufrieden: befreit er mich nicht von einem endlosen leidenden Zustande? — Komm, wann du willst: ich gehe dir mutig

---

aufgelegt *impelled*
fristete *kept going*

auszuharren *to endure*

Gottheit *God, Divine Being*

beifügen (inf.) *to add, append*

Anhänglichkeit *devotion, loyalty*

entgegen. — Lebt wohl und vergeßt mich nicht ganz im Tode. Ich habe es um Euch verdient, indem ich in meinem Leben oft an Euch gedacht, Euch glücklich zu machen; seid es! —

Heiligenstadt, am 6. Oktober 1802.

Heiligenstadt, am 10. Oktober.

So nehme ich denn Abschied von Dir — und zwar traurig. — Ja, die geliebte Hoffnung, die ich mit hierher nahm, wenigstens bis zu einem gewissen Punkte geheilt zu sein, sie muß mich nun gänzlich verlassen. Wie die Blätter des Herbstes herabfallen, gewelkt sind, so ist auch sie für mich dürr geworden. Fast wie ich hierher kam, gehe ich fort — selbst der hohe Mut, der mich oft in den schönen Sommertagen beseelte, ist verschwunden. — O Vorsehung — laß einmal einen reinen Tag der Freude mir erscheinen! — So lange schon ist der wahren Freude inniger Widerhall mir fremd. — O wann — o wann, o Gottheit — kann ich im Tempel° der Natur und der Menschen ihn wieder fühlen! — Nie? — nein — o, es wäre zu hart! —

gewelkt *withered*
dürr *withered*

beseelte *animated, inspired*
Vorsehung *providence*

Widerhall *echo, responsive sound*

Beethovens Partitur

Schiller: *An die Freude*

(*As used by Beethoven in his Ninth Symphony*)

(*Preceded by an introductory sentence, for baritone recitative, written by Beethoven*)

O Freunde, nicht diese Töne! sondern laßt uns angenehmere anstimmen, und freudenvollere.

Freude, schöner Götterfunken,
   Tochter aus Elysium°,

Wir betreten feuertrunken,
    Himmlische, dein Heiligtum!
Deine Zauber binden wieder
    Was die Mode streng geteilt;
5 Alle Menschen werden Brüder,
    Wo dein sanfter Flügel weilt.

Wem der große Wurf gelungen,
    Eines Freundes Freund zu sein,
Wer ein holdes Weib errungen,
10   mische seinen Jubel ein!

weilt *stays, rests*

Ja, wer auch nur eine Seele
  Sein nennt auf dem Erdenrund!
Und wer's nie gekonnt, der stehle
  Weinend sich aus diesem Bund.

Freude trinken alle Wesen   5
  An den Brüsten der Natur;
Alle Guten, alle Bösen
  Folgen ihrer Rosenspur.
Küsse gab sie uns und Reben,
  Einen Freund, geprüft im Tod;   10
Wollust ward dem Wurm gegeben,
  Und der Cherub° steht vor Gott!

Froh, wie seine Sonnen fliegen
  Durch des Himmels prächt'gen Plan,
Laufet, Brüder, eure Bahn,   15
  Freudig, wie ein Held zum Siegen.

Seid umschlungen, Millionen°!
  Diesen Kuß der ganzen Welt!
Brüder! überm Sternenzelt
  Muß ein lieber Vater wohnen.   20

Ihr stürzt nieder, Millionen?
  Ahnest du den Schöpfer, Welt?
Such' ihn überm Sternenzelt!
  Über Sternen muß er wohnen.

Rosenspur *rosy path*

Reben *vines, wine*

Wollust *delight*

Plan *plain*

umschlingen (inf.) *to embrace*

Sternenzelt *starry canopy*

XI

DEUTSCHE LYRIK

Lyric poetry is the most subjective expression of which literature is capable. A lyric poem speaks from the heart to the heart, and a beautiful poem fully understood reveals much about the soul of the poet and the reader alike. Lyric poems are intensely individual. There is endless variety in them, reflecting the unique qualities of each author, the many moods of which he is capable, the infinite number of inspirations possible. In spite of their brevity, the discerning reader can usually trace back from the finished product an astonishing amount of fact or probable fact about the personality of the author or the inspiration behind the poem, and he can tell from a perceptive reading what the author was attempting to convey, and what means he chose to convey it. You will gain increased depth of appreciation for the poems which follow if you will analyze them in detail: for instance, what is the mood of Goethe in ,,Willkommen und Abschied`` (p. 150) and then again in ,,Wanderers Nachtlied`` (p. 151); what does ,,Der Ringer`` (p. 160) reveal about the personality of George; what view of life is expressed by Hölderlin in ,,Hälfte des Lebens`` (p. 155); what is the ethical import of Schiller's ,,Der Handschuh`` (p. 153), and so on.

Inspired by the rich heritage of lyric poems in German, composers like Schubert, Schumann, Mendelssohn, Brahms, Wolf, Richard Strauss and others have set them to music, creating the unique works of art we know as German Lieder. A number of the poems which follow can be enjoyed both for themselves and in musical settings. It is a fascinating study to analyze such poems thoroughly as independent works of art and then observe in detail how the composer has combined the poem with a musical setting into a new synthesis of word and tone. In the appropriate cases, the name of the composer of the most famous setting is supplied.

145

Walter von der Vogelweide
(ca. 1170-1230)

UNTER DER LINDE°

Unter der Linde
auf der Heide,
wo ich mit meinem Liebsten lag,
da mögt ihr finden,
5 wie wir beide
die Blumen brachen und das Gras.
Vor dem Wald in einem Tal°,
Tandaradei!
lieblich sang die Nachtigall.

10 Ich kam gegangen
zu der Aue,
da fand ich meinen Liebsten schon.
Da ward ich empfangen,
heil'ge Fraue!
15 daß ich noch selig bin davon.
Hat er mich wohl oft geküßt?
Tandaradei!
Seht, wie rot der Mund mir ist.

kam gegangen *came walking*
Aue *meadow*

Da hatte mein Lieber
20 uns gemachet
ein Bett von Blumen mancherlei,
daß jeder drüber
herzlich lachet,
zieht etwa er des Wegs vorbei.
25 An den Rosen° er wohl mag
Tandaradei!
merken, wo das Haupt mir lag.

Daß wir da lagen,
wüßt' es einer,
30 behüte Gott, wie schäm' ich mich!
Was er durft' wagen,
keiner, keiner
erfahre das, als er und ich,
und ein kleines Vögelein.
35 Tandaradei!
Das wird wohl verschwiegen sein.

(Eduard Grieg)

verschwiegen *discreet*

147

Friedrich Gottlieb Klopstock (1724-1803)
DEM UNENDLICHEN

free form of Greek odes — rolling form — mixes up Dactylus & Trochäus

Wie erhebt sich das Herz, wenn es dich,
Unendlicher, denkt! Wie sinkt es,
Wenn's auf sich herunterschaut!
Elend schaut's wehklagend dann und Nacht und Tod!

wehklagend *lamenting*

Allein du rufst mich aus meiner Nacht, der im Elend, der 5
im Tod hilft!
Dann denk' ich es ganz, daß du ewig mich schufst,
Herrlicher! den kein Preis, unten am Grab, oben am Thron°,
Herr, Herr, Gott! den, dankend entflammt, kein Jubel genug
besingt! 10

entflammt *enkindled*

Weht, Bäume des Lebens, ins Harfengetön!
Rausche mit ihnen ins Harfengetön, kristallner Strom!
Ihr lispelt und rauscht, und, Harfen, ihr tönt
Nie es ganz! Gott ist es, den ihr preist!

Harfengetön *sound of the harp*
kristallner *crystal*
lispelt *murmur*

Donnert, Welten, in feierlichem Gang, in der Posaunen 15
Chor!
Du, Orion°, Wage, du auch!
Tönt, all ihr Sonnen auf der Straße voll Glanz,
In der Posaunen Chor!

Posaunen *trumpets*
Wage *Libra, the Scales (constellation)*

Ihr Welten, donnert, 20
Und du, der Posaunen Chor, hallest
Nie es ganz! Gott! nie es ganz! Gott!
Gott! Gott ist es, den ihr preist!

hallen (inf.) *to sound forth*

148

Matthias Claudius (1740-1815)

DER TOD UND DAS MÄDCHEN

Das Mädchen

Vorüber! Ach, vorüber!
Geh, wilder° Knochenmann!
Ich bin noch jung, geh, Lieber!
Und rühre mich nicht an.

Knochenmann *skeleton*
(*Death*)

Der Tod

5 Gib deine Hand, du schön und zart Gebild!
Bin Freund und komme nicht zu strafen.
Sei gutes Muts! ich bin nicht wild,
Sollst sanft in meinen Armen schlafen.

Gebild *creature*

(*Franz Schubert*)

OMNEM IN HOMINE VENVSTATEM
MORS ABOLET.

1541
HsB

Hans Beham, Holzschnitt

Johann Wolfgang von Goethe (1749-1832)
WILLKOMMEN UND ABSCHIED

Es schlug mein Herz, geschwind zu Pferde!
Es war getan fast eh gedacht.
Der Abend wiegte schon die Erde,
Und an den Bergen hing die Nacht;
Schon stand im Nebelkleid die Eiche,   5
Ein aufgetürmter Riese da,
Wo Finsternis aus dem Gesträuche
Mit hundert schwarzen Augen sah.

Der Mond von einem Wolkenhügel
Sah kläglich aus dem Duft hervor,   10
Die Winde schwangen leise Flügel,
Umsausten schauerlich mein Ohr;
Die Nacht schuf tausend Ungeheuer,
Doch frisch und fröhlich war mein Mut:
In meinen Adern welches Feuer!   15
In meinem Herzen welche Glut!

Dich sah ich, und die milde Freude
Floß von dem süßen Blick auf mich;
Ganz war mein Herz an deiner Seite
Und jeder Atemzug für dich.   20
Ein rosenfarbnes Frühlingswetter
Umgab das liebliche Gesicht,
Und Zärtlichkeit für mich — ihr Götter!
Ich hofft es, ich verdient es nicht!

Doch ach, schon mit der Morgensonne   25
Verengt der Abschied mir das Herz:
In deinen Küssen welche Wonne!
In deinem Auge welcher Schmerz!
Ich ging, du standst und sahst zur Erden
Und sahst mir nach mit nassem Blick: 30
Und doch, welch Glück, geliebt zu werden!
Und lieben, Götter, welch ein Glück!

Glossary (margin notes):
aufgetürmter *towering*
Gesträuche *bushes*
Duft *haze*
umsausten schauerlich *whirred around eerily*
verengt *constricts*

WANDERERS NACHTLIED

Der du von dem Himmel bist,
Alles Leid und Schmerzen stillest,
Den, der doppelt elend ist,
Doppelt mit Erquickung füllest,
5 Ach, ich bin des Treibens müde!
Was soll all der Schmerz und Lust?
Süßer Friede,
Komm, ach komm in meine Brust!

Treibens *drifting*

EIN GLEICHES

Über allen Gipfeln
10 Ist Ruh,
In allen Wipfeln
Spürest du
Kaum einen Hauch;
Die Vögelein schweigen im Walde.
15 Warte nur, balde
Ruhest du auch.

(*Franz Schubert*)

151

ERLKÖNIG

Erlkönig *elf king*

Wer reitet so spät durch Nacht und Wind?
Es ist der Vater mit seinem Kind;
Er hat den Knaben wohl in dem Arm,
Er faßt ihn sicher, er hält ihn warm.

birgst du *do you hide*

Mein Sohn, was birgst du so bang dein Gesicht? —   5
Siehst, Vater, du den Erlkönig nicht?

Schweif *train*

Den Erlenkönig mit Kron' und Schweif? —

Nebelstreif *strip of mist*

Mein Sohn, es ist ein Nebelstreif. —

„Du liebes Kind, komm, geh mit mir!
Gar schöne Spiele spiel' ich mit dir,   10
Manch bunte Blumen sind an dem Strand,

gülden *golden*

Meine Mutter hat manch gülden Gewand."

Mein Vater, mein Vater, und hörest du nicht,
Was Erlenkönig mir leise verspricht? —
Sei ruhig, bleibe ruhig, mein Kind: 15

dürr *dry*

In dürren Blättern säuselt der Wind. —

„Willst, feiner Knabe, du mit mir gehn?
Meine Töchter sollen dich warten schön;

Reihn *dance*

Meine Töchter führen den nächtlichen Reihn

ein *to sleep*

Und wiegen und tanzen und singen dich ein."   20

Mein Vater, mein Vater, und siehst du nicht dort
Erlkönigs Töchter am düstern Ort? —
Mein Sohn, mein Sohn, ich seh' es genau:
Es scheinen die alten Weiden so grau. —

„Ich liebe dich, mich reizt deine schöne Gestalt;   25
Und bist du nicht willig, so brauch' ich Gewalt." —
Mein Vater, mein Vater, jetzt faßt er mich an!
Erlkönig hat mir ein Leids getan! —

Dem Vater grauset's, er reitet geschwind,

ächzende *groaning*

Er hält in Armen das ächzende Kind,
Erreicht den Hof mit Mühe und Not;   30
In seinen Armen das Kind war tot.

(Franz Schubert)

Friedrich von Schiller (1759-1805)

DER HANDSCHUH

Vor seinem Löwengarten,   Löwengarten *arena for wild*
Das Kampfspiel zu erwarten,   *animals*
Saß König Franz,   Kampfspiel *contest*
Und um ihn die Großen der Krone,
5 Und rings auf hohem Balkone°
Die Damen in schönem Kranz.

Und wie er winkt mit dem Finger,
Auf tut sich der weite Zwinger,   Zwinger *cage*
Und hinein mit bedächtigem Schritt   bedächtigem *deliberate*
10 Ein Löwe tritt
Und sieht sich stumm
Rings um
Mit langem Gähnen   Gähnen *yawn*
Und schüttelt die Mähnen   Mähnen *mane*
15 Und streckt die Glieder
Und legt sich nieder.

Und der König winkt wieder.
Da öffnet sich behend   behend *swiftly*
Ein zweites Tor,
20 Daraus rennt
Mit wildem Sprunge
Ein Tiger hervor.
Wie der den Löwen erschaut,
Brüllt er laut,
25 Schlägt mit dem Schweif   Schweif *tail*
Einen furchtbaren Reif   Reif *circle*
Und recket die Zunge,   recket *stretches out*
Und im Kreise scheu
Umgeht er den Leu   Leu *lion*
30 Grimmig schnurrend,   schnurrend *snarling*
Drauf streckt er sich murrend   murrend *growling*
Zur Seite nieder.

Und der König winkt wieder.
Da speit das doppelt geöffnete Haus   speit . . . aus *spits out*
35 Zwei Leoparden auf einmal aus.
Die stürzen mit mutiger Kampfbegier   Kampfbegier *lust for battle*
Auf das Tigertier;

Tatzen *paws* Das packt sie mit seinen grimmigen Tatzen,
Gebrüll *roar* Und der Leu mit Gebrüll
Richtet sich auf — da wird's still;
Und herum im Kreis,
Mordsucht *desire to kill* Von Mordsucht heiß,
lagern *lie down* Lagern die greulichen Katzen.
greulichen *awful*
Altans *balcony's* Da fällt von des Altans Rand
Ein Handschuh von schöner Hand
Zwischen den Tiger und den Leun
Mitten hinein.

154

Und zu Ritter Delorges° spottender Weis'
Wendet sich Fräulein Kunigund°:
„Herr Ritter, ist Eure Lieb' so heiß,
Wie Ihr mir's schwört zu jeder Stund',
5 Ei, so hebt mir den Handschuh auf!"

Und der Ritter in schnellem Lauf
Steigt hinab in den furchtbaren Zwinger
Mit festem Schritte,
Und aus der Ungeheuer Mitte
10 Nimmt er den Handschuh mit keckem Finger.   keckem *nimble, bold*

Und mit Erstaunen und mit Grauen
Sehen's die Ritter und Edelfrauen,
Und gelassen bringt er den Handschuh zurück.   gelassen *calmly*
Da schallt ihm sein Lob aus jedem Munde,
15 Aber mit zärtlichem Liebesblick —
Er verheißt ihm sein nahes Glück —   verheißt *promises*
Empfängt ihn Fräulein Kunigunde.
Und er wirft ihr den Handschuh ins Gesicht:
„Den Dank, Dame, begehr' ich nicht!"
20 Und verläßt sie zur selben Stunde.

Friedrich Hölderlin (1770-1843)

HÄLFTE DES LEBENS

Mit gelben Birnen hänget
Und voll mit wilden° Rosen°
Das Land in den See,
Ihr holden Schwäne,
25 Und trunken von Küssen
Tunkt ihr das Haupt   tunkt *dip*
Ins heilignüchterne Wasser.   heilignüchterne *sacred (and) sober*

Weh mir, wo nehm ich, wenn
Es Winter ist, die Blumen, und wo
30 Den Sonnenschein
Und Schatten der Erde?
Die Mauern stehn
Sprachlos und kalt, im Winde   klirren *rattle*
Klirren die Fahnen.   Fahnen *weathervanes*

155

Joseph von Eichendorff (1788-1857)

MONDNACHT

Es war, als hätt' der Himmel
Die Erde still geküßt,
Daß sie im Blütenschimmer
Von ihm nun träumen müßt'.

Die Luft ging durch die Felder,
Die Ähren wogten sacht,
Es rauschten leis die Wälder,
So sternklar war die Nacht.

Und meine Seele spannte
Weit ihre Flügel aus,
Flog durch die stillen Lande,
Als flöge sie nach Haus.

(*Robert Schumann*)

Blütenschimmer *gleaming of blossoms*

die Ähren wogten sacht *the grain swayed gently*

5

10

DER FROHE WANDERSMANN

Wandersmann *wanderer*

Wem Gott will rechte Gunst erweisen,
Den schickt er in die weite Welt;
Dem will er seine Wunder weisen
In Berg und Wald und Strom und Feld.

Die Trägen, die zu Hause liegen,
Erquicket nicht das Morgenrot,
Sie wissen nur von Kinderwiegen,
Von Sorgen, Last und Not um Brot.

15

20

Die Bächlein von den Bergen springen,
Die Lerchen schwirren hoch vor Lust;   schwirren *whir*
Was sollt' ich nicht mit ihnen singen
Aus voller Kehl' und frischer Brust?   Kehl' *throat*

5 Den lieben Gott lass' ich nur walten;   walten *rule*
Der Bächlein, Lerchen, Wald und Feld
Und Erd' und Himmel will erhalten,
Hat auch mein' Sach' aufs best' bestellt.

Heinrich Heine (1797-1856)

Ein Jüngling liebt ein Mädchen,
10 Die hat einen andern erwählt;
Der andre liebt eine andre,
Und hat sich mit dieser vermählt.

Das Mädchen heiratet aus Ärger
Den ersten besten Mann,
15 Der ihr in den Weg gelaufen;
Der Jüngling ist übel daran.

Es ist eine alte Geschichte,
Doch bleibt sie immer neu;
Und wem sie just° passieret,
20 Dem bricht das Herz entzwei.

(*Robert Schumann*)

157

WELTLAUF

Hat man viel, so wird man bald
Noch viel mehr dazu bekommen,
Wer nur wenig hat, dem wird
Auch das wenige genommen.

Wenn du aber gar nichts hast,   5
Ach, so lasse dich begraben —
Denn ein Recht zum Leben, Lump,
Haben nur, die etwas haben.

FRAU SORGE

In meines Glückes Sonnenglanz,
Da gaukelte fröhlich der Mückentanz.   10
Die lieben Freunde liebten mich
Und teilten mit mir brüderlich
Wohl meinen besten Braten
Und meinen letzten Dukaten°.

Das Glück ist fort, der Beutel leer,   15
Und hab' auch keine Freunde mehr;
Erloschen ist der Sonnenglanz,
Zerstoben ist der Mückentanz,
Die Freunde, so wie die Mücke,
Verschwinden mit dem Glücke.   20

An meinem Bett in der Winternacht
Als Wärterin die Sorge wacht.
Sie trägt eine weiße Unterjack'
Ein schwarzes Mützchen, und schnupft Tabak°.
Die Dose knarrt so gräßlich,   25
Die Alte nickt so häßlich.

Mir träumt manchmal, gekommen sei
Zurück das Glück und der junge Mai
Und die Freundschaft und der Mückenschwarm —
Da knarrt die Dose — daß Gott erbarm',   30
Es platzt die Seifenblase —
Die Alte schneuzt die Nase.

Eduard Mörike (1804-1875)

SCHÖN-ROHTRAUT

Wie heißt König Ringangs Töchterlein?
    Rohtraut, Schön-Rohtraut.
Was tut sie denn den ganzen Tag,
Da sie wohl nicht spinnen° und nähen mag?
5   Tut fischen° und jagen.
O daß ich doch ihr Jäger wär!
Fischen und Jagen freute mich sehr.
    —Schweig stille, mein Herze!

Und über eine kleine Weil,
10   Rohtraut, Schön-Rohtraut,
So dient der Knab auf Ringangs Schloß
In Jägertracht und hat ein Roß
    Mit Rohtraut zu jagen.
O daß ich doch ein Königssohn wär!
15 Rohtraut, Schön-Rohtraut lieb ich so sehr.
    — Schweig stille, mein Herze!

Einsmals sie ruhten am Eichenbaum,
    Da lacht Schön-Rohtraut:
„Was siehst mich an so wunniglich?
20 Wenn du das Herz hast, küsse mich!"
    Ach! erschrak der Knabe!
Doch denket er: „Mir ist's vergunnt",
Und küsset Schön-Rohtraut auf den Mund.
    — Schweig stille, mein Herze!

25 Darauf sie ritten schweigend heim,
    Rohtraut, Schön-Rohtraut;
Es jauchzt der Knab in seinem Sinn;
„Und würdst du heute Kaiserin,
    Mich sollt's nicht kränken!
30 Ihr tausend Blätter im Walde wißt,
Ich hab Schön-Rohtrauts Mund geküßt!
    — Schweig stille, mein Herze."

einsmals *once*

wunniglich = wonniglich

vergunnt = vergönnt

Richard Dehmel (1863-1920)
DER ARBEITSMANN

zu zweit *for both of us*

Wir haben ein Bett, wir haben ein Kind, mein Weib!
Wir haben auch Arbeit, und gar zu zweit,
Und haben die Sonne und Regen und Wind,
Und uns fehlt nur eine Kleinigkeit,
Um so frei zu sein, wie die Vögel sind:
Nur Zeit.

Ähren *grain*
Schwalbenvolk *swallows*

Wenn wir Sonntags durch die Felder gehn, mein Kind,
Und über den Ähren weit und breit
Das blaue Schwalbenvolk blitzen sehn,
O, dann fehlt uns nicht das bißchen Kleid,
Um so schön zu sein, wie die Vögel sind:
Nur Zeit.

gedeiht *prospers*

Nur Zeit! wir wittern Gewitterwind, wir Volk.
Nur eine kleine Ewigkeit;
Uns fehlt ja nichts, mein Weib, mein Kind,
Als all das, was durch uns gedeiht,
Um so kühn zu sein, wie die Vögel sind.
Nur Zeit.

Stefan George (1868-1933)
DER RINGER

hüfte *hip*
lorbeer *laurel*
schläfe *temple*
wälzet *rolls*
grünbestreute *strewn with greenery*

Sein arm — erstaunen und bewundrung — rastet
An seiner rechten hüfte · sonne spielt
Auf seinem starken leib und auf dem lorbeer
An seiner schläfe · langsam wälzet jubel
Sich durch die dichten reihen wenn er kommt
Entlang die grade grünbestreute strasse.
Die frauen lehren ihre kinder hoch-
Erhebend seinen namen freudig rufen
Und palmenzweige ihm entgegenstrecken.
Er geht · mit vollem fusse wie der löwe
Und ernst · nach vielen unberühmten jahren

zierde *adornment*

Die zierde ganzen landes und er sieht nicht
Die zahl der jauchzenden und nicht einmal

ragen *stand out*

Die eltern stolz aus dem gedränge ragen.

160

Christian Morgenstern (1871-1914)
DIE BEIDEN ESEL

Ein finstrer Esel sprach einmal
zu seinem ehlichen Gemahl:

ehlichen Gemahl *spouse*

‚Ich bin so dumm, du bist so dumm,
wir wollen sterben gehen, kumm!'

kumm = komm

5 Doch wie es kommt so öfter eben:
Die beiden blieben fröhlich leben.

Hugo von Hofmannsthal (1874-1929)
DIE BEIDEN

Sie trug den Becher in der Hand
— ihr Kinn und Mund glich seinem Rand —
So leicht und sicher war ihr Gang,
10 Kein Tropfen aus dem Becher sprang°.

So leicht und fest war seine Hand:
Er ritt auf einem jungen Pferde
Und mit nachlässiger Gebärde
Erzwang er, daß es zitternd stand.

nachlässiger *casual, relaxed*
erzwingen (inf.) *to force, compel*

15 Jedoch, wenn er aus ihrer Hand
Den leichten Becher nehmen sollte,
So war es beiden allzuschwer:
Denn beide bebten sie so sehr,
Daß keine Hand die andre fand
20 Und dunkler Wein am Boden rollte.

161

Rainer Maria Rilke (1875-1926)
DER PANTHER°

Sein Blick ist vom Vorübergehn der Stäbe
so müd geworden, daß er nichts mehr hält.
Ihm ist, als ob es tausend Stäbe gäbe
und hinter tausend Stäben keine Welt.

geschmeidig *lithely*   Der weiche Gang geschmeidig starker Schritte,
der sich im allerkleinsten Kreise dreht,
ist wie ein Tanz von Kraft um eine Mitte,
betäubt *dazed*   in der betäubt ein großer Wille steht.

Nur manchmal schiebt der Vorhang der Pupille°
sich lautlos auf — . Dann geht ein Bild hinein,
angespannte *strained*   geht durch der Glieder angespannte Stille —
und hört im Herzen auf zu sein.

XII

Jakob und Wilhelm Grimm

DER BÄRENHÄUTER

Few books have been more universally popular than the Kinder-und Hausmärchen *collected by Jakob and Wilhelm Grimm. Few children in Europe and America grow up even now without hearing at least of Sleeping Beauty, Hänsel and Gretel, and Snow White, and deriving as much pleasure from these ageless tales as did their parents and grandparents before them. How can adults concern themselves with these childish things? How could the two Professors Grimm, patriarchs of Germanic philology and ancient German legal history, compilers of enormous dictionaries and reference works, ever bother to assemble the yarns that old peasant women in Hesse and Westphalia told at the fireside? The answer lies partly in the high esteem that nineteenth-century romanticists, especially in Germany, felt for everything close to the "folk soul"; partly in the fascination the themes of these tales have had in all ages and countries.*

The Bärenhäuter (Mr. Bearskin), for example, hero of the following story from the Kinder-und Hausmärchen, *is a figure that reappears in various guises among popular tales from at least twelve countries. In him are combined many familiar motifs: he is the unemployed veteran wondering what to do; he is a younger son cast out by his brethren, like the biblical Joseph; he is another Faust, bargaining with the devil. And through the story echo as well ancient pagan themes and symbols whose origins nobody can fathom. You will notice the artfully simple structure and style of the story, especially the way in which the narrators simplify and enliven sentences by using demonstratives instead of long relative clauses like this one.*

163

ließ sich anwerben *enlisted*

Es war einmal ein junger Kerl, der ließ sich als Soldat anwerben, hielt sich tapfer und war immer der vorderste, wenn es blaue Bohnen regnete. Solange der Krieg dauerte, ging alles gut, aber als Friede geschlossen war, erhielt er seinen Abschied, und der Hauptmann sagte, er könne gehen, 5 wohin er wolle. Seine Eltern waren tot, und er hatte keine Heimat mehr, da ging er zu seinen Brüdern und bat, sie möchten ihm so lange Unterhalt geben, bis der Krieg wieder anfinge. Die Brüder aber waren hartherzig und sagten: „Was sollen wir mit dir? Wir können dich nicht brauchen, sieh zu, 10 wie du dich durchschlägst."

Der Soldat hatte nichts übrig als sein Gewehr, das nahm er auf die Schulter und wollte in die Welt gehen. Er kam auf eine große Heide, auf der nichts zu sehen war als ein Ring° von Bäumen; darunter setzte er sich ganz traurig nieder 15 und sann über sein Schicksal nach.

„Ich habe kein Geld", dachte er, „ich habe nichts gelernt als das Kriegshandwerk, und jetzt, weil Friede geschlossen ist, brauchen sie mich nicht mehr; ich sehe voraus, ich muß verhungern." 20

Auf einmal hörte er ein Brausen, und wie er sich umblickte, stand ein unbekannter Mann vor ihm, der einen

garstigen *nasty*

grünen Rock trug, recht stattlich aussah, aber einen garstigen Pferdefuß hatte.

„Ich weiß schon, was dir fehlt", sagte der Mann, „Geld 25

durchbringen *squander*

und Gut sollst du haben, soviel du mit aller Gewalt durchbringen kannst, aber ich muß zuvor wissen, ob du dich nicht fürchtest, damit ich mein Geld nicht umsonst ausgebe." — „Ein Soldat und Furcht, wie paßt das zusammen?" antwortete er, „du kannst mich auf die Probe stellen." — 30

wohlan *all right*

„Wohlan", antwortete der Mann, „schau hinter dich."

Der Soldat kehrte sich um und sah einen großen Bär°,

brummend auf ihn zutrabte
growling, trotted up to him
kitzeln *tickle*
legte an *took aim*
Schnauze *muzzle, snout*

der brummend auf ihn zutrabte. „Oho", rief der Soldat, „dich will ich an der Nase kitzeln, daß dir die Lust zum Brummen vergehen soll", legte an und schoß den Bär auf 35 die Schnauze, daß er zusammenfiel und sich nicht mehr regte.

„Ich sehe wohl", sagte der Fremde, „daß dir's an Mut nicht fehlt, aber es ist noch eine Bedingung dabei, die mußt du erfüllen." — „Wenn mir's an meiner Seligkeit nicht schadet", antwortete der Soldat, der wohl merkte, wen er vor 40

sich einlassen (inf.) *to commit
oneself*

sich hatte, „sonst laß ich mich auf nichts ein." — „Das wirst du selber sehen", antwortete der Grünrock, „du darfst in den nächsten sieben Jahren dich nicht waschen, dir Bart und Haare nicht kämmen, die Nägel nicht schneiden und kein Vaterunser beten. Dann will ich dir einen Rock und Mantel geben, den mußt du in dieser Zeit tragen. Stirbst du in diesen sieben Jahren, so bist du mein, bleibst du aber leben, so bist du frei und bist reich dazu für dein Lebtag."

Der Soldat dachte an die große Not, in der er sich befand, und da er so oft in den Tod gegangen war, wollte er es auch jetzt wagen und willigte ein. Der Teufel zog den grünen Rock aus, reichte ihn dem Soldaten hin und sagte: ,,Wenn du den Rock an deinem Leibe hast und in die Tasche greifst, so wirst du die Hand immer voll Geld haben." Dann zog er dem Bären die Haut ab und sagte: ,,Das soll dein Mantel sein und auch dein Bett, denn darauf mußt du schlafen und darfst in kein anderes Bett kommen. Und dieser Tracht wegen sollst du Bärenhäuter heißen." Hierauf verschwand der Teufel.

Der Soldat zog den Rock an, griff gleich in die Tasche und fand, daß die Sache ihre Richtigkeit hatte. Dann hing er die Bärenhaut um, ging in die Welt, war guter Dinge und unterließ nichts, was ihm wohl und dem Gelde wehe tat. Im ersten Jahr ging es noch leidlich, aber in dem zweiten sah er schon aus wie ein Ungeheuer. Das Haar bedeckte ihm fast das ganze Gesicht, sein Bart glich einem Stück grobem Filztuch, seine Finger° hatten Krallen, und sein Gesicht war so mit Schmutz bedeckt, daß, wenn man Kresse hineingesät hätte, sie aufgegangen wäre. Wer ihn sah, lief fort; weil er aber allerorten den Armen Geld gab, damit sie für ihn beteten, daß er in den sieben Jahren nicht stürbe, und weil er alles gut bezahlte, so erhielt er doch immer noch Herberge. Im vierten Jahr kam er in ein Wirtshaus, da wollte ihn der Wirt nicht aufnehmen und wollte ihm nicht einmal einen Platz im Stall anweisen, weil er fürchtete, seine Pferde würden scheu werden. Doch als der Bärenhäuter in die Tasche griff und eine Handvoll Dukaten° herausholte, so ließ der Wirt sich erweichen und gab ihm eine Stube im Hintergebäude; doch mußte er versprechen, sich nicht sehen zu lassen, damit sein Haus nicht in bösen Ruf käme.

Als der Bärenhäuter abends allein saß und von Herzen wünschte, daß die sieben Jahre herum wären, so hörte er in einem Nebenzimmer ein lautes Jammern. Er hatte ein mitleidiges Herz, öffnete die Tür und erblickte einen alten Mann, der heftig weinte und die Hände über dem Kopf zusammenschlug. Der Bärenhäuter trat näher, aber der Mann sprang auf und wollte entfliehen.

Vaterunser *Lord's Prayer*

für dein Lebtag *for life*

Filztuch *felt cloth*
Krallen *claws*
Kresse (*water*) *cress*

Herberge *lodging*

in bösen Ruf kommen (inf.)
to get a bad reputation

Ludwig Richter: Illustration aus einer Märchenausgabe

Endlich, als er eine menschliche Stimme vernahm, ließ er sich bewegen, und durch freundliches Zureden brachte es der Bärenhäuter dahin, daß er ihm die Ursache seines Kummers offenbarte. Sein Vermögen war nach und nach geschwun-
5 den, er und seine Töchter mußten darben, und er war so arm, daß er den Wirt nicht einmal bezahlen konnte und ins Gefängnis sollte gesetzt werden.

„Wenn ihr weiter keine Sorge habt", sagte der Bärenhäuter, „Geld habe ich genug." Er ließ den Wirt kommen,
10 bezahlte ihn und steckte dem Unglücklichen noch einen Beutel voll Gold in die Tasche.

Als der alte Mann sich aus seinen Sorgen erlöst sah, wußte er nicht, womit er sich dankbar erweisen sollte. „Komm mit mir", sprach er zu ihm, „meine Töchter sind Wunder der
15 Schönheit, wähle dir eine davon zur Frau. Wenn sie hört, was du für mich getan hast, so wird sie sich nicht weigern. Du siehst freilich ein wenig seltsam aus, aber sie wird dich schon wieder in Ordnung bringen."

Dem Bärenhäuter gefiel das wohl, und er ging mit. Als
20 ihn die älteste erblickte, entsetzte sie sich so gewaltig vor seinem Antlitz, daß sie aufschrie und fortlief. Die zweite blieb zwar stehen und betrachtete ihn von Kopf bis zu Füßen, dann aber sprach sie: „Wie kann ich einen Mann nehmen, der keine menschliche Gestalt mehr hat? Da gefiel mir der
25 rasierte Bär noch besser, der einmal hier zu sehen war und sich für einen Menschen ausgab, der hatte doch einen Husarenpelz an und weiße Handschuhe. Wenn er nur häßlich wäre, so könnte ich mich an ihn gewöhnen." Die jüngste aber sprach: „Lieber Vater, das muß ein guter Mann sein, der
30 euch aus der Not geholfen hat, habt ihr ihm dafür eine Braut versprochen, so muß euer Wort gehalten werden."

Es war schade, daß das Gesicht des Bärenhäuters von Schmutz und Haaren bedeckt war, sonst hätte man sehen können, wie ihm das Herz im Leibe lachte, als er diese Worte
35 hörte. Er nahm einen Ring von seinem Finger, brach ihn entzwei und gab ihr die eine Hälfte, die andere behielt er für sich. In ihre Hälfte aber schrieb er seinen Namen und in seine Hälfte schrieb er ihren Namen und bat sie, ihr Stück gut aufzuheben. Hierauf nahm er Abschied und sprach: „Ich
40 muß noch drei Jahre wandern, komm' ich aber nicht wieder, so bist du frei, weil ich dann tot bin. Bitte aber Gott, daß er mir das Leben erhält."

zureden (inf.) *to talk to, persuade*

darben *suffer want*

Husarenpelz *hussar's fur cloak*

zuteil werden (inf.) *to fall to one's lot, be granted*

Tatze *paw*

Die arme Braut kleidete sich ganz schwarz, und wenn sie an ihren Bräutigam dachte, so kamen ihr die Tränen in die Augen. Von ihren Schwestern ward ihr nichts als Hohn und Spott zuteil. „Nimm dich in acht", sprach die älteste, „wenn du ihm die Hand reichst, so schlägt er dir mit der Tatze darauf."—„Hüte dich", sagte die zweite, „die Bären lieben die Süßigkeit, und wenn du ihm gefällst, so frißt er dich auf."

anheben (inf.) *to begin*

—„Du mußt nur immer seinen Willen° tun", hob die älteste wieder an, „sonst fängt er an zu brummen." Und die zweite fuhr fort: „Aber die Hochzeit wird lustig sein; Bären, die tanzen gut."

Die Braut schwieg still und ließ sich nicht irremachen. Der Bärenhäuter aber zog in der Welt herum, von einem Ort zum andern, tat Gutes, wo er konnte, und gab den Armen reichlich, damit sie für ihn beteten. Endlich als der letzte Tag von den sieben Jahren anbrach, ging er wieder hinaus auf die Heide und setzte sich unter den Ring von Bäumen. Nicht

sauste *roared*

lange, so sauste der Wind, und der Teufel stand vor ihm und blickte ihn verdrießlich an; dann warf er ihm den alten Rock hin und verlangte seinen grünen zurück.

„So weit sind wir noch nicht", antwortete der Bärenhäuter, „erst sollst du mich reinigen." Der Teufel mochte wollen oder nicht, er mußte Wasser holen, den Bärenhäuter abwaschen, ihm die Haare kämmen und die Nägel schneiden. Hierauf sah er wie ein tapferer Krieger aus und war viel schöner als je vorher.

Samtrock *velvet coat*

mit vier Schimmeln bespannt *drawn by four white horses*

Als der Teufel glücklich abgezogen war, so war es dem Bärenhäuter ganz leicht ums Herz. Er ging in die Stadt, tat einen prächtigen Samtrock an, setzte sich in einen Wagen, mit vier Schimmeln bespannt, und fuhr zu dem Haus seiner Braut. Niemand erkannte ihn, der Vater hielt ihn für einen vornehmen Offizier° und führte ihn in das Zimmer, wo seine Töchter saßen. Er mußte sich zwischen den beiden ältesten niederlassen; sie schenkten ihm Wein ein, legten ihm die besten Bissen vor und meinten, sie hätten keinen schönern Mann auf der Welt gesehen. Die Braut aber saß in schwarzem Kleide ihm gegenüber, schlug die Augen nicht auf und sprach kein Wort.

Als er endlich den Vater fragte, ob er ihm eine seiner Töchter zur Frau geben wollte, so sprangen die beiden ältesten auf, liefen in ihre Kammer und wollten prächtige Kleider anziehen, denn eine jede bildete sich ein, sie wäre die Auserwählte.

Der Fremde, sobald er mit seiner Braut allein war, holte
den halben Ring hervor und warf ihn in einen Becher mit
Wein, den er ihr über den Tisch reichte. Sie nahm ihn an,
aber als sie getrunken hatte und den halben Ring auf dem
5 Grunde liegen fand, so schlug ihr das Herz. Sie holte die
andere Hälfte, die sie an einem Band um den Hals trug,
hielt sie daran, und es zeigte sich, daß beide Teile vollkommen zueinander paßten.

Da sprach er: „Ich bin dein Bräutigam, den du als
10 Bärenhäuter gesehen hast, aber durch Gottes Gnade habe ich
meine menschliche Gestalt wieder erhalten und bin wieder
rein geworden." Er ging auf sie zu, umarmte sie und gab ihr
einen Kuß.

Indem kamen die beiden Schwestern in vollem Putz
15 herein, und als sie sahen, daß der schöne Mann der jüngsten
zuteil geworden war, und hörten, daß das der Bärenhäuter
war, liefen sie voll Zorn und Wut hinaus; die eine ersäufte   ersäufte sich *drowned herself*
sich im Brunnen, die andere erhenkte sich an einem Baum.   erhenkte sich *hanged herself*

Am Abend klopfte jemand an die Tür, und als der
20 Bräutigam öffnete, so war's der Teufel im grünen Rock, der
sprach: „Siehst du, nun habe ich zwei Seelen für deine eine."

The brothers Grimm told in the preface to a new edition of the Märchen in 1819 something
of their difficulties in collecting them. By good fortune they found in a village near Kassel a Hessian
peasant woman, gifted with a phenomenal memory of the many stories she repeated to them.

Es war vielleicht gerade Zeit, diese Märchen festzuhalten,
da diejenigen, die sie bewahren sollen, immer seltener werden.   die *those who*
Freilich, die sie noch wissen, wissen gemeinlich auch recht   gemeinlich *usually*
25 viel, weil die Menschen ihnen absterben, sie nicht den
Menschen. Wo sie noch da sind, leben sie so, daß man nicht
daran denkt, ob sie gut oder schlecht sind, poetisch° oder für
gescheite Leute abgeschmackt; man weiß sie und liebt sie,   gescheite *clever, smart*
weil man sie eben so empfangen hat, und freut sich daran,   abgeschmackt *insipid, absurd*
30 ohne einen Grund dafür.

Gesammelt haben wir an diesen Märchen seit etwa
dreizehn Jahren, der erste Band, welcher im Jahre 1812
erschien, enthielt meist, was wir nach und nach in Hessen°,
in den Gegenden der Grafschaft Hanau°, wo wir her sind,   wo wir her sind *from whence*
35 von mündlichen Überlieferungen aufgefaßt hatten. Der   *we came*
zweite Band wurde im Jahre 1814 beendigt und kam schneller
zustande, teils weil das Buch selbst sich Freunde verschafft
hatte, teils weil uns das Glück begünstigte.

rüstig *vigorous, in good health*

Sagen *tales*

bedächtig *deliberately*

zu verkennen sein *be misunderstood*
Verfälschung *falsification*
Nachlässigkeit *carelessness*

Einer jener guten Zufälle aber war es, daß wir aus dem bei Cassel° gelegenen Dorfe Niederzwehrn° eine Bäuerin kennenlernten, die uns die meisten und schönsten Märchen des zweiten Bandes erzählte. Die Frau war noch rüstig und nicht viel über fünfzig Jahre alt. Ihre Gesichtszüge hatten 5 etwas Festes, Verständiges und Angenehmes, und aus großen Augen blickte sie hell und scharf. Sie bewahrte die alten Sagen fest im Gedächtnis und sagte wohl selbst, daß diese Gabe nicht jedem verliehen sei und mancher gar nichts im Zusammenhange behalten könne. Dabei erzählte sie bedächtig, 10 sicher und ungemein lebendig, mit eigenem Wohlgefallen daran, erst ganz frei, dann, wenn man es wollte, noch einmal langsam, so daß man ihr mit einiger Übung nachschreiben konnte. Manches ist auf diese Weise wörtlich beibehalten und wird in seiner Wahrheit nicht zu verkennen sein. Wer an 15 leichte Verfälschung der Überlieferung, Nachlässigkeit bei Aufbewahrung und daher an Unmöglichkeit langer Dauer als Regel glaubt, der hätte hören müssen, wie genau sie immer bei der Erzählung blieb und auf ihre Richtigkeit eifrig war; sie änderte niemals bei einer Wiederholung etwas in der Sache 20 ab und besserte ein Versehen, sobald sie es bemerkte, mitten in der Rede gleich selber.

Was die Weise betrifft, in der wir hier gesammelt haben, so ist es uns zuerst auf Treue und Wahrheit angekommen. Wir haben nämlich aus eigenen Mitteln nichts hinzugesetzt, 25 keinen Umstand und Zug der Sage selbst verschönert, sondern ihren Inhalt so wiedergegeben, wie wir ihn empfangen haben.

XIII

Heine

DIE HARZREISE

Heinrich Heine's Harzreise created a sensation on the literary scene in 1826. The author, a young man at the beginning of a stormy career, immediately became a figure of controversy, and has remained so to this day. Heine is many things to many people, and there are more unresolved questions concerning him than about any other figure in German literature. Was he a romantic or an anti-romantic? Is his poetry fragilely beautiful or slickly contrived? Is his prose style boldly creative or facilely journalistic? Was he pro-German or anti-German? There are many other problems, but these have been mentioned because they have relevance to the passages from the Harzreise which follow.

171

Die Harzreise is unlike anything published before or since. It is indeed what the title implies, an account of a journey on foot from Göttingen to the Harz mountains. But it is more than this; the trip serves as a frame for some of the most brilliant social and political satire in German literature, as well as for some absorbing evocations in poetry and prose of the mood and atmosphere of meadow, wood and mountains, and of simple peasant life. Heine shows in the Harzreise, as in his other works, that he is both the poetic soul sensitive to the beauties of nature and the sophisticated man of the world with a sharp eye for the foibles, weaknesses and pretenses of society.

Marktplatz Göttingen, 1824

1

Heine was a student when he made the trip, and the university town of Göttingen is his starting point. But he does not leave the town before subjecting what he considered its pedantic, smugly scholarly atmosphere to some devastating ridicule.

Die Stadt Göttingen°, berühmt durch ihre Würste und Universität°, gehört dem Könige von Hannover° und enthält 999 Feuerstellen, diverse° Kirchen, eine Entbindungsanstalt, eine Bibliothek und einen Ratskeller, wo das Bier° sehr gut ist.
5 Die Stadt selbst ist schön und gefällt einem am besten, wenn man sie mit dem Rücken ansieht.

Im allgemeinen werden die Bewohner Göttingens eingeteilt in Studenten°, Professoren°, Philister und Vieh, welche vier Stände doch nichts weniger als streng geschieden
10 sind. Der Viehstand ist der bedeutendste. Die Namen aller Studenten und aller ordentlichen und unordentlichen Professoren hier herzuzählen, wäre zu weitläuftig; auch sind mir in diesem Augenblicke nicht alle Studentennamen im Gedächtnisse, und unter den Professoren sind manche, die noch gar
15 keinen Namen haben. Die Zahl der Göttinger° Philister muß sehr groß sein, wie Sand°, oder besser gesagt, wie Kot am Meer.

Ausführlicheres über die Stadt Göttingen läßt sich sehr bequem nachlesen in der Topographie° derselben von K. F. H.
20 Marx. Ich kann das Werk nicht unbedingt empfehlen, und ich muß tadeln, daß es jener falschen Meinung, als hätten die Göttingerinnen allzu große Füße, nicht streng genug widerspricht. Ja, ich habe mich sogar seit Jahr und Tag mit einer ernsten Widerlegung dieser Meinung beschäftigt, ich habe
25 deshalb vergleichende Anatomie° gehört, die seltensten Werke auf der Bibliothek excerpiert, auf der Weenderstraße° stundenlang die Füße der vorübergehenden Damen studiert, und in der grundgelehrten Abhandlung, so die Resultate° dieser Studien° enthalten wird, spreche ich 1) von den Füßen
30 überhaupt, 2) von den Füßen bei den Alten, 3) von den Füßen der Elefanten°, 4) von den Füßen der Göttingerinnen, 5) stelle ich alles zusammen, was über diese Füße schon gesagt worden, 6) betrachte ich diese Füße in ihrem Zusammenhang und verbreite mich bei dieser Gelegenheit auch über
35 Waden, Kniee° u.s.w., und endlich 7) wenn ich nur so großes Papier° auftreiben kann, füge ich noch hinzu einige Kupfertafeln mit dem Faksimile° göttingischer° Damenfüße.

Es war noch sehr früh, als ich Göttingen verließ, und der gelehrte ** lag gewiß noch im Bette und träumte wie gewöhn-
40 lich: er wandle in einem schönen Garten°, auf dessen Beeten lauter weiße, mit Citaten beschriebene Papierchen wachsen, die im Sonnenlichte lieblich glänzen, und von denen er hier und da mehrere pflückt und mühsam in ein neues Beet

Feuerstellen *hearths, houses*
Entbindungsanstalt *maternity hospital*
Ratskeller *cellar restaurant in the town hall*

Philister *philistines*

ordentlichen und unordentlichen *"regular" and "irregular" (a pun)*
weitläuftig *long-winded*

Kot *mud, filth*

nachlesen (inf.) *to look up*

gehört *attended lectures on*
excerpiert *excerpted*

grundgelehrten Abhandlung *erudite treatise*
so = welche

Waden *calves*

auftreiben *get hold of*
Kupfertafeln *copper plates*

Beeten *beds*
Citaten *quotations*

verpflanzt *transplants*

Chaussee *highroad*

Einspänner *one-horse carriage*

unerschütterlich
imperturbably

verpflanzt, während die Nachtigallen mit ihren süßesten Tönen sein altes Herz erfreuen.

Auf der Chaussee wehte frische Morgenluft, und die Vögel sangen gar freudig, und auch mir wurde allmählich wieder frisch und freudig zu Mute. Dann und wann rollte° 5 auch ein Einspänner vorüber, wohlbepackt mit Studenten, die für die Ferienzeit oder auch für immer wegreisten. In solch einer Universitätsstadt ist ein beständiges Kommen und Abgehen, alle drei Jahre findet man dort eine neue Studentengeneration°, das ist ein ewiger Menschenstrom, wo 10 eine Semesterwelle die andere fortdrängt, und nur die alten Professoren bleiben stehen in dieser allgemeinen Bewegung, unerschütterlich fest, gleich den Pyramiden° Ägyptens° — nur daß in diesen Universitätspyramiden° keine Weisheit verborgen ist. 15

2

Leaving the town and his cares behind, Heine immerses himself in the countryside and sees charm and beauty in lovely nature settings such as the following.

Augenwimpern flimmerten
eyelashes glistened
feuchtete *moistened*

taten sich voneinander
parted

Herdenglöckchen *cow bells*
gestimmt *tuned*

Die Sonne ging auf. Die Nebel flohen, wie Gespenster beim dritten Hahnenschrei. Ich stieg wieder bergauf und bergab, und vor mir schwebte die schöne Sonne, immer neue Schönheiten beleuchtend. Der Geist des Gebirges begünstigte mich ganz offenbar; er wußte wohl, daß so ein Dichtermensch 20 viel Hübsches wieder erzählen kann, und er ließ mich diesen Morgen seinen Harz° sehen, wie ihn gewiß nicht jeder sah. Aber auch mich sah der Harz, wie mich nur wenige gesehen, in meinen Augenwimpern flimmerten eben so kostbare Perlen° wie in den Gräsern des Tals. Morgentau der Liebe feuchtete 25 meine Wangen, die rauschenden Tannen verstanden mich, ihre Zweige taten sich voneinander, bewegten sich herauf und herab, gleich stummen Menschen, die mit den Händen ihre Freude bezeigen, und in der Ferne klang's wunderbar geheimnisvoll, wie Glockengeläute einer verlornen Wald- 30 kirche. Man sagt, das seien die Herdenglöckchen, die im Harz so lieblich, klar und rein gestimmt sind.

Nach dem Stande der Sonne war es Mittag, als ich auf eine solche Herde stieß, und der Hirt, ein freundlich blonder° junger Mensch, sagte mir, der große Berg, an dessen Fuß 35

ich stände, sei der alte, weltberühmte Brocken. Viele Stunden ringsum liegt kein Haus, und ich war froh genug, daß mich der junge Mensch einlud, mit ihm zu essen. Wir setzten uns nieder zu einem *Déjeuner dînatoire,* das aus Käse und Brot
5 bestand; die Schäfchen erhaschten die Krumen, die lieben blanken Kühlein sprangen um uns herum und klingelten schelmisch mit ihren Glöckchen und lachten uns an mit ihren großen vergnügten Augen. Wir tafelten recht königlich; überhaupt schien mir mein Wirt ein echter König.
10   Wir nahmen freundschaftlich Abschied, und fröhlich stieg ich den Berg hinauf. Allerliebst schossen die goldenen° Sonnenlichter durch das dichte Tannengrün. Eine natürliche Treppe bildeten die Baumwurzeln. Überall schwellende Moosbänke, denn die Steine sind fußhoch von den schönsten
15 Moosarten, wie mit hellgrünen Sammetpolstern, bewachsen. Liebliche Kühle und träumerisches Quellengemurmel. Hier

Brocken (*highest mountain in the Harz*)

Déjeuner dînatoire *lunch*
erhaschten die Krumen *snatched the crumbs*
blanken *sleek*
schelmisch *roguishly*
tafelten *dined*

allerliebst *most charmingly*

Moosbänke *banks of moss*
Sammetpolstern *velvet cushions*
Quellengemurmel *murmuring of springs*

und da sieht man wie das Wasser unter den Steinen silberhell

hinrieselt *trickles along*
Fasern bespült *washes the fibres*

hinrieselt und die nackten Baumwurzeln und Fasern bespült.

Treiben *activity*
Bildungsgeschichte *story of the growth*

Wenn man sich nach diesem Treiben hinabbeugt, so belauscht man gleichsam die geheime Bildungsgeschichte der Pflanzen und das ruhige Herzklopfen des Berges. An manchen Orten 5

sprudelt *gushes*

sprudelt das Wasser aus den Steinen und Wurzeln stärker hervor und bildet kleine Kaskaden°. Da läßt sich gut sitzen. Es murmelt und rauscht so wunderbar, die Vögel singen abgebrochene Sehnsuchtslaute, die Bäume flüstern wie mit tausend Mädchenzungen, wie mit tausend Mädchenaugen 10 schauen uns an die seltsamen Bergblumen, sie strecken nach

drollig gezackten *drolly notched*
flimmern *glisten*
Kräutlein *little plants*

uns aus die wundersam breiten, drollig gezackten Blätter, spielend flimmern hin und her die lustigen Sonnenstrahlen, die sinnigen Kräutlein erzählen sich grüne Märchen, es ist alles wie verzaubert, es wird immer heimlicher und heim- 15 licher, ein uralter Traum wird lebendig, die Geliebte erscheint — ach, daß sie so schnell wieder verschwindet!

3

The ascent of the Brocken, the highest of the Harz mountains, is the climax of his journey, and Heine describes an overnight stay at the Brockenhaus, a hotel on its summit. In the excerpt which follows, he combines the rollicking carousal of the guests at the inn with potent social and political satire, and then moves to an enchanting evocation of the sunrise as seen from the mountain top.

Burschenschafter *member of a student society*

Im großen Zimmer wurde eine Abendmahlzeit gehalten. Ein junger Burschenschafter, der kürzlich in Berlin gewesen, sprach viel von dieser Stadt, aber sehr einseitig. Er hatte das 20

Garderobeaufwand *expenditure for costumes*

Theater° besucht; er sprach von Garderobeaufwand, Schauspieler- und Schauspielerinnenskandal u.s.w. Der junge Mensch wußte nicht, daß, da in Berlin überhaupt der Schein der Dinge am meisten gilt, dieses Scheinwesen auf den Brettern erst

Scheinwesen *sham*
florieren *flourish*
Intendanz *management*

recht florieren muß, und daß daher die Intendanz am meisten 25 zu sorgen hat für die „Farbe des Barts, womit eine Rolle° gespielt wird," für die Treue der Kostüme°, die von beeidigten

von beeidigten Historikern vorgezeichnet *designed by historians under oath*
Schürze *apron*

Historikern vorgezeichnet und von wissenschaftlich gebildeten Schneidern genäht werden. Und das ist notwendig. Denn trüge mal Maria Stuart eine Schürze, die schon zum Zeitalter 30

176

der Königin Anna. gehört, so würde gewiß der Bankier
Christian Gumpel sich mit Recht beklagen, daß ihm dadurch
alle Illusion° verloren gehe. So soll künftig der Othello von
einem wirklichen Mohren° gespielt werden, den Professor
5 Lichtenstein schon aus Afrika° verschrieben hat; in „Menschenhaß und Reue" soll künftig die Eulalia° von einem
wirklich verlaufenen Weibsbilde, der Peter von einem wirklich
dummen Jungen und der Unbekannte von einem wirklich
geheimen Hahnrei gespielt werden, die man alle drei nicht
10 erst aus Afrika zu verschreiben braucht. Hatte nun obener-
wähnter junger Mensch die Verhältnisse des Berliner Schauspiels schlecht begriffen, so begriff er am allerwenigsten die
diplomatische° Bedeutung des Balletts°. Mit Mühe zeigte ich
ihm, wie alle die Tanztouren von Hoguet diplomatische°
15 Verhandlungen bedeuten, wie jede seiner Bewegungen eine
politische° Beziehung habe, so z. B., daß er unser Kabinett°
meint, wenn er, sehnsüchtig vorgebeugt, mit den Händen weit
ausgreift; daß er den Bundestag meint, wenn er sich hundert-
mal auf einem Fuße herumdreht, ohne vom Fleck zu kom-
20 men; daß er die kleinen Fürsten im Sinne hat, wenn er wie mit
gebundenen Beinen herumtrippelt; daß er das europäische°
Gleichgewicht bezeichnet, wenn er wie ein Trunkener hin-
und herschwankt; und endlich, daß er unseren allzu großen
Freund im Osten darstellt, wenn er in allmählicher Entfaltung
25 sich in die Höhe hebt, in dieser Stellung lange ruht und
plötzlich in die erschrecklichsten Sprünge ausbricht.

An unserem Tische wurde es immer lauter und traulicher,
der Wein° verdrängte das Bier, die Punschbowlen° dampften,
es wurde getrunken und gesungen. Herrliche Lieder von W.
30 Müller, Rückert, Uhland u.s.w. erschollen. Und draußen
brauste es, als ob der alte Berg mitsänge, und einige schwan-
kende Freunde behaupteten sogar, er schüttle freudig sein
kahles Haupt, und unser Zimmer werde dadurch hin und her
bewegt. Die Flaschen wurden leerer und die Köpfe voller.
35 Der eine brüllte, der andere fistulierte, ein dritter deklamierte,
ein vierter sprach Latein°, ein fünfter predigte von der
Mäßigkeit, und ein sechster stellte sich auf den Stuhl und
dozierte.

Ein gemütlicher Mecklenburger, der seine Nase im
40 Punschglase° hatte und selig lächelnd den Dampf einschnupfte,
machte die Bemerkung, es sei ihm zu Mute, als stände er
wieder vor dem Theaterbüffett in Schwerin°. Ein anderer
hielt sein Weinglas° wie ein Perspektiv vor die Augen und

Bankier *banker*

verschrieben *ordered*
„Menschenhaß und Reue"
"Misanthropy and Remorse"
(*a popular play*)
Weibsbild *woman*
Hahnrei *cuckold*

Tanztouren von Hoguet
dance steps of Hoguet (a popular dancer)
Verhandlungen *negotiations*

Bundestag *German Federal Congress*

herumtrippelt *trips about*
Gleichgewicht *balance of power*

erschollen *rang out*

fistulierte *sang in falsetto*
deklamierte *declaimed*

dozierte *lectured*
Mecklenburger *man from Mecklenburg*
einschnupfte *inhaled*

Perspektiv *spyglass*

schien uns aufmerksam damit zu betrachten, während ihm
der rote Wein über die Backen ins hervortretende Maul

Greifswalder *student from Greifswald*

hinablief. Der Greifswalder, plötzlich begeistert, warf sich
an meine Brust und jauchzte: „O verständest du mich, ich
bin ein Liebender, ich bin ein Glücklicher, ich werde wieder 5
geliebt, und, Gott verdamm' mich! es ist ein gebildetes
Mädchen, denn sie hat volle Brüste und trägt ein weißes
Kleid und spielt Klavier!"

. . . .

Aus diesem Lärmen zog mich der Brockenwirt, indem
er mich weckte, um den Sonnenaufgang anzusehen. Auf dem 10

Harrende *people waiting*
taumelten *stumbled*

Turm fand ich schon einige Harrende, die sich die frierenden
Hände rieben, andere, noch den Schlaf in den Augen, taumelten herauf. Endlich stand die stille Gemeinde von gestern
abend wieder ganz versammelt, und schweigend sahen wir,

karmoisinrote *carmine red*

wie am Horizonte° die kleine karmoisinrote Kugel emporstieg, 15
eine winterlich° dämmernde Beleuchtung sich verbreitete,

weißwallenden *undulating white*

die Berge wie in einem weißwallenden Meere schwammen°
und bloß die Spitzen derselben sichtbar hervortraten, so daß
man auf einem kleinen Hügel zu stehen glaubte mitten auf

überschwemmten *inundated*
Erdscholle *bit (or point) of earth*

einer überschwemmten Ebene, wo nur hier und da eine 20
trockene Erdscholle hervortritt. Um das Gesehene und
Empfundene in Worten festzuhalten, zeichnete ich folgendes
Gedicht:

Glimmen *glimmer*

Heller wird es schon im Osten
Durch der Sonne kleines Glimmen,
Weit und breit die Bergesgipfel   25
In dem Nebelmeere schwimmen.

Hätt' ich Siebenmeilenstiefel,
Lief' ich mit der Hast des Windes
Über jene Bergesgipfel,   30
Nach dem Haus des lieben Kindes.

Von dem Bettchen, wo sie schlummert,

Gardinen *curtains*

Zög' ich leise die Gardinen,
Leise küßt' ich ihre Stirne,

Rubinen *rubies*

Leise ihres Munds Rubinen.   35

Und noch leiser wollt' ich flüstern
In die kleinen Lilienohren:
„Denk' im Traum, daß wir uns lieben,
Und daß wir uns nie verloren!"

178

4

On leaving the Brocken and descending on its north side, Heine encounters the lovely river Ilse. With great charm he portrays the origin of this mountain stream.

Je tiefer wir hinabstiegen, desto lieblicher rauschte das unterirdische Gewässer, nur hier und da, unter Gestein und Gestrüpp blinkte es hervor und schien heimlich zu lauschen, ob es ans Licht treten dürfe, und endlich kam eine kleine
5 Welle entschlossen hervorgesprungen. Nun zeigt sich die

Gewässer *waters*
Gestein und Gestrüpp *stones and underbrush*
blinkte . . . hervor *sparkled forth, gleamed*

gewöhnliche Erscheinung: ein Kühner macht den Anfang, und der ganze Troß der Zagenden wird plötzlich zu seinem eigenen Erstaunen von Mut ergriffen und eilt, sich mit jenem ersten zu vereinigen. Eine Menge anderer Quellen hüpften jetzt hastig aus ihrem Versteck, verbanden sich mit 5 der zuerst hervorgesprungenen, und bald bildeten sie zusammen ein schon bedeutendes Bächlein, das in unzähligen Wasserfällen° und in wunderlichen Windungen das Bergtal hinabrauscht. Das ist nun die Ilse°, die liebliche, süße Ilse. Sie zieht sich durch das gesegnete Ilsetal, an dessen beiden 10 Seiten sich die Berge allmählich höher erheben, und diese sind bis zu ihrem Fuße meistens mit Buchen, Eichen und gewöhnlichem Blattgesträuche bewachsen, nicht mehr mit Tannen und anderm Nadelholz.

Es ist unbeschreibbar, mit welcher Fröhlichkeit, Naivetät° 15 und Anmut die Ilse sich hinunterstürzt über die abenteuerlich gebildeten Felsstücke, die sie in ihrem Laufe findet, so daß das Wasser hier wild emporzischt oder schäumend überläuft, dort aus allerlei Steinspalten, wie aus vollen Gießkannen, in reinen Bögen sich ergießt, und unten wieder über die kleinen 20 Steine hintrippelt, wie ein munteres Mädchen. Ja, die Sage ist wahr, die Ilse ist eine Prinzessin°, die lachend und blühend den Berg hinabläuft. Wie blinkt im Sonnenschein° ihr weißes Schaumgewand! Wie flattern im Winde ihre silbernen Busenbänder! Wie funkeln und blitzen ihre Diamanten°! Die hohen 25 Buchen stehen dabei gleich ernsten Vätern, die verstohlen lächelnd dem Mutwillen des lieblichen Kindes zusehen; die weißen Birken bewegen sich tantenhaft vergnügt und doch zugleich ängstlich über die gewagten Sprünge; der stolze Eichbaum schaut drein wie ein verdrießlicher Oheim, der 30 das schöne Wetter bezahlen soll; die Vögelein in den Lüften jubeln ihren Beifall, die Blumen am Ufer flüstern zärtlich; „O, nimm uns mit, nimm uns mit, lieb' Schwesterchen!" — aber das lustige Mädchen springt unaufhaltsam weiter, und plötzlich ergreift sie den träumenden Dichter, und es 35 strömt auf mich herab ein Blumenregen von klingenden Strahlen und strahlenden Klängen, und die Sinne vergehen mir vor lauter Herrlichkeit, und ich höre nur noch die flötensüße Stimme:

„Ich bin die Prinzessin Ilse,   40
Und wohne im Ilsenstein°;
Komm mit nach meinem Schlosse,
Wir wollen selig sein.

Marginal glosses:

Troß der Zagenden *troop of timid ones*

Windungen *twists and turns*

Buchen *beech trees*
Blattgesträuche *leafy shrubs*
Nadelholz *conifers*

emporzischt *spurts up*
schäumend *foaming*
Steinspalten *stone crevices*
Gießkannen *watering cans*
hintrippelt *trips along*

blinkt *glitters*

Schaumgewand *garment of foam*
Busenbänder *breast ribbons*

Mutwillen *high spirits*
tantenhaft vergnügt *like contented old aunts*

flötensüße *sweet as a flute*

„Dein Haupt will ich benetzen
Mit meiner klaren Well',
Du sollst deine Schmerzen vergessen,
Du sorgenkranker Gesell'!

5 „In meinen weißen Armen,
An meiner weißen Brust,
Da sollst du liegen und träumen
Von alter Märchenlust."

benetzen *moisten*

Ilsefälle

XIV

Marx—Engels

MANIFEST DER KOMMUNISTISCHEN PARTEI

Late in February 1848, as the first revolutionary outbreaks of that chaotic year were beginning in Paris, a 30-page German pamphlet appeared in London: Manifest der kommunistischen Partei, the work of Karl Marx (1813–1883) and Friedrich Engels (1820–1895). Its authors were already fairly well known. Marx, son of a lawyer in Trier who had converted from Judaism to Protestantism, had edited a newspaper at Cologne and a radical journal, the Deutsch-Französische Jahrbücher. He had also published two polemical books, one of them in collaboration with Engels. Engels had been brought up for a business career in his father's textile firm in the industrial Northwest of Germany, and then sent to England when his father opened a factory in Manchester. His interests, like those of Marx, were social and economic, and he published in Germany in 1845 a notable study of the condition of the English working class.

The two men joined actively in the international workers' movement, developing the Marxian "dialectical materialism," based on a reinterpretation of the philosopher Hegel's view of history, in opposition to the gentler Utopian socialism prominent in the 1840's. They made some headway in Brussels, Paris and London, and were commissioned by the Bund der Kommunisten in the latter city to write a "confession of faith" for the movement.

Engels' original draft, recast and rewritten by Marx, became the Manifesto, probably the most widely influential of modern political tracts. It begins with the ominous sentence: „Ein Gespenst geht um in Europa—das Gespenst des Kommunismus." In its first three sections, it presents in lapidary style the view that history is composed solely of class struggles; that the bourgeoisie, having overcome feudalism, are themselves doomed to be overthrown by the proletariat, a class alienated from the fruits of its labor and from bourgeois society; and that the Communists are the destined leaders in that struggle. Critical comments then follow concerning other varieties of socialism than their own, and the tract concludes with the call to proletarians of all countries to unite.

Ironically, the manifesto caused no great stir at the time, nor did its authors play leading roles, except locally, in the revolutions of 1848. Marx went into exile again in 1849, in England; Engels helped him financially, and they contributed articles over an eleven-year period to the New York Tribune, beginning with a series by Engels on "Germany: Revolution and Counter-Revolution." Marx's great economic analysis Das Kapital appeared in three volumes (1867–94). Engels himself produced no comparable basic study, but carried on as a most effective editor, interpreter, and popularizer of Marx.

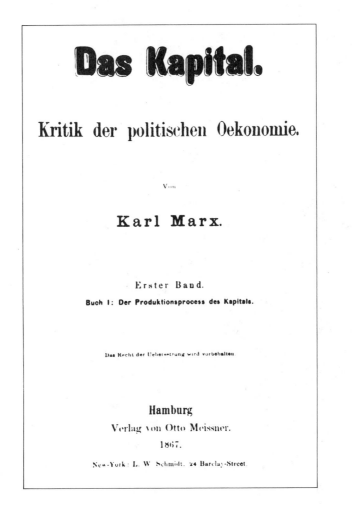

Das Kapital.

Kritik der politischen Oekonomie.

Von

Karl Marx.

Erster Band.
Buch I: Der Produktionsprocess des Kapitals.

Das Recht der Uebersetzung wird vorbehalten.

Hamburg
Verlag von Otto Meissner.
1867.
New-York: L. W. Schmidt. 24 Barclay-Street.

1

Die Geschichte aller bisherigen Gesellschaft ist die Geschichte von Klassenkämpfen.

Freier und Sklave°, Patrizier° und Plebejer, Baron° und Leibeigner, Zunftbürger und Gesell, kurz, Unterdrücker und Unterdrückte standen in stetem Gegensatz zueinander, führten einen ununterbrochenen, bald versteckten, bald offenen Kampf, einen Kampf, der jedesmal mit einer revolutionären° Umgestaltung der ganzen Gesellschaft endete oder mit dem gemeinsamen Untergang der kämpfenden Klassen.

Plebejer *plebeian*
Leibeigner *serf*
Zunftbürger *gild-master*

Umgestaltung *transformation*

183

Karl Marx

In den früheren Epochen° der Geschichte finden wir
fast überall eine vollständige Gliederung der Gesellschaft in
verschiedene Stände, eine mannigfaltige Abstufung der
gesellschaftlichen Stellungen. Im alten Rom° haben wir
Patrizier, Ritter, Plebejer, Sklaven; im Mittelalter Feudal- 5
herren, Vasallen°, Zunftbürger, Gesellen, Leibeigene, und
noch dazu in fast jeder dieser Klassen wieder besondere
Abstufungen.

Die aus dem Untergange der feudalen° Gesellschaft
hervorgegangene moderne° bürgerliche Gesellschaft hat die 1
Klassengegensätze nicht aufgehoben. Sie hat nur neue Klassen,
neue Bedingungen der Unterdrückung, neue Gestaltungen
des Kampfes an die Stelle der alten gesetzt.

Friedrich Engels

Unsere Epoche°, die Epoche der Bourgeoisie°, zeichnet sich jedoch dadurch aus, daß sie die Klassengegensätze vereinfacht hat. Die ganze Gesellschaft spaltet sich mehr und mehr in zwei große, einander direkt° gegenüberstehende
5 Klassen: Bourgeoisie und Proletariat.

Aus den Leibeigenen des Mittelalters gingen die Pfahl-bürger der ersten Städte hervor; aus dieser Pfahlbürgerschaft entwickelten sich die ersten Elemente° der Bourgeoisie.

Die Entdeckung Amerikas, die Umschiffung Afrikas
10 schufen der aufkommenden Bourgeoisie ein neues Terrain°. Der ostindische° und chinesische° Markt, die Kolonisierung° von Amerika, der Austausch mit den Kolonien°, die Vermeh-rung der Tauschmittel und der Waren überhaupt gaben dem

Pfahlbürger *new citizens outside the town walls*

Austausch *exchange*
Tauschmittel *means of exchange*

185

Handel, der Schiffahrt, der Industrie° einen nie gekannten Aufschwung und damit dem revolutionären Element in der zerfallenden feudalen° Gesellschaft eine rasche Entwicklung.

zünftige Betriebsweise *gild method of operation*

Die bisherige feudale oder zünftige Betriebsweise der Industrie reichte nicht mehr aus für den mit neuen Märkten anwachsenden Bedarf. Die Manufaktur° trat an ihre Stelle. Die Zunftmeister wurden verdrängt durch den industriellen Mittelstand; die Teilung der Arbeit zwischen den verschiedenen Korporationen° verschwand vor der Teilung der Arbeit in der einzelnen Werkstatt selbst.

Aber immer wuchsen die Märkte, immer stieg der Bedarf. Auch die Manufaktur reichte nicht mehr aus. Da revolutionierte° der Dampf und die Maschinerie° die industrielle Produktion°. An die Stelle der Manufaktur trat die moderne große Industrie, an die Stelle des industriellen Mittelstandes traten die industriellen Millionäre°, die Chefs ganzer industrieller Armeen, die modernen Bourgeois.

Chefs *heads, commanders*

Absatz *market*

Das Bedürfnis nach einem stets ausgedehnteren Absatz für ihre Produkte jagt die Bourgeoisie über die ganze Erdkugel. Überall muß sie sich einnisten, überall anbauen, überall Verbindungen herstellen.

sich einnisten *settle in* anbauen *establish itself*

Die Bourgeoisie hat durch die Exploitation° des Weltmarkts die Produktion und Konsumtion° aller Länder kosmopolitisch° gestaltet. Sie hat zum großen Bedauern der Reaktionäre° den nationalen° Boden der Industrie unter den Füßen weggezogen. Die uralten nationalen Industrien sind vernichtet worden und werden noch täglich vernichtet.

Die Bourgeoisie reißt durch die rasche Verbesserung aller Produktionsinstrumente°, durch die unendlich erleichterten Kommunikationen° alle, auch die barbarischsten° Nationen° in die Zivilisation°. Die wohlfeilen Preise ihrer Waren sind die schwere Artillerie°, mit der sie alle chinesischen Mauern in den Grund schießt, mit der sie den hartnäckigsten Fremdenhaß der Barbaren° zur Kapitulation° zwingt. Sie zwingt alle Nationen, die Produktionsweise der Bourgeoisie sich anzueignen, wenn sie nicht zugrunde gehen wollen; sie zwingt sie, die sogenannte Zivilisation bei sich selbst einzuführen, d. h. Bourgeois zu werden. Mit einem Wort, sie schafft sich eine Welt nach ihrem eigenen Bilde.

wohlfeilen *cheap*

in den Grund schießt *knocks down*
Fremdenhaß *xenophobia*

d. h. = das heißt

Die Bourgeoisie hat das Land der Herrschaft der Stadt unterworfen. Sie hat enorme° Städte geschaffen, sie hat die Zahl der städtischen Bevölkerung gegenüber der ländlichen in hohem Grade vermehrt und so einen bedeutenden Teil der Bevölkerung dem Idiotismus des Landlebens entrissen. Wie sie das Land von der Stadt, hat sie die barbarischen und halbbarbarischen Länder von den zivilisierten,° die Bauernvölker von den Bourgeoisvölkern, den Orient vom Okzident° abhängig gemacht.

Die Bourgeoisie hat in ihrer kaum hundertjährigen Klassenherrschaft massenhaftere und kolossalere° Produktionskräfte geschaffen, als alle vergangenen Generationen° zusammen. Unterjochung der Naturkräfte, Maschinerie, Anwendung der Chemie° auf Industrie und Ackerbau, Dampfschiffahrt, Eisenbahnen, elektrische° Telegraphen°, Urbarmachung ganzer Weltteile, Schiffbarmachung der Flüsse, ganze aus dem Boden hervorgestampfte Bevölkerungen — welch früheres Jahrhundert ahnte, daß solche Produktionskräfte im Schoß der gesellschaftlichen Arbeit schlummerten.

In den Krisen° bricht eine gesellschaftliche Epidemie° aus, welche allen früheren Epochen ein Widersinn erschienen wäre — die Epidemie der Überproduktion. Die Gesellschaft findet sich plötzlich in einen Zustand momentaner Barbarei° zurückversetzt: eine Hungersnot, ein allgemeiner Verwüstungskrieg scheinen ihr alle Lebensmittel abgeschnitten zu haben; die Industrie, der Handel scheinen vernichtet, und warum? Weil sie zu viel Zivilisation, zu viel Lebensmittel, zu viel Industrie, zu viel Handel besitzt. Die Produktivkräfte, die ihr zur Verfügung stehen, dienen nicht mehr zur Beförderung der bürgerlichen Zivilisation und der bürgerlichen Eigentumsverhältnisse; im Gegenteil, sie sind zu gewaltig für diese Verhältnisse geworden, sie werden von ihnen gehemmt; und sobald sie dies Hemmnis überwinden, bringen sie die ganze bürgerliche Gesellschaft in Unordnung, gefährden sie die Existenz° des bürgerlichen Eigentums. Die bürgerlichen Verhältnisse sind zu eng geworden, um den von ihnen erzeugten Reichtum zu fassen. —Wodurch überwindet die Bourgeoisie die Krisen? Einerseits durch die erzwungene Vernichtung einer Masse° von Produktivkräften; andererseits durch die Eroberung neuer Märkte, und die gründlichere Ausbeutung der alten Märkte. Wodurch also? Dadurch, daß sie allseitigere und gewaltigere Krisen vorbereitet und die Mittel, den Krisen vorzubeugen, vermindert.

Die Waffen, womit die Bourgeoisie den Feudalismus° zu Boden geschlagen hat, richten sich jetzt gegen die Bourgeoisie selbst.

Aber die Bourgeoisie hat nicht nur die Waffen ge-

Idiotismus *idiocy*

massenhaftere *more massive*

Unterjochung *subjection*

Urbarmachung *opening to cultivation*
Schiffbarmachung *opening to navigation*
hervorgestampfte *stamped out (of)*

Widersinn *nonsense*

momentaner *momentary*
Verwüstungskrieg *war of destruction*

ihr zur Verfügung stehen *are at its disposal*

gehemmt *retarded, hampered*
Hemmnis *barrier*

Ausbeutung *exploitation*
allseitigere *more general*

schmiedet, die ihr den Tod bringen; sie hat auch die Männer gezeugt, die diese Waffen führen werden — die modernen Arbeiter, die Proletarier°.

In demselben Maße, worin sich die Bourgeoisie, d.h. das Kapital, entwickelt, in demselben Maße entwickelt sich das Proletariat, die Klasse der modernen Arbeiter, die nur so lange leben, als sie Arbeit finden, und die nur so lange Arbeit finden, als ihre Arbeit das Kapital vermehrt. Diese Arbeiter, die sich stückweis verkaufen müssen, sind eine Ware wie *Handelsartikel commodity* jeder andere Handelsartikel, und daher gleichmäßig allen *Konkurrenz competition* Wechselfällen der Konkurrenz, allen Schwankungen des Marktes ausgesetzt.

Die Arbeit der Proletarier hat durch die Ausdehnung der Maschinerie und die Teilung der Arbeit allen selbständigen Charakter° und damit allen Reiz für den Arbeiter verloren. *Zubehör appendage* Er wird ein bloßes Zubehör der Maschine°, von dem nur der *eintönigste most monotonous* einfachste, eintönigste, am leichtesten erlernbare Handgriff *Handgriff skill* verlangt wird. Die Kosten°, die der Arbeiter verursacht, beschränken sich daher fast nur auf die Lebensmittel, die er *Fortpflanzung propagation* zu seinem Unterhalt und zur Fortpflanzung seiner Rasse bedarf. Der Preis einer Ware, also auch der Arbeit, ist daher gleich ihren Produktionskosten. In demselben Maße, in dem *Widerwärtigkeit disagreeable-* die Widerwärtigkeit der Arbeit wächst, nimmt daher der *ness* Lohn ab. Noch mehr, in demselben Maße, wie Maschinerie und Teilung der Arbeit zunehmen, in demselben Maße nimmt auch die Masse der Arbeit zu, sei es durch Vermehrung der Arbeitsstunden, sei es durch Vermehrung der in einer gegebenen Zeit geforderten Arbeit, beschleunigten Lauf der Maschinen usw.

Die moderne Industrie hat die kleine Werkstube des patriarchalischen° Meisters in die große Fabrik des industriellen Kapitalisten° verwandelt. Arbeitermassen, in der Fabrik zusammengedrängt, werden soldatisch organisiert°. Sie werden als gemeine Industriesoldaten unter die Aufsicht einer vollständigen Hierarchie° von Unteroffizieren° und Offizieren gestellt. Sie sind nicht nur Knechte der Bourgeoisklasse, des Bourgeoisstaates, sie sind täglich und stündlich geknechtet von der Maschine, von dem Aufseher, und vor allem von dem einzelnen fabrizierenden Bourgeois selbst. *gehässiger more spiteful* Diese Despotie° ist um so kleinlicher, gehässiger, erbitternder, je offener sie den Erwerb als ihren Zweck proklamiert°.

Kraftäußerung exhibition of Je weniger die Handarbeit Geschicklichkeit und Kraft-
strength
erheischt demands äußerung erheischt, d.h. je mehr die moderne Industrie sich

entwickelt, desto mehr wird die Arbeit der Männer durch die der Weiber und Kinder verdrängt. Geschlechts- und Altersunterschiede haben keine gesellschaftliche Geltung mehr für die Arbeiterklasse. Es gibt nur noch Arbeits-
5 instrumente, die je nach Alter und Geschlecht verschiedene Kosten machen.

Ist die Ausbeutung des Arbeiters durch den Fabrikanten so weit beendigt, daß er seinen Arbeitslohn bar ausgezahlt erhält, so fallen die andern Teile der Bourgeoisie über ihn
10 her, der Hausbesitzer, der Krämer, der Pfandverleiher usw.

Das Proletariat macht verschiedene Entwicklungsstufen durch. Sein Kampf gegen die Bourgeoisie beginnt mit seiner Existenz.

Von allen Klassen, welche heutzutage der Bourgeoisie
15 gegenüberstehen, ist nur das Proletariat eine wirklich revolutionäre Klasse. Die übrigen Klassen verkommen und gehen unter mit der großen Industrie, das Proletariat ist ihr eigenstes Produkt°.

Die Mittelstände, der kleine Industrielle, der kleine
20 Kaufmann, der Handwerker, der Bauer, sie alle bekämpfen die Bourgeoisie, um ihre Existenz als Mittelstände vor dem Untergang zu sichern. Sie sind also nicht revolutionär, sondern konservativ°. Noch mehr, sie sind reaktionär, denn sie suchen das Rad der Geschichte zurückzudrehen. Sind
25 sie revolutionär, so sind sie es im Hinblick auf dem ihnen bevorstehenden Übergang ins Proletariat, so verteidigen sie nicht ihre gegenwärtigen, sondern ihre zukünftigen Interessen, so verlassen sie ihren eigenen Standpunkt, um sich auf den des Proletariats zu stellen.
30 Das Lumpenproletariat, diese passive° Verfaulung der untersten Schichten der alten Gesellschaft, wird durch eine proletarische Revolution stellenweise in die Bewegung hineingeschleudert, seiner ganzen Lebenslage nach wird es bereitwilliger sein, sich zu reaktionären Umtrieben verkaufen
35 zu lassen.

Die Lebensbedingungen der alten Gesellschaft sind schon vernichtet in den Lebensbedingungen des Proletariats. Der Proletarier ist eigentumslos; sein Verhältnis zu Weib und Kindern hat nichts mehr gemein mit dem bürgerlichen
40 Familienverhältnis; die moderne industrielle Arbeit, die moderne Unterjochung unter das Kapital, dieselbe in England wie in Frankreich, in Amerika wie in Deutschland, hat ihm allen nationalen Charakter abgestreift. Die Gesetze, die Moral,

bar ausgezahlt *paid in cash*

Krämer *shopkeeper*
Pfandverleiher *pawnbroker*

verkommen *decay*

Lumpenproletariat *scum, riffraff*
Verfaulung *rotting mass*
Schichten *layers, levels*

Umtrieben *intrigues*

Unterjochung *subjugation*
abgestreift *stripped, removed from*
Moral *morality*

die Religion sind für ihn ebenso viele bürgerliche Vorurteile, hinter denen sich ebenso viele bürgerliche Interessen verstecken.

Alle bisherige Gesellschaft beruhte, wie wir gesehen haben, auf dem Gegensatz unterdrückender und unterdrückter Klassen. Um aber eine Klasse unterdrücken zu können, müssen ihr Bedingungen gesichert sein, innerhalb derer sie wenigstens ihre knechtische Existenz fristen kann. Der Leibeigene hat sich zum Mitglied der Kommune in der Leibeigenschaft herangearbeitet, wie der Kleinbürger zum Bourgeois unter dem Joch des feudalistischen Absolutismus°. Der moderne Arbeiter dagegen, statt sich mit dem Fortschritt der Industrie zu heben, sinkt immer tiefer unter die Bedingungen seiner eigenen Klasse herab. Der Arbeiter wird zum Pauper,° und der Pauperismus° entwickelt sich noch rascher als Bevölkerung und Reichtum. Es tritt hiermit offen hervor, daß die Bourgeoisie unfähig ist, noch länger die herrschende Klasse der Gesellschaft zu bleiben und die Lebensbedingungen ihrer Klasse der Gesellschaft als regelndes Gesetz aufzuzwingen. Sie ist unfähig zu herrschen, weil sie unfähig ist, ihrem Sklaven die Existenz selbst innerhalb seiner Sklaverei° zu lassen, wo sie ihn ernähren muß, statt von ihm ernährt zu werden. Die Gesellschaft kann nicht mehr unter ihr leben, d. h. ihr Leben ist nicht mehr verträglich mit der Gesellschaft.

Der Fortschritt der Industrie, dessen willenloser und widerstandsloser Träger die Bourgeoisie ist, setzt an die Stelle der Isolierung der Arbeiter durch die Konkurrenz ihre revolutionäre Vereinigung durch die Assoziation°. Mit der Entwicklung der großen Industrie wird also unter den Füßen der Bourgeoisie die Grundlage selbst weggezogen, worauf sie produziert° und die Produkte sich aneignet. Sie produziert vor allem ihre eigenen Totengräber. Ihr Untergang und der Sieg des Proletariats sind gleich unvermeidlich.

2

Having outlined the materialistic view of history and the contention that the proletariat will grow constantly poorer, the authors develop the theme of the alienation of the proletariat. They maintain that the ruling ideas of an age are the ideas of the ruling classes. They turn then to the revolutionary role of the Communists, and offer a platform that mingles dictatorial and democratic demands.

Proletarier und Kommunisten

Man hat uns Kommunisten vorgeworfen, wir wollten das persönlich erworbene, selbsterarbeitete Eigentum abschaffen; das Eigentum, welches die Grundlage aller persönlichen Freiheit, Tätigkeit und Selbständigkeit bilde.

Schafft aber die Lohnarbeit, die Arbeit des Proletariers ihm Eigentum? Keineswegs. Sie schafft das Kapital, d. h. das Eigentum, welches die Lohnarbeit ausbeutet, welches sich nur unter der Bedingung vermehren kann, daß es neue Lohnarbeit erzeugt, um sie von neuem auszubeuten.

In der bürgerlichen Gesellschaft ist die lebendige Arbeit nur ein Mittel, die aufgehäufte Arbeit zu vermehren. In der kommunistischen Gesellschaft ist die aufgehäufte Arbeit nur ein Mittel, um den Lebensprozeß der Arbeiter zu erweitern, zu bereichern, zu befördern.

In der bürgerlichen Gesellschaft herrscht also die Vergangenheit über die Gegenwart, in der kommunistischen die Gegenwart über die Vergangenheit. In der bürgerlichen Gesellschaft ist das Kapital selbständig und persönlich, während das tätige Individuum° unselbständig und unpersönlich ist.

Und die Aufhebung dieses Verhältnisses nennt die Bourgeoisie Aufhebung der Persönlichkeit und Freiheit! Und mit Recht. Es handelt sich allerdings um die Aufhebung der Bourgeois-Persönlichkeit, -Selbständigkeit und -Freiheit.

Ihr entsetzt euch darüber, daß wir das Privateigentum aufheben wollen. Aber in eurer bestehenden Gesellschaft ist das Privateigentum für neun Zehntel ihrer Mitglieder aufgehoben; es existiert° gerade dadurch, daß es für neun Zehntel nicht existiert. Ihr werft uns also vor, daß wir ein Eigentum aufheben wollen, welches die Eigentumslosigkeit der ungeheuren Mehrzahl der Gesellschaft als notwendige Bedingung voraussetzt.

Ihr werft uns mit einem Wort vor, daß wir euer Eigentum aufheben wollen. Allerdings, das wollen wir.

Von dem Augenblick an, wo die Arbeit nicht mehr in Kapital, Geld, Grundrente, kurz in eine monopolisierbare° gesellschaftliche Macht verwandelt werden kann, d. h. von dem Augenblick, wo das persönliche Eigentum nicht mehr in bürgerliches umschlagen kann, von dem Augenblick an erklärt ihr, die Person sei aufgehoben.

Ihr gesteht also, daß ihr unter der Person niemanden

selbsterarbeitete *gained by one's own labor*

ausbeutet *exploits*

Lebensprozeß *way of life*

Grundrente *income from land*

umschlagen *turn, change*
Person *individual*

Karl Marx: Erster Entwurf des Kommunistischen Manifests

anders versteht, als den Bourgeois, den bürgerlichen Eigentümer. Und diese Person soll allerdings aufgehoben werden.

Der Kommunismus nimmt keinem die Macht, sich gesellschaftliche Produkte anzueignen, er nimmt nur die Macht, sich durch diese Aneignung fremde Arbeit zu unterjochen.

fremde *of others*

Den Kommunisten ist ferner vorgeworfen worden, sie wollten das Vaterland, die Nationalität° abschaffen.

Die Arbeiter haben kein Vaterland. Man kann ihnen nicht nehmen, was sie nicht haben. Indem das Proletariat zunächst sich die politische Herrschaft erobern, sich zur nationalen Klasse erheben, sich selbst als Nation konstituieren° muß, ist es selbst noch national, wenn auch keineswegs im Sinne der Bourgeoisie.

Die nationalen Absonderungen und Gegensätze der Völker verschwinden mehr und mehr schon mit der Entwicklung der Bourgeoisie, mit der Handelsfreiheit, dem Weltmarkt, der Gleichförmigkeit der industriellen Produktion und der ihr entsprechenden Lebensverhältnisse.

Absonderungen *separations*

Die Herrschaft des Proletariats wird sie noch mehr verschwinden machen. Vereinigte Aktion°, wenigstens der zivilisierten Länder, ist eine der ersten Bedingungen seiner Befreiung.

In dem Maße, wie die Exploitation des einen Individuums durch das andere aufgehoben wird, wird die Exploitation einer Nation durch die andere aufgehoben.

Mit dem Gegensatz der Klassen im Innern der Nationen fällt die feindliche Stellung der Nationen gegeneinander. Die Anklagen gegen den Kommunismus, die von religiösen°, philosophischen° und ideologischen° Gesichtspunkten überhaupt erhoben werden, verdienen keine ausführliche Erörterung.

Bedarf es tiefer Einsicht, um zu begreifen, daß mit den Lebensverhältnissen der Menschen, mit ihren gesellschaftlichen Beziehungen, mit ihrem gesellschaftlichen Dasein, auch ihre Vorstellungen, Anschauungen und Begriffe, mit einem Worte auch ihr Bewußtsein sich ändert?

Was beweist die Geschichte der Ideen anders, als daß die geistige Produktion sich mit der materiellen° umgestaltet? Die herrschenden Ideen einer Zeit waren stets nur die Ideen der herrschenden Klasse.

Man spricht von Ideen, welche eine ganze Gesellschaft revolutionieren; man spricht damit nur die Tatsache aus, daß sich innerhalb der alten Gesellschaft die Elemente einer neuen gebildet haben, daß mit der Auflösung der alten Lebensverhältnisse die Auflösung der alten Ideen gleichen Schritt hält.

im Untergehen begriffen war
was disintegrating

Als die alte Welt im Untergehen begriffen war, wurden die alten Religionen von der christlichen Religion besiegt. Als die christlichen Ideen im 18. Jahrhundert den Aufklärungsideen unterlagen, rang die feudale Gesellschaft ihren Todeskampf mit der damals revolutionären Bourgeoisie. Die Ideen der Gewissens- und Religionsfreiheit sprachen nur die Herrschaft der freien Konkurrenz auf dem Gebiete des Gewissens aus.

„Aber", wird man sagen, „religiöse, moralische, philosophische, politische, rechtliche Ideen usw. modifizierten° sich allerdings im Lauf der geschichtlichen Entwicklung. Die Religion, die Moral, die Philosophie, die Politik, das Recht erhielten sich stets in diesem Wechsel.

Es gibt zudem ewige Wahrheiten, wie Freiheit, Gerechtigkeit usw., die allen gesellschaftlichen Zuständen gemeinsam sind. Der Kommunismus aber schafft die ewigen Wahrheiten ab, er schafft die Religion ab, die Moral, statt sie neuzugestalten, er widerspricht also allen bisherigen geschichtlichen Entwicklungen."

Worauf reduziert° sich diese Anklage? Die Geschichte der ganzen bisherigen Gesellschaft bewegte sich in Klassengegensätzen, die in den verschiedenen Epochen verschieden gestaltet waren.

Welche Form° sie aber auch immer angenommen, die Ausbeutung des einen Teils der Gesellschaft durch den andern ist eine allen vergangenen Jahrhunderten gemeinsame Tatsache. Kein Wunder daher, daß das gesellschaftliche Bewußtsein aller Jahrhunderte, aller Mannigfaltigkeit und Verschiedenheit zum Trotz, in gewissen gemeinsamen Formen sich bewegt, Formen, Bewußtseinsformen, die nur mit dem gänzlichen Verschwinden des Klassengegensatzes sich vollständig auflösen.

Die kommunistische Revolution ist das radikalste Brechen mit den überlieferten Eigentumsverhältnissen; kein Wunder, daß in ihrem Entwicklungsgange am radikalsten mit den überlieferten Ideen gebrochen wird.

Einwürfe *objections*

Doch lassen wir die Einwürfe der Bourgeoisie gegen den Kommunismus.

Wir sahen schon oben, daß der erste Schritt in der

Arbeiterrevolution die Erhebung des Proletariats zur herrschenden Klasse, die Erkämpfung der Demokratie° ist.

Das Proletariat wird seine politische Herrschaft dazu benutzen, der Bourgeoisie nach und nach alles Kapital zu entreißen, alle Produktionsinstrumente in den Händen des Staats, d. h. des als herrschende Klasse organisierten Proletariats zu zentralisieren° und die Masse der Produktionskräfte möglichst rasch zu vermehren.

Es kann dies natürlich zunächst nur geschehen vermittelst despotischer° Eingriffe in das Eigentumsrecht und in die bürgerlichen Produktionsverhältnisse, durch Maßregeln also, die ökonomisch° unzureichend und unhaltbar erscheinen, die aber im Lauf der Bewegung über sich selbst hinaus treiben und als Mittel zur Umwälzung der ganzen Produktionsweise unvermeidlich sind.

vermittelst by means of
Eingriffe interference

über sich selbst hinaus treiben go beyond themselves

Diese Maßregeln werden natürlich je nach den verschiedenen Ländern verschieden sein.

Für die fortgeschrittensten Länder werden jedoch die folgenden ziemlich allgemein in Anwendung kommen können:

in Anwendung kommen be applied

1. Expropriation des Grundeigentums und Verwendung der Grundrente zu Staatsausgaben.

Grundrente income from land
Staatsausgaben public expenses

2. Starke Progressivsteuer.

Progressivsteuer graduated income tax

3. Abschaffung des Erbrechts.

4. Konfiskation° des Eigentums aller Emigranten° und Rebellen°.

5. Zentralisation des Kredits° in den Händen des Staats durch eine Nationalbank° mit Staatskapital und ausschließlichem Monopol.

6. Zentralisation alles Transportwesens in den Händen des Staats.

Transportwesens transportation system

7. Vermehrung der Nationalfabriken, Produktionsinstrumente, Urbarmachung und Verbesserung der Ländereien nach einem gemeinschaftlichen Plan°.

Urbarmachung clearing
Ländereien landed properties

8. Gleicher Arbeitszwang für alle, Errichtung industrieller Armeen, besonders für den Ackerbau.

9. Vereinigung des Betriebs von Ackerbau und Industrie, Einwirken auf die allmähliche Beseitigung des Gegensatzes von Stadt und Land.

Betriebs operation
Einwirken auf efforts for

10. Öffentliche und unentgeltliche Erziehung aller Kinder. Beseitigung der Fabrikarbeit der Kinder in ihrer heutigen Form. Vereinigung der Erziehung mit der materiellen Produktion usw., usw.

unentgeltliche free

3

The last, short section of the Manifesto presents the Communist tactics of revolution in the Europe of 1848, and concludes with the famous "call to arms" to the international proletariat.

unmittelbar vorliegenden
directly at hand

vertreten *represent*

herrührenden *deriving (from)*

verkennen (inf.) *to fail to realize*

Krakauer *Cracow (city in Poland)*

Kleinbürgerei *petty bourgeois attitude*

Umwälzung *revolution*

vollbringt *achieves*

Sie kämpfen für die Erreichung der unmittelbar vorliegenden Zwecke und Interessen der Arbeiterklasse, aber sie vertreten in der gegenwärtigen Bewegung zugleich die Zukunft der Bewegung. In Frankreich schließen sich die Kommunisten an die sozialistisch-demokratische° Partei° an gegen die konservative und radikale° Bourgeoisie, ohne darum das Recht aufzugeben, sich kritisch° zu den aus der revolutionären Überlieferung herrührenden Phrasen° und Illusionen° zu verhalten.

In der Schweiz unterstützen sie die Radikalen, ohne zu verkennen, daß diese Partei aus widersprechenden Elementen besteht, teils aus demokratischen Sozialisten im französischen Sinn, teils aus radikalen Bourgeois.

Unter den Polen° unterstützen die Kommunisten die Partei, welche eine agrarische° Revolution zur Bedingung der nationalen Befreiung macht, dieselbe Partei, welche die Krakauer Insurrektion° von 1846 ins Leben rief.

In Deutschland kämpft die kommunistische Partei, sobald die Bourgeoisie revolutionär auftritt, gemeinsam mit der Bourgeoisie gegen die absolute Monarchie°, das feudale Grundeigentum und die Kleinbürgerei.

Sie unterläßt aber keinen Augenblick, bei den Arbeitern ein möglichst klares Bewußtsein über den feindlichen Gegensatz zwischen Bourgeoisie und Proletariat herauszuarbeiten, damit die deutschen Arbeiter sogleich die gesellschaftlichen und politischen Bedingungen, welche die Bourgeoisie mit ihrer Herrschaft herbeiführen muß, als ebenso viele Waffen gegen die Bourgeoisie kehren können, damit, nach dem Sturz der reaktionären Klassen in Deutschland, sofort der Kampf gegen die Bourgeoisie selbst beginnt.

Auf Deutschland richten die Kommunisten ihre Hauptaufmerksamkeit, weil Deutschland am Vorabend einer bürgerlichen Revolution steht, und weil es diese Umwälzung unter fortgeschritteneren Bedingungen der europäischen° Zivilisation überhaupt, und mit einem viel weiter entwickelten Proletariat vollbringt als England im siebenzehnten und

196

Manifest

der

Kommunistischen Partei.

Veröffentlicht im Februar 1848.

Proletarier aller Länder vereinigt Euch!

London.

Gedruckt in der Office der „Bildungs-Gesellschaft für Arbeiter"
von J. E. Burghard.

46, Liverpool Street, Bishopsgate.

Frankreich im achtzehnten Jahrhundert, die deutsche bürgerliche Revolution also nur das unmittelbare Vorspiel einer proletarischen Revolution sein kann.

Mit einem Wort, die Kommunisten unterstützen überall jede revolutionäre Bewegung gegen die bestehenden gesellschaftlichen und politischen Zustände.

In allen diesen Bewegungen heben sie die Eigentumsfrage, welche mehr oder minder entwickelte Form sie auch angenommen haben möge, als die Grundfrage der Bewegung hervor.

Die Kommunisten arbeiten endlich überall an der Verbindung und Verständigung der demokratischen Parteien aller Länder.

verheimlichen conceal

Die Kommunisten verschmähen es, ihre Ansichten und Absichten zu verheimlichen. Sie erklären offen, daß ihre Zwecke nur erreicht werden können durch den gewaltsamen Umsturz aller bisherigen Gesellschaftsordnung. Mögen die herrschenden Klassen vor einer kommunistischen Revolution zittern. Die Proletarier haben nichts in ihr zu verlieren als ihre Ketten. Sie haben eine Welt zu gewinnen.

PROLETARIER ALLER LÄNDER, VEREINIGT
EUCH!

Aus Das Kapital von Karl Marx

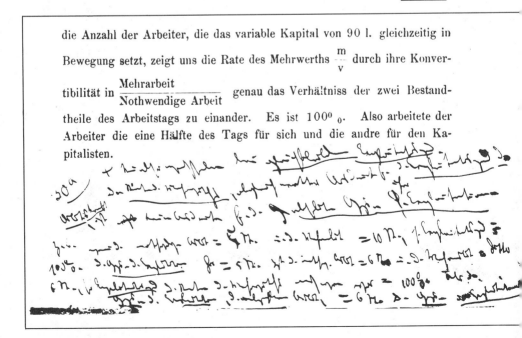

die Anzahl der Arbeiter, die das variable Kapital von 90 l. gleichzeitig in Bewegung setzt, zeigt uns die Rate des Mehrwerths $\frac{m}{v}$ durch ihre Konvertibilität in $\frac{\text{Mehrarbeit}}{\text{Nothwendige Arbeit}}$ genau das Verhältniss der zwei Bestandtheile des Arbeitstags zu einander. Es ist $100^0\,_0$. Also arbeitete der Arbeiter die eine Hälfte des Tags für sich und die andre für den Kapitalisten.

XV

BISMARCK

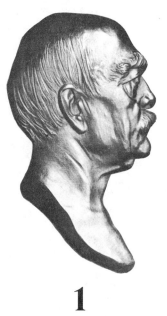

1

For nearly twenty years Bismarck, the Iron Chancellor, bestrode Europe like a colossus. The fame of the man who had brought Prussia successfully through conflict with Austria to the leadership of Germany, who then created the new German Empire after a victorious war against France, and maintained thereafter two decades of peace, outshadowed, by the time he resigned, his earlier reputation as a reactionary and a warmonger. The world was shocked when he left office after a bitter clash with young Kaiser Wilhelm II.

Bismarck was essentially a Prussian royalist who insisted that the best rule was that of a monarch uninhibited by constitutional limitations (though he later compromised on this issue). He represented the view of the extreme Right in the revolution of 1848, and in various diplomatic posts in the following years he vigorously pushed Prussia's claim to a leading place in German affairs. He was recalled to Berlin in 1862, at a time of internal crisis, and was appointed Prime Minister of Prussia. While still new in that office, he uttered in a meeting of the Prussian Parliament's Budget Commission the phrase "Blood and Iron" that clung so persistently to him, threatening that the road to German unity under Prussia would not be peaceful.

Here follow Bismarck's remarks, from the official report of the meeting of the Budget Commission, September 30, 1862.

199

Wir sind vielleicht zu „gebildet", um eine Verfassung zu tragen; wir sind zu kritisch°. Wir haben zu heißes Blut, wir haben die Vorliebe, eine zu große Rüstung für unsern schmalen Leib zu tragen; nur sollen wir sie auch utilisieren°.

Nicht auf Preußens Liberalismus° sieht Deutschland, sondern auf seine Macht; Bayern, Württemberg°, Baden° mögen dem Liberalismus indulgieren°, darum wird ihnen doch keiner Preußens Rolle° anweisen; Preußen muß seine Kraft zusammenhalten auf den günstigen Augenblick, der schon einige Male verpaßt ist; Preußens Grenzen sind zu einem gesunden Staatsleben nicht günstig; nicht durch Reden und Majoritätsbeschlüsse werden die großen Fragen der Zeit entschieden — das ist der große Fehler von 1848 und 1849 gewesen — sondern durch Eisen und Blut.

Bayern *Bavaria (like Württemberg and Baden, one of the south German states)*

verpaßt *missed* Majoritätsbeschlüsse *decisions of the majority* 1848 und 1849 (*the years of the vain attempt to unify Germany on a national and liberal basis*)

Thomas Nast: Karikatur von Bismarck, 1880

In Gedanken und Erinnerungen, the memoirs Bismarck composed many years later, we hear how he appealed to the honor of King Wilhelm I as a monarch and an officer, when the King was deeply depressed by the hostile public reaction to Bismarck's speech. Bismarck hastened to meet the King, who was returning from a journey, and urged him, if revolution should come, to face his executioners bravely, like Charles I of England, not like the weakling Louis XVI of France.

Roon sprach seine Unzufriedenheit mit meinen Äußerungen aus. Meine eignen Gedanken bewegten sich zwischen dem Wunsche, Abgeordnete für eine energische° nationale° Politik zu gewinnen, und der Gefahr, den König mißtrauisch gegen mich und meine Absichten zu machen. Um dem vermutlichen Eindruck der Presse° auf ihn entgegenzuwirken, fuhr ich ihm entgegen.

Ich hatte einige Mühe den Wagen zu ermitteln, in dem der König allein in einem gewöhnlichen Coupé erster Klasse° saß. Er war in gedrückter Stimmung, und als ich um die Erlaubnis bat, die Vorgänge während seiner Abwesenheit darzulegen, unterbrach er mich mit den Worten:

„Ich sehe ganz genau voraus, wie das alles endigen wird. Da vor dem Opernplatz, unter meinen Fenstern, wird man Ihnen den Kopf abschlagen und etwas später mir."

Als er schwieg, antwortete ich mit der kurzen Phrase° „Et après, Sire?"—„Ja, après, dann sind wir tot!" erwiderte der König. „Ja", fuhr ich fort, „dann sind wir tot, aber sterben müssen wir früher oder später doch, und können wir anständiger umkommen? Ich selbst im Kampfe für die Sache meines Königs, und Eure Majestät°, indem Sie Ihre königlichen Rechte von Gottes Gnaden mit dem eignen Blute besiegeln, ob auf dem Schafott oder auf dem Schlachtfelde, ändert nichts an dem rühmlichen Einsetzen von Leib und Leben für die von Gottes Gnaden verliehnen Rechte. Eure Majestät müssen nicht an Ludwig XVI. denken; der lebte und starb in einer schwächlichen Gemütsverfassung und macht kein gutes Bild in der Geschichte. Karl I. dagegen, wird er nicht immer eine vornehme historische° Erscheinung bleiben, wie er, nachdem er für sein Recht das Schwert gezogen, die Schlacht verloren hatte, ungebeugt seine königliche Gesinnung mit seinem Blute bekräftigte?"

Je länger ich in diesem Sinne sprach, desto mehr belebte sich der König und fühlte sich in die Rolle° des für Königtum und Vaterland kämpfenden Offiziers° hinein. Der ideale° Typus° des preußischen Offiziers war in ihm im höchsten Grade ausgebildet. Er hatte sich bis dahin auf seiner Fahrt nur gefragt, ob er vor der Kritik der öffentlichen Meinung in Preußen mit dem Wege, den er mit mir einschlug, würde bestehen können. Demgegenüber war die Wirkung unsrer Unterredung in dem dunklen Coupé, daß er die ihm nach der Situation° zufallende Rolle mehr vom Standpunkte des Offiziers auffaßte. Er fühlte sich ganz in der Aufgabe des ersten

Roon (Prussian Minister of War)

Abgeordnete *members (of Parliament)*
Politik *policy*

ermitteln *find*

Coupé *compartment*

Vorgänge *events*
darzulegen *to describe*

Opernplatz *Opera Square (in Berlin)*

et après *and afterward*

umkommen *die*

besiegeln *seal*
Schafott *scaffold*
rühmlichen Einsetzen *honorable risking*

Gemütsverfassung *attitude*

Kritik *criticism*
einschlug *was embarking on*

Offiziers der preußischen Monarchie°, für den der Untergang im Dienste ein ehrenvoller Abschluß der ihm gestellten Aufgabe ist. Der König, den ich matt, niedergeschlagen und entmutigt gefunden hatte, geriet schon vor der Ankunft in Berlin in eine heitere, fröhliche und kampflustige Stimmung.

niedergeschlagen *depressed*

Kaiser Wilhelm I.

2

The last step toward unifying Germany after Prussia's victory over Austria in 1866 was, in Bismarck's view, a war with France. An attempt by him, through devious negotiations, to place a relative of the Prussian Hohenzollerns on the throne of Spain, was thwarted by the French, who then demanded guarantees against such undertakings in the future.

A dispatch from Bismarck's subordinate Heinrich Abeken, reporting an interview between the French Ambassador Benedetti and King Wilhelm I at the little spa of Bad Ems, was received by Bismarck while he was disconsolately dining with Roon and the Chief of Staff Count Moltke. By tricky editing before releasing the dispatch, Bismarck managed to make the text sound to the French like a slight to their ambassador, to the Germans like a mortal insult to the Prussian King. In the overheated atmosphere existing between the French and the Germans, the war was assured.

Ziffertelegramm *telegram in code*
in der Übersetzung begriffen *in process of decoding*
Entzifferung *decoded text*
Niedergeschlagenheit *depression*

Aufschub *delay*

Zum Rücktritt entschlossen trotz der Vorwürfe, die mir Roon darüber machte, lud ich ihn und Moltke ein, mit mir zu speisen. Beide waren sehr niedergeschlagen. Während der Unterhaltung wurde mir gemeldet, daß ein Ziffertelegramm aus Ems° in der Übersetzung begriffen sei. Nachdem mir die Entzifferung überbracht war, las ich dasselbe meinen Gästen vor deren Niedergeschlagenheit so tief wurde, daß sie Speise und Trank verschmähten. Ich stellte an Moltke einige Fragen in Bezug auf den Stand unsrer Rüstungen. Er antwortete, daß er, wenn Krieg werden sollte, von einem Aufschub des Ausbruchs keinen Vorteil für uns erwarte; selbst wenn wir

202

zunächst nicht stark genug sein sollten, sofort alle linksrheinischen Landesteile gegen französische Invasion° zu
decken, so würde unsre Kriegsbereitschaft die französische
sehr bald überholen, während in einer spätern Periode° dieser
5 Vorteil sich abschwächen würde.

Der Haltung Frankreichs gegenüber zwang uns nach
meiner Ansicht das nationale° Ehrgefühl zum Kriege, und
wenn wir den Forderungen dieses Gefühls nicht gerecht
wurden, so verloren wir auf dem Wege zur Vollendung unsrer
10 nationalen Entwicklung den ganzen 1866 gewonnenen Vorsprung. Alle diese Erwägungen, bewußt und unbewußt,
verstärkten in mir die Empfindung, daß der Krieg nur auf
Kosten unsrer preußischen Ehre und des nationalen Ver-
trauens auf dieselbe vermieden werden könne.

15 In dieser Überzeugung machte ich von der königlichen
Ermächtigung Gebrauch, den Inhalt des Telegramms° zu
veröffentlichen und kürzte das Telegramm durch Streichungen,
ohne ein Wort hinzuzusetzen oder zu ändern.

Nachdem ich meinen beiden Gästen die konzentrierte°
20 Redaktion vorgelesen hatte, bemerkte Moltke: „So hat das
einen andern Klang, vorher klang es wie Chamade, jetzt wie
eine Fanfare° in Antwort auf eine Herausforderung."

Ich erläuterte: „Wenn ich diesen Text°, welcher keine
Änderungen und keinen Zusatz des Telegramms enthält,
25 sofort nicht nur an die Zeitungen, sondern auch telegraphisch°
an alle unsre Gesandtschaften mitteile, so wird er vor Mitternacht in Paris bekannt sein, und dort nicht nur wegen des
Inhalts, sondern auch wegen der Art der Verbreitung den
Eindruck des roten Tuches auf den gallischen Stier machen.
30 Schlagen müssen wir, wenn wir nicht die Rolle° des Ge-
schlagenen ohne Kampf auf uns nehmen wollen. Der Erfolg
hängt aber doch wesentlich von den Eindrücken bei uns und
andern ab, die der Ursprung des Kriegs hervorruft: es ist
wichtig, daß wir die Angegriffenen seien."

35 Die beiden Generale° hatten plötzlich die Lust zu essen
und zu trinken wiedergefunden und sprachen in heiterer
Laune. Roon sagte: „Der alte Gott lebt noch und wird uns
nicht in Schande verkommen lassen." Moltke trat so weit aus
seiner Passivität° heraus, daß er sich, mit freudigem Blick
40 gegen die Zimmerdecke, mit der Hand vor die Brust schlug
und sagte: „Wenn ich das noch erlebe, in solchem Kriege
unsre Heere zu führen, so mag gleich nachher ‚die alte
Karkasse' der Teufel holen!"

Margin glossary:

linksrheinischen *left (i.e. west) of the Rhine*

überholen *overtake*

1866 (*the year of Prussia's victory over Austria*)
Vorsprung *advantage*

Ermächtigung *empowerment*
veröffentlichen *publish*

Redaktion *version*
Chamade *summons to parley*
Herausforderung *challenge*
erläuterte *explained*
Zusatz *addition*

gallischen Stier *Gallic bull*

verkommen *go to ruin*

Karkasse *carcass*

The original dispatch told how King Wilhelm I had rejected Benedetti's request to guarantee that the Hohenzollern candidacy would never be renewed; how, after the interview, the King received a letter from his relative, the father of the candidate, confirming the report of the withdrawal of the candidacy; and sent word of this to Benedetti, adding that he had nothing further to tell him. Bismarck telescoped the events so that it appeared that the French Ambassador had insisted on an impossible demand, and that the King had brusquely refused to see him.

Here are the two texts: Abeken's telegram, side by side with Bismarck's edited version. Was Bismarck right in claiming that he had not changed the text?

Abeken

S. M. der König schreibt mir: „Graf Benedetti fing mich auf der Promenade° ab, um auf zuletzt sehr zudringliche Art von mir zu verlangen, ich sollte ihn autorisieren°, sofort zu telegraphieren°, daß ich für alle Zukunft mich verpflichtete, niemals wieder meine Zustimmung zu geben, wenn die Hohenzollern° auf ihre Kandidatur zurückkämen. Ich wies ihn, zuletzt etwas ernst, zurück, da man à tout jamais dergleichen Engagements nicht nehmen dürfe noch könne. Natürlich sagte ich ihm, daß ich noch nichts erhalten hätte, und, da er über Paris und Madrid früher benachrichtigt sei als ich, er wohl einsähe, daß mein Gouvernement° wiederum außer Spiel sei."

S. M. hat seitdem ein Schreiben des Fürsten bekommen. Da S. M. dem Grafen Benedetti gesagt, daß er Nachricht vom Fürsten erwarte, hat Allerhöchstderselbe, mit Rücksicht auf obige Zumutung, auf des Grafen Eulenburg und meinen Vortrag beschlossen, den Grafen Benedetti nicht mehr zu empfangen, sondern ihm nur durch einen Adjutanten° sagen zu lassen, daß S. Majestät jetzt vom Fürsten die Bestätigung der Nachricht erhalten, die Benedetti aus Paris schon gehabt, und dem Botschafter nichts weiter zu sagen habe.

S. M. stellt Ew. Excellenz° anheim, ob nicht die neue Forderung Benedettis und ihre Zurückweisung sogleich sowohl unseren Gesandten als in der Presse° mitgeteilt werden sollte.

S. M. = Seine Majestät

fing . . . ab *intercepted*
zudringliche *importunate*

Kandidatur *candidacy (for the Spanish throne)*

à tout jamais *forever*
Engagements . . . nehmen *make commitments*

Fürsten (*the father of the Hohenzollern candidate*)

Allerhöchstderselbe *His Majesty (the King of Prussia)*
mit Rücksicht auf obige Zumutung *in consideration of the above demand (by Benedetti)*
Eulenburg (*a Prussian minister*)

stellt . . . anheim *leaves it to the discretion of*

204

Bismarck

Nachdem die Nachrichten von der Entsagung des
Prinzen von Hohenzollern der Kaiserlich französischen
Regierung von der Königlich spanischen° amtlich mitgeteilt
worden sind, hat der französische Botschafter in Ems° an
5 S. M. den König noch die Forderung gestellt, ihn zu autori-
sieren°, daß er nach Paris telegraphiere, daß S. M. der König
sich für alle Zukunft verpflichte, niemals wieder seine
Zustimmung zu geben, wenn die Hohenzollern auf ihre
Kandidatur zurückkommen sollten.

10 S. M. hat es darauf abgelehnt, den französischen Botschafter nochmals zu empfangen, und demselben durch den
Adjutanten vom Dienst sagen lassen, daß S. M. dem Botschafter nichts weiter mitzuteilen habe.

3

Hassell on Bismarck

After the Franco-Prussian War and the establishment of the German Empire, Bismarck in the main showed wisdom and moderation in foreign affairs, viewing Germany as a "saturated nation" which could gain nothing from war. The tradition of the conservative master statesman, not merely of the man of blood and iron, has lived on among some thoughtful Germans. One of these was Ulrich von Hassell, a leader in the attempted uprising against the Nazis on July 20, 1944, who wrote some notes about Bismarck in his diary a few weeks before the Nazis caught and executed him and his associates.

(From Hassell: *Vom andern Deutschland*)

Deutschland, in Europas° Mitte gelegen, ist das Herz Europas. Europa kann nicht „leben" ohne ein gesundes, kräftiges Herz. Ich habe mich in den letzten Jahren viel mit Bismarck beschäftigt, und er wächst als Außenpolitiker dauernd bei mir. Es ist bedauerlich, welch falsches Bild wir 5 selbst in der Welt von ihm erzeugt haben, als dem Gewaltspolitiker mit Kürassierstiefeln. Er hat es verstanden, in einziger Weise in der Welt Vertrauen zu erwecken, genau umgekehrt wie heute. In Wahrheit waren die höchste Diplomatie° und das Maßhalten seine großen Gaben. 1

Außenpolitiker *person dealing with foreign policy*

Gewaltspolitiker *person using power politics*
Kürassierstiefeln *curassier's boots*

Maßhalten *moderation*

206

XVI

Friedrich Nietzsche

ALSO SPRACH ZARATHUSTRA

The fame of Friedrich Nietzsche has grown enormously all through the twentieth century. Until the last decade of his life, this philosopher-poet was not very widely known. Then his followers gradually spread his renown as the man who had warned that the civilization of the nineteenth century was doomed, and who had tried to set up new standards "beyond good and evil"; to create a new ideal, the „Übermensch," that would overcome what he believed to be the negation inherent in Christianity, democracy and materialism. Many Germans, especially the younger generation, took him all too seriously, accepted unquestioningly his biting criticism of the world as it was, and tried to follow his vague and rhapsodic solutions for its evils.

1

Nietzsche composed his chief work, Also sprach Zarathustra, *in a few days, under what seemed to him a prophetic spell. In the beginning, the seer Zarathustra, after spending ten solitary years in a mountain cave, descends to preach his new dogma, the ,,Übermensch," to humanity. The following passages, from the early pages, tell of Zarathustra's encounter with a crowd gathered to watch a tight-rope walker. You will hear echoes of Luther's Bible in the style, and see how Darwin and the theory of evolution have affected the thought.*

daselbst *there*
verheißen (inf.) *to promise*

Als Zarathustra in die nächste Stadt kam, die an den Wäldern liegt, fand er daselbst viel Volk versammelt auf dem Markte: denn es war verheißen worden, daß man einen Seiltänzer sehen solle. Und Zarathustra sprach also zum Volke:

Ich lehre euch den Übermenschen. Der Mensch 5 ist etwas, das überwunden werden soll. Was habt ihr getan, ihn zu überwinden?

Alle Wesen bisher schufen etwas über sich hinaus: und ihr wollt die Ebbe° dieser großen Flut sein und lieber noch zum Tiere zurückgehn, als den Menschen überwinden? 10

Was ist der Affe für den Menschen? Ein Gelächter oder eine schmerzliche Scham. Und ebendas soll der Mensch für den Übermenschen sein: ein Gelächter oder eine schmerzliche Scham.

Ihr habt den Weg vom Wurme zum Menschen gemacht, 15 und vieles ist in euch noch Wurm. Einst wart ihr Affen, und auch jetzt noch ist der Mensch mehr Affe, als irgend ein Affe.

Seht, ich lehre euch den Übermenschen!

Der Übermensch ist der Sinn der Erde, Euer Wille sage: der Übermensch sei der Sinn der Erde! 20

beschwöre *adjure*

Ich beschwöre euch, meine Brüder, bleibt der Erde treu und glaubt denen nicht, welche euch von überirdischen Hoffnungen reden! Giftmischer sind es, ob sie es wissen oder nicht.

absterben (inf.) *to expire*

Verächter des Lebens sind es, Absterbende und selber 25 Vergiftete, deren die Erde müde ist: so mögen sie dahinfahren!

Einst blickte die Seele verächtlich auf den Leib: und damals war diese Verachtung das Höchste: — sie wollte ihn

mager *thin, meager*
gräßlich *horrible*
entschlüpfen *escape from*

mager, gräßlich, verhungert. So dachte sie, ihm und der Erde zu entschlüpfen. 30

Wollust *lust*

O diese Seele war selber noch mager, gräßlich und verhungert: und Grausamkeit war die Wollust dieser Seele!

208

Aber auch ihr noch, meine Brüder, sprecht mir: was
kündet euer Leib von eurer Seele? Ist eure Seele nicht Armut
und Schmutz und ein erbärmliches Behagen?

Wahrlich, ein schmutziger Strom ist der Mensch. Man
5 muß schon ein Meer sein, um einen schmutzigen Strom
aufnehmen zu können, ohne unrein zu werden.

Seht, ich lehre euch den Übermenschen: der ist dies
Meer, in ihm kann eure große Verachtung untergehn.

Was ist das Größte, das ihr erleben könnt? Das ist die
10 Stunde der großen Verachtung. Die Stunde, in der euch
auch euer Glück zum Ekel wird und ebenso eure Vernunft
und eure Tugend.

Die Stunde, wo ihr sagt: „Was liegt an meinem Glücke!
Es ist Armut und Schmutz und ein erbärmliches Behagen.
15 Aber mein Glück sollte das Dasein selber rechtfertigen!"

Die Stunde, wo ihr sagt: „Was liegt an meiner Vernunft!
Begehrt sie nach Wissen wie der Löwe nach seiner Nahrung?
Sie ist Armut und Schmutz und ein erbärmliches Behagen!"

Die Stunde, wo ihr sagt: „Was liegt an meiner Tugend!
20 Noch hat sie mich nicht rasen gemacht. Wie müde bin ich
meines Guten und meines Bösen! Alles das ist Armut und
Schmutz und ein erbärmliches Behagen!"

Spracht ihr schon so? Schriet ihr schon so? Ach, daß
ich euch schon so schreien gehört hätte!

25 Wo ist doch der Blitz, der euch mit seiner Zunge lecke?
Wo ist der Wahnsinn, mit dem ihr geimpft werden müßtet?

Seht, ich lehre euch den Übermenschen: der ist dieser
Blitz, der ist dieser Wahnsinn! —

Als Zarathustra so gesprochen hatte, schrie einer aus
30 dem Volke: „Wir hörten nun genug von dem Seiltänzer;
nun laßt uns ihn auch sehen!" Und alles Volk lachte über
Zarathustra.

Zarathustra aber sahe das Volk an und wunderte sich.
Dann sprach er also:

35 Der Mensch ist ein Seil, geknüpft zwischen Tier und
Übermensch, — ein Seil über einem Abgrunde.

Was groß ist am Menschen, das ist, daß er eine Brücke
und kein Zweck ist: was geliebt werden kann am Menschen,
das ist, daß er ein Übergang und ein Untergang ist.

40 Ich liebe Die, welche nicht erst hinter den Sternen
einen Grund suchen, unterzugehen und Opfer zu sein:
sondern die sich der Erde opfern, daß die Erde einst des
Übermenschen werde.

künden (inf.) *to make known*
erbärmliches *wretched*

Ekel *disgust*

rasen *rave, be delirious*

lecken (inf.) *to lick*
geimpft *inoculated*

209

Ich liebe Den, welcher lebt, damit er erkenne, und welcher erkennen will, damit einst der Übermensch lebe. Und so will er seinen Untergang.

Ich liebe Den, welcher arbeitet und erfindet, daß er dem Übermenschen das Haus baue und zu ihm Erde, Tier und Pflanze vorbereite: denn so will er seinen Untergang.

Ich liebe Den, welcher seine Tugend liebt: denn Tugend ist Wille zum Untergang und ein Pfeil der Sehnsucht.

Ich liebe Den, dessen Seele sich verschwendet, der nicht Dank haben will und nicht zurückgibt: denn er schenkt immer und will sich nicht bewahren.

Würfel die   Ich liebe Den, welcher sich schämt, wenn der Würfel zu seinem Glücke fällt, und der dann fragt: bin ich denn ein falscher Spieler? — denn er will zugrunde gehen.

Ich liebe Den, welcher goldne Worte seinen Taten voraus wirft und immer noch mehr hält, als er verspricht: denn er will seinen Untergang.

züchtigt chastises   Ich liebe Den, welcher seinen Gott züchtigt, weil er seinen Gott liebt: denn er muß am Zorne seines Gottes zugrunde gehen.

Ich liebe Den, dessen Seele übervoll ist, so daß er sich selber vergißt, und alle Dinge in ihm sind: so werden alle Dinge sein Untergang.

Ich liebe alle Die, welche wie schwere Tropfen sind, einzeln fallend aus der dunklen Wolke, die über den Menschen hängt: sie verkündigen, daß der Blitz kommt, und gehn als Verkündiger zugrunde.

verkündigen announce, proclaim
Verkündiger proclaimers, prophets

Seht, ich bin ein Verkündiger des Blitzes, und ein schwerer Tropfen aus der Wolke: dieser Blitz aber heißt Übermensch.

2

Near the end of the third book of <u>Also sprach Zarathustra</u> is a crucial chapter, „Von alten und neuen Tafeln," in which Zarathustra-Nietzsche appears as the great overthrower of old standards, and the prophet setting up new tables of law.

Hier sitze ich und warte, alte zerbrochene Tafeln um mich und auch neue halb beschriebene Tafeln. Wann kommt meine Stunde?

Die Stunde meines Niederganges, Unterganges: denn noch ein Mal will ich zu den Menschen gehn.

O meine Brüder, wer ein Erstling ist, der wird immer geopfert. Nun aber sind wir Erstlinge.

> Erstling *first-born*

Wir bluten alle an geheimen Opfertischen, wir brennen und braten alle zu Ehren alter Götzenbilder.

> Götzenbilder *idols*

O meine Brüder, bin ich denn grausam? Aber ich sage: was fällt, das soll man auch noch stoßen!

Das Alles von heute — das fällt, das verfällt: wer wollte es halten! Aber ich — ich will es noch stoßen!

Ein Vorspiel bin ich besserer Spieler, o meine Brüder! Ein Beispiel! Tut nach meinem Beispiele!

O meine Brüder, ich weihe und weise euch zu einem neuen Adel: ihr sollt mir Zeuger und Züchter werden und Säemänner der Zukunft, —

> weihe *consecrate*
> Adel *nobility*
> Züchter *breeders*

— wahrlich, nicht zu einem Adel, den ihr kaufen könntet gleich den Krämern und mit Krämer-Golde: denn wenig Wert hat alles, was seinen Preis hat.

> Krämern *shopkeepers, merchants*

Nicht, woher ihr kommt, mache euch fürderhin eure Ehre, sondern wohin ihr geht! Euer Wille und euer Fuß, der über euch selber hinaus will, — das mache eure neue Ehre.

> fürderhin *henceforth*

Nicht, daß euer Geschlecht an Höfen höfisch wurde, und ihr lerntet, bunt, einem Flamingo° ähnlich, lange Stunden in flachen Teichen stehn:

O meine Brüder, nicht zurück soll euer Adel schauen, sondern hinaus! Vertriebene sollt ihr sein aus allen Vater- und Urväterländern!

> Vertriebene *exiles*

Eurer Kinder Land sollt ihr lieben: diese Liebe sei euer neuer Adel, — das unentdeckte, im fernsten Meere! Nach ihm heiße ich eure Segel suchen und suchen!

An euren Kindern sollt ihr gut machen, daß ihr eurer Väter Kinder seid: alles Vergangene sollt ihr so erlösen! Diese neue Tafel stelle ich über euch!

Nietzsches Handschrift

XVII

Thomas Mann

BUDDENBROOKS

In 1929, Thomas Mann was awarded the Nobel Prize for Literature, "principally for his great novel Buddenbrooks, which in the course of years has received recognition as one of the classic works of contemporary literature," according to the official citation. Although Thomas Mann is better known in America for his Magic Mountain (Der Zauberberg—1924), his Buddenbrooks, first published in 1900, has been a "best seller" in Germany since it was published, except during the Nazi rule, when its sale was prohibited.

Buddenbrook is a family name, and the subtitle, Verfall einer Familie, indicates the underlying tone of pessimism and decadence which pervades the work. Yet the writing is full of vigor and humor, and although one never loses touch with the menacing and tragic undercurrents, these are held in balance by the entertaining satirical, or rather ironic, portrayal of the social background, and the sympathetic treatment of the problems of the Buddenbrook family.

All this is abundantly in evidence in the following excerpt. It is taken from the last section of the book, when, after having witnessed the passing of three generations of Buddenbrooks, we are given a penetrating insight into the life of young Hanno, the last of the line. He has a morbidly sensitive, artistic temperament, so delicate and fragile that he cannot face life. He is shy and lonely and terrified at the thought of having to take his place in society. His early death from typhus rescues him from the tortures which would inevitably have faced him if he had lived on.

Some fifty pages of the novel describe a day at school with Hanno, and the excerpt to follow is a part of that day, the Latin class. Comedy, satire and irony are here consummately blended with a warmly human understanding and sympathy, while the pathos of Hanno's inability to face the harshness of reality is always present just below the surface.

Thomas Mann (rechts) mit seiner Mutter und seinen Geschwistern, 1879

Es ward still in der Klasse°, und alles stand einmütig auf, als Oberlehrer Doktor Mantelsack eintrat. Er war der Ordinarius, und es war Sitte, vor dem Ordinarius Respekt° zu haben. Er zog die Tür hinter sich zu, indem er sich bückte,
5 reckte den Hals, um zu sehen, ob alle standen, hing seinen Hut an den Nagel und ging dann rasch zum Katheder, wobei er seinen Kopf in schnellem Wechsel hob und senkte. Hier nahm er Aufstellung und sah ein wenig zum Fenster hinaus, indem er seinen ausgestreckten Zeigefinger, an dem ein großer
10 Siegelring saß, zwischen Kragen und Hals hin und her bewegte. Er war ein mittelgroßer Mann mit dünnem, ergrautem Haar, und kurzsichtig hervortretenden saphirblauen° Augen, die hinter den scharfen Brillengläsern glänzten.

einmütig *with one accord*
Oberlehrer (*title of certified secondary school teacher*)
Ordinarius (*approximately: home-room teacher*)
reckte *stretched*

Katheder *desk on a platform*

nahm er Aufstellung *he took his place*

Plötzlich wandte er den Kopf vom Fenster weg, stieß einen kleinen freundlichen Seufzer aus, indem er in die lautlose Klasse hineinblickte, sagte „Ja, ja!" und lächelte mehrere Schüler zutraulich an. Er war guter Laune, es war offenbar. Eine Bewegung der Erleichterung ging durch den Raum. Es kam so viel, es kam alles darauf an, ob Doktor Mantelsack guter Laune war oder nicht, denn man wußte, daß er sich seinen Stimmungen unbewußt und ohne die geringste **Selbstkritik** überließ. Er war von einer ganz **ausnehmenden**, grenzenlos naiven° Ungerechtigkeit, und seine Gunst war hold und **flatterhaft** wie das Glück. Stets hatte er ein paar Lieblinge, zwei oder drei, die er „Du" und mit Vornamen nannte, und die es gut hatten wie im Paradiese°. Sie konnten beinahe sagen, was sie wollten, und es war dennoch richtig; und nach der Stunde plauderte Doktor Mantelsack aufs menschlichste mit ihnen. Eines Tages jedoch, vielleicht nach den Ferien, Gott allein wußte, warum, war man gestürzt, vernichtet, **abgeschafft**, verworfen, und ein anderer wurde mit Vornamen genannt . . . Diesen **Glückseligen** pflegte er die Fehler in den **Extemporalien** ganz leicht und **zierlich anzustreichen**, so daß ihre Arbeiten auch bei großer Mangelhaftigkeit einen reinlichen **Aspekt** behielten. In anderen Heften aber fuhr er mit breiter und zorniger Feder umher und **überschwemmte** sie mit Rot, so daß sie einen abschreckenden und **verwahrlosten** Eindruck machten. Und da er die Fehler nicht zählte, sondern die **Zensuren** je nach der Menge von roter Tinte erteilte, so gingen seine Günstlinge mit großem Vorteil aus der Sache hervor. Bei diesem Verfahren dachte er sich nicht das geringste, sondern fand es vollständig in der Ordnung und ahnte nichts von **Parteilichkeit**. Hätte jemand den traurigen Mut besessen, dagegen zu protestieren°, so wäre er der Aussicht verlustig gegangen, jemals **geduzt** und mit Vornamen genannt zu werden. Und diese Hoffnung ließ niemand fahren . . .

Nun kreuzte Doktor Mantelsack im Stehen die Beine und blätterte in seinem Notizbuch°. Hanno Buddenbrook saß **vornüber** gebeugt und rang unter dem Tische die Hände. Das B, der Buchstabe B, war an der Reihe! Gleich würde sein Name ertönen, und er würde aufstehen und nicht eine Zeile wissen, und es würde einen Skandal° geben, eine laute, schreckliche Katastrophe°, so guter Laune der Ordinarius auch sein mochte . . . Die Sekunden° dehnten sich **martervoll**, „Buddenbrook" . . . jetzt sagte er „Buddenbrook" . . .

214

Marginal glossary:

Selbstkritik *self-criticism*
ausnehmenden *exceptional*

flatterhaft *fickle*

abgeschafft *done for*
Glückseligen *fortunate boys*
Extemporalien *class tests*
zierlich anzustreichen *to mark neatly*
bei großer Mangelhaftigkeit *when full of errors*
Aspekt *appearance*
überschwemmte *inundated*
verwahrlosten *disorderly*
Zensuren *grades*

Parteilichkeit *partiality*

geduzt *addressed as „du"*

vornüber *forward*

martervoll *excruciatingly*

„Edgar!" sagte Doktor Mantelsack, schloß sein Notizbuch, indem er seinen Zeigefinger darin stecken ließ, und setzte sich aufs Katheder, als ob nun alles in bester Ordnung sei.

5 Was? Wie war das? Edgar . . . Das war Lüders°, der dicke Lüders dort, am Fenster, der Buchstabe L, der nicht im entferntesten an der Reihe war! Nein, war es möglich? Doktor Mantelsack war so guter Laune, daß er einfach einen Liebling herausgriff und sich gar nicht darum kümmerte, wer heute ordnungsmäßig vorgenommen werden mußte . . .

10

herausgriff *selected at random*

215

Lübeck: Blick auf Trave und Holstentor

ablesen *read off (the other boy's book)*

wie jammerschade *what a great pity*
mich dünkt *I think*

aufrief *called on*

Rückschritte machst *will fall behind in your work*
ihn vertreten *take his place*

Der dicke Lüders stand auf. Obgleich er einen vorzüglichen Platz innehatte und mit Bequemlichkeit hätte ablesen können, war er auch hierzu zu träge. Er fühlte sich zu sicher im Paradiese° und antwortete einfach: „Ich habe gestern wegen Kopfschmerzen nicht lernen können." 5

„Oh, du lässest mich im Stich, Edgar?" sagte Doktor Mantelsack betrübt . . . „Du willst mir die Verse vom goldenen Zeitalter nicht sprechen? Wie jammerschade, mein Freund! Hattest du Kopfschmerzen? Aber mich dünkt, du hättest mir das zu Beginn° der Stunde sagen sollen, bevor° ich dich 10 aufrief . . . Hattest du nicht schon neulich Kopfschmerzen gehabt? Du solltest etwas dagegen tun, Edgar, denn sonst ist die Gefahr nicht ausgeschlossen, daß du Rückschritte machst. . . . Timm, wollen Sie ihn vertreten."

Lüders setzte sich. In diesem Augenblick war er all- 15 gemein verhaßt. Man sah deutlich, daß des Ordinarius Laune beträchtlich gesunken war, und daß Lüders vielleicht schon

216

in der nächsten Stunde würde mit Nachnamen genannt werden . . . Timm stand auf, in einer der hintersten Bänke. Er rückte hastig sein offenes Buch zurecht, indem er angestrengt geradeaus blickte. Dann senkte er den Kopf und 5 begann vorzulesen, langgezogen, stockend und monoton°, wie ein Kind aus der Fibel: „*Aurea prima sata est aetas* . . .“

rückte . . . zurecht *adjusted*

Fibel *primer*

Es war klar, daß Doktor Mantelsack heute außerhalb jeder Ordnung fragte und sich gar nicht darum kümmerte, wer am längsten nicht examiniert° worden war. Es war jetzt 10 nicht mehr so drohend wahrscheinlich, daß Hanno aufgerufen wurde, es konnte nur noch durch einen unseligen Zufall geschehen. Er wechselte einen glücklichen Blick mit Kai° und fing an, seine Glieder ein wenig abzuspannen und auszuruhen . . .

abzuspannen *to relax*

15 Plötzlich ward Timm in seiner Lektüre unterbrochen. Sei es nun, daß Doktor Mantelsack den Rezitierenden nicht recht verstand, oder daß er sich Bewegung zu machen wünschte: er verließ das Katheder, lustwandelte gemächlich durch die Klasse und stellte sich, seinen Ovid° in der Hand, 20 dicht neben Timm, der mit kurzen unsichtbaren Bewegungen sein Buch beiseitegeräumt hatte und nun vollkommen hilflos war. Er schnappte mit seinem trichterförmigen Munde, blickte den Ordinarius mit blauen, ehrlichen, verstörten Augen an und brachte nicht eine Silbe mehr zustande.

Lektüre *reading*
Rezitierenden *reciting boy*

lustwandelte gemächlich
strolled in a leisurely way

beiseitegeräumt *shoved aside*
schnappte *gasped*
trichterförmigen *funnel-
shaped*
verstörten *troubled*

25 „Nun, Timm“, sagte Doktor Mantelsack . . . „Jetzt geht es auf einmal nicht mehr?“

Und Timm griff sich nach dem Kopf, rollte° die Augen, atmete heftig und sagte schließlich mit einem irren Lächeln: „Ich bin so verwirrt, wenn Sie bei mir stehen, Herr Doktor.“

30 Auch Doktor Mantelsack lächelte; er lächelte geschmeichelt und sagte: „Nun, sammeln Sie sich und fahren Sie fort.“ Damit wandelte er zum Katheder zurück.

Und Timm sammelte sich. Er zog sein Buch wieder vor sich hin, öffnete es, indem er, sichtlich nach Fassung ringend, 35 im Zimmer umherblickte, senkte dann den Kopf und hatte sich wiedergefunden.

„Ich bin befriedigt“, sagte der Ordinarius, als Timm geendet hatte. „Sie haben gut gelernt, das steht außer Zweifel. Nur entbehren Sie zu sehr des rhythmischen° Gefühles, 40 Timm. Über die Bindungen sind Sie sich klar, und dennoch haben Sie nicht eigentlich Hexameter° gesprochen. Ich habe den Eindruck, als ob Sie das Ganze wie Prosa° auswendig gelernt hätten . . . Aber wie gesagt, Sie sind fleißig gewesen,

Bindungen *elisions*

217

Sie haben Ihr Bestes getan, und wer immer strebend sich bemüht . . . Sie können sich setzen."

Timm setzte sich stolz und strahlend, und Doktor Mantelsack schrieb eine wohl befriedigende Note hinter seinen Namen. Das Merkwürdige aber war, daß in diesem Augenblick nicht allein der Lehrer, sondern auch Timm selbst und seine sämtlichen Kameraden° der aufrichtigen Ansicht waren, daß Timm wirklich und wahrhaftig ein guter und fleißiger Schüler sei, der seine gute Note vollauf verdient hatte. Auch Hanno Buddenbrook war außerstande, sich diesem Eindruck zu entziehen, obgleich er fühlte, wie etwas in ihm sich mit Widerwillen dagegen wehrte . . . Wieder horchte er angespannt auf den Namen, der nun ertönen würde . . .

„Mumme!" sagte Doktor Mantelsack. „Noch einmal! *Aurea prima* . . . ?"

Also Mumme! Gott sei gelobt, nun war Hanno wohl in Sicherheit! Zum drittenmal würden die Verse kaum rezitiert werden müssen, und bei der Neupräparation war der Buchstabe B erst kürzlich an der Reihe gewesen . . .

Mumme erhob sich. Er war ein langer, bleicher Mensch mit zitternden Händen und außerordentlich großen, runden Brillengläsern. Er war augenleidend und so kurzsichtig, daß es ihm unmöglich war, im Stehen aus einem vor ihm liegenden Buche zu lesen. Er mußte lernen, und er hatte gelernt. Da er aber herzlich unbegabt war und außerdem nicht geglaubt hatte, heute aufgerufen zu werden, so wußte er dennoch nur wenig und verstummte schon nach den ersten Worten. Doktor Mantelsack half ihm ein, er half ihm zum zweiten Male mit schärferer Stimme und zum dritten Male mit äußerst gereiztem Tone° ein; als aber Mumme dann ganz und gar festsaß, wurde der Ordinarius von heftigem Zorne ergriffen.

„Das ist vollständig ungenügend, Mumme! Setzen Sie sich hin! Sie sind eine traurige Figur°, dessen können Sie versichert sein, Sie Kretin°! Dumm und faul ist zuviel des Guten . . ."

Mumme versank. Er sah aus wie das Unglück, und es gab in diesem Augenblicke niemanden im Zimmer, der ihn nicht verachtet hätte. Abermals stieg ein Widerwille, eine Art von Brechreiz in Hanno Buddenbrook auf und schnürte ihm die Kehle zusammen. Gleichzeitig aber beobachtete er mit entsetzlicher Klarheit, was vor sich ging. Doktor Mantelsack

---

Note *mark*

vollauf *completely*
außerstande *unable*

angespannt *tensely*

rezitiert *recited*
Neupräparation *new preparation*

half . . . ein *prompted*

festsaß *bogged down*

Brechreiz *nausea*
schnürte ihm die Kehle zusammen *choked him*

218

malte heftig ein Zeichen von böser Bedeutung hinter Mummes Namen und sah sich dann mit finsteren Brauen in seinem Notizbuch um. Aus Zorn ging er zur Tagesordnung über, sah nach, wer eigentlich an der Reihe war, es war klar! Und als Hanno von dieser Erkenntnis gerade gänzlich überwältigt war, hörte er auch schon seinen Namen, hörte ihn wie in einem bösen Traum.

„Buddenbrook!" — Doktor Mantelsack hatte „Buddenbrook" gesagt, der Schall war noch in der Luft, und dennoch glaubte Hanno nicht daran. Ein Sausen war in seinen Ohren   Sausen *roaring* entstanden. Er blieb sitzen.

„Herr Buddenbrook!" sagte Doktor Mantelsack und starrte ihn mit seinen saphirblauen°, hervorquellenden Augen   hervorquellenden *bulging* an, die hinter den scharfen Brillengläsern glänzten . . . „Wollen Sie die Güte haben?"

Gut, also es sollte so sein. So hatte es kommen müssen. Ganz anders, als er es sich gedacht hatte, aber nun war dennoch alles verloren. Er war nun gefaßt. Ob es wohl ein sehr großes Gebrüll geben würde? Er stand auf und war im   Gebrüll *blow-up* Begriffe, eine unsinnige und lächerliche Entschuldigung vorzubringen, zu sagen, daß er „vergessen" habe, die Verse zu lernen, als er plötzlich gewahrte, daß sein Vordermann   sein Vordermann *the boy* ihm das offene Buch hinhielt.   *sitting in front of him*

Er wies sogar mit dem Zeigefinger auf die Stelle, wo anzufangen war . . .

Und Hanno starrte dorthin und fing an zu lesen. Mit wankender Stimme und verzogenen Brauen und Lippen°   wankender *quavering* las er von dem goldenen Zeitalter. Er las mit gequältem und   verzogenen *twisted* angeekeltem Gesichtsausdruck, las mit Willen schlecht und   angeekeltem *disgusted* unzusammenhängend, vernachlässigte absichtlich einzelne Bindungen, die in Kilians° Buch mit Bleistift angegeben waren, sprach fehlerhafte Verse, stockte und arbeitete sich scheinbar nur mühsam vorwärts, immer gewärtig, daß der Ordinarius   gewärtig *expecting* alles entdecken und sich auf ihn stürzen werde . . . Der diebische Genuß, das offene Buch vor sich zu sehen, verursachte ein Prickeln in seiner Haut; aber er war voll Widerwillen und   Prickeln *prickling sensation* betrog mit Absicht so schlecht wie möglich, nur um den Betrug dadurch weniger gemein zu machen. Dann schwieg er, und es entstand eine Stille, in der er nicht aufzublicken wagte. Diese Stille war entsetzlich; er war überzeugt, daß Doktor Mantelsack alles gesehen habe, und seine Lippen waren ganz weiß. Schließlich aber seufzte der Ordinarius und sagte:

„O Buddenbrook, *si tacuisses!* Sie entschuldigen wohl ausnahmsweise das klassische° Du! . . . Wissen Sie, was Sie getan haben? Sie haben die Schönheit in den Staub gezogen, Sie haben sich benommen wie ein Vandale°, wie ein Barbar°, Sie sind ein amusisches Geschöpf, Buddenbrook, man sieht es 5 Ihnen an der Nase an! Wenn ich mich frage, ob Sie die ganze Zeit gehustet oder erhabene Verse gesprochen haben, so neige ich mehr der ersteren Ansicht zu. Timm hat wenig rhythmisches° Gefühl entwickelt, aber gegen Sie ist er ein Genie, ein Rhapsode . . . Setzen Sie sich, Unseliger. Sie haben 10 gelernt, gewiß, Sie haben gelernt. Ich kann Ihnen kein schlechtes Zeugnis geben. Sie haben sich wohl nach Kräften bemüht . . . Hören Sie, erzählt man sich nicht, daß Sie musikalisch° sind, daß Sie Klavier spielen? Wie ist das möglich? . . . Nun, es ist gut, setzen Sie sich, Sie mögen 15 fleißig gewesen sein, es ist gut."

Er schrieb eine befriedigende Note in sein Taschenbuch, und Hanno Buddenbrook setzte sich. Wie es vorhin bei dem Rhapsoden Timm gewesen war, so war es auch jetzt. Er konnte nicht umhin, sich durch das Lob, das in Doktor 20 Mantelsacks Worten enthalten gewesen war, aufrichtig getroffen zu fühlen. Er war in diesem Augenblick ernstlich der Meinung, daß er ein etwas unbegabter, aber fleißiger Schüler sei, der verhältnismäßig mit Ehren aus der Sache hervorgegangen war, und er empfand deutlich, daß seine 25 sämtlichen Klassengenossen, Hans Hermann Kilian nicht ausgeschlossen, ebenderselben Anschauung huldigten. Wieder regte sich etwas wie Übelkeit in ihm; aber er war zu ermattet, um über die Vorgänge nachzudenken. Bleich und zitternd schloß er die Augen und versank in Lethargie° . . . 30

Doktor Mantelsack aber setzte den Unterricht fort. Er ging zu den Versen über, die für heute neu zu präparieren° waren, und rief Petersen auf. Petersen erhob sich, frisch, munter und zuversichtlich, in tapferer Attitüde°, streitbar und bereit, den Strauß zu wagen. Und dennoch war ihm heute 35 der Untergang bestimmt! Ja, die Stunde sollte nicht vorübergehen, ohne daß eine Katastrophe° eintrat, weit schrecklicher als diejenige mit dem armen, kurzsichtigen Mumme . . .

Petersen übersetzte, indem er dann und wann einen Blick auf die andere Seite seines Buches warf, dorthin, wo er 40 eigentlich gar nichts zu suchen hatte. Er trieb dies mit Geschick. Er tat, als störe ihn dort etwas, fuhr mit der Hand darüber hin und blies darauf, als gelte es, ein Staubfäserchen

Thomas Mann um 1899

oder dergleichen zu entfernen, das ihn inkommodierte. Und
doch erfolgte nun das Entsetzliche.

    Doktor Mantelsack nämlich vollführte plötzlich eine
heftige Bewegung, die Petersen mit einer ebensolchen
5 Bewegung beantwortete. Und in demselben Augenblick verließ
der Ordinarius das Katheder, er stürzte sich förmlich kopfüber hinab und ging mit langen, unaufhaltsamen Schritten
auf Petersen zu.

    „Sie haben einen Schlüssel im Buche, eine Übersetzung",
10 sagte er, als er bei ihm stand.

    „Einen Schlüssel . . . ich . . . nein . . .", stammelte
Petersen.

    „Sie haben keinen Schlüssel im Buche?"

    „Nein . . . Herr Oberlehrer . . . Herr Doktor . . . Einen
15 Schlüssel? . . . Ich habe wahrhaftig keinen Schlüssel . . . Sie
befinden sich im Irrtum . . . Sie haben mich in einem falschen
Verdacht . . ." Petersen redete, wie man eigentlich nicht zu
reden pflegte. Die Angst bewirkte, daß er ordentlich gewählt
sprach, in der Absicht, dadurch den Ordinarius zu erschüttern.
20 „Ich betrüge nicht", sagte er aus übergroßer Not. „Ich bin
immer ehrlich gewesen . . . mein Lebtag!"

inkommodierte *bothered*

kopfüber *headlong*
unaufhaltsamen *irresistible*

stammelte *stammered*

ordentlich gewählt *in very elegant language*

mein Lebtag *my whole life long*

221

Aber Doktor Mantelsack war seiner traurigen Sache allzu sicher.

„Geben Sie mir Ihr Buch", sagte er kalt.

Petersen klammerte sich an sein Buch, er hob es beschwörend mit beiden Händen empor und fuhr fort, mit halb 5
gelähmter Zunge zu deklamieren: „Glauben Sie mir doch . . . Herr Oberlehrer . . . Herr Doktor . . . Es ist nichts im Buche . . . Ich habe keinen Schlüssel . . . Ich habe nicht betrogen . . . Ich bin immer ehrlich gewesen . . ."

„Geben Sie mir das Buch", wiederholte der Ordinarius 10 und stampfte mit dem Fuße.

Da erschlaffte Petersen, und sein Gesicht wurde ganz grau.

„Gut", sagte er und lieferte das Buch aus, „hier ist es. Ja, es ist ein Schlüssel darin! Sehen Sie selbst, da steckt 15 er! . . . Aber ich habe ihn nicht gebraucht!" schrie er plötzlich in die Luft hinein.

Allein Doktor Mantelsack überhörte diese unsinnige Lüge, die der Verzweiflung entsprang. Er zog den „Schlüssel" hervor, betrachtete ihn mit einem Gesicht, als hätte er 20 stinkenden° Unrat in der Hand, schob ihn in die Tasche und warf den Ovid° verächtlich auf Petersens Platz zurück. „Das Klassenbuch", sagte er dumpf.

Adolf Todtenhaupt brachte dienstbeflissen das Klassenbuch herbei, und Petersen erhielt einen Tadel wegen versuchten Betruges, was ihn auf lange Zeit hinaus vernichtete 25 und die Unmöglichkeit seiner Versetzung zu Ostern besiegelte. „Sie sind der Schandfleck der Klasse", sagte Doktor Mantelsack noch und kehrte dann zum Katheder zurück.

Petersen setzte sich und war gerichtet. Man sah deutlich, 30 wie sein Nebenmann ein Stück von ihm wegrückte. Alle betrachteten ihn mit einem Gemisch von Ekel, Mitleid und Grauen. Er war gestürzt, einsam und vollkommen verlassen, darum, daß er ertappt worden war. Es gab nur eine Meinung über Petersen, und das war die, daß er wirklich „der Schand- 35 fleck der Klasse" sei. Man anerkannte und akzeptierte seinen Fall° ebenso widerstandslos, wie man Timms und Buddenbrooks Erfolge und das Unglück des armen Mumme anerkannt und akzeptiert hatte . . . Und er selbst tat desgleichen.

Wer unter diesen fünfundzwanzig jungen Leuten von 40 rechtschaffener Konstitution°, stark und tüchtig für das Leben war, wie es ist, der nahm in diesem Augenblicke die Dinge völlig, wie sie lagen, fühlte sich nicht durch sie beleidigt und

klammerte sich *clung*
beschwörend *entreating*

deklamieren *declaim*

stampfte *stamped*

erschlaffte *wilted*

lieferte aus *handed over*

Unrat *garbage*

dienstbeflissen *dutifully, zealously*

Versetzung *promotion*
besiegelte *sealed*
Schandfleck *disgrace*

Ekel *disgust*

ertappt *caught*

anerkannte und akzeptierte *recognized and accepted*

222

fand, daß alles selbstverständlich und in der Ordnung sei. Aber es gab auch Augen, die sich in finsterer Nachdenklichkeit auf einen Punkt richteten . . . Der kleine Johann starrte auf Hans Hermann Kilians breiten Rücken, und seine
5 goldbraunen°, bläulich umschatteten Augen waren ganz voll von Abscheu, Widerstand und Furcht . . . Doktor Mantelsack aber fuhr fort zu unterrichten. Er rief einen anderen Schüler auf, irgendeinen, Adolf Todtenhaupt, weil er für heute ganz und gar die Lust verloren hatte, die Zweifelhaften zu prüfen.
10 Und dann kam noch einer daran, der mäßig vorbereitet war und nicht einmal wußte, was „*patula Jovis arbore, glandes*" hieß, weshalb Buddenbrook es sagen mußte . . . Er sagte es leise und ohne aufzublicken, weil Doktor Mantelsack ihn fragte, und erhielt ein Kopfnicken dafür.
15 Und als es mit den Produktionen° der Schüler zu Ende war, hatte die Stunde auch jedes Interesse° verloren. Doktor Mantelsack ließ einen Hochbegabten auf eigene Faust weiter übersetzen und hörte ebensowenig zu wie die anderen vierundzwanzig, die anfingen, sich für die nächste Stunde zu
20 präparieren°. Dies war nun gleichgültig. Man konnte niemandem ein Zeugnis dafür geben, noch überhaupt den dienstlichen Eifer darnach beurteilen . . . Auch war die Stunde nun gleich zu Ende. Sie war zu Ende; es schellte. So hatte es kommen sollen für Hanno. Sogar ein Kopfnicken hatte er bekommen.

umschatteten *shadowed*
Abscheu *loathing*

es schellte *the bell rang*

XVIII

Hugo von Hofmannsthal—Richard Strauss
DER ROSENKAVALIER

Der Rosenkavalier is one of the great operas of the twentieth century. First performed in 1911, it is the product of the combined artistry of two creative writers. The text, subtle, understated, full of finesse, is by the Austrian poet Hugo von Hofmannsthal; the music, robust, extrovertive, exuberant, is by the Bavarian Richard Strauss. It is surprising that two artists with such different temperaments could have joined forces to produce this delightful musical drama, both subtle and gay, vigorous yet artful, introvertive and extrovertive at the same time.

Audiences come to opera performances for the sake of the music, and through the centuries they have learned to be satisfied with a story and text of little or no literary merit. Opera singers too are accustomed to this, and they seldom have the command of acting techniques necessary for fine dramatic characterizations. Thus it is that many who know Der Rosenkavalier are unaware of its true stature as a work of art. For the play is in its own right a fine comedy by a masterful poet, and the music, though delightful as pure sound, is in fact most carefully interwoven with the text. Only a full awareness of this makes possible a true understanding of the work as a staged musical drama.

Richard Strauss

Hugo von Hofmannsthal

As a student of German, you can experience this at least partially in the two excerpts offered in this chapter. By achieving a full understanding of the text, and then listening to a recording of the opera with the words before you, you should get a sense for the high quality of the musical-literary characterizations and of the intimate relationship between words and musical sounds. Please bear in mind, however, that one important aspect of the work will inevitably be missing from the experiment — the visual. This opera, of all operas, must be seen to be fully comprehended.

1

The time is eighteenth century Vienna and Marie Therese, neglected wife of a Field Marshal of the Austrian Army, is the beloved of a young aristocrat, Octavian. On this morning their love-making is interrupted by what they at first think is the unexpected return of her husband. But it turns out to be the unwelcome visit of a distant relative of the Marschallin, a Baron Ochs (appropriately named!). He has come to Vienna in search of a rose-bearer to carry a ceremonial silver wedding rose to Sophie Faninal, the young daughter of a nouveau riche family, who is soon to be his bride. The girl's father is so flattered at the thought of his daughter's marriage to nobility that he has no eye for the coarseness and arrogant condescension of the boorish Baron. The Marschallin, though, is moved in the scene here presented from the close of Act One, to ponder the injustice of it all and to reflect that Octavian's youthful passion for her will inevitably pass. Her understated but profound thoughts on time are among the most impressive passages of the text.

Marschallin

aufgeblas'ne *inflated*

Da geht er hin, der aufgeblas'ne, schlechte Kerl,

Pinkel *pile*   und kriegt das hübsche, junge Ding und einen Pinkel Geld dazu,

(seufzend)

als müßt's so sein.

Und bildet sich noch ein, daß er es ist, der sich was vergibt.   5

sich erzürnen (inf.) *to get angry*   Was erzürn' ich mich denn? S'ist doch der Lauf der Welt.

Kann mich auch an ein Mädel erinnern,

kommandiert *marched off, ordered*   die frisch aus dem Kloster ist in den heiligen Eh'stand kommandiert word'n.

(nimmt den Handspiegel)

Wo ist die jetzt? Ja, such dir den Schnee vom vergangenen 10 Jahr.

(ruhig)

Das sag ich so: aber wie kann das wirklich sein, daß ich die

Resi *(pet name for Therese)*   kleine Resi war

226

Salzburger Festspiele: Edith Mathis als Sophie

und daß ich auch einmal die alte Frau sein werd'!...
Die alte Frau, die alte Marschallin!
„Siehgst es, da geht die alte Fürstin Resi!"
Wie kann denn das gescheh'n?
5 Wie macht denn das der liebe Gott?
Wo ich doch immer die gleiche bin.
Und wenn er's schon so machen muß,
warum laßt er mich zuschau'n dabei
mit gar so klarem Sinn? Warum versteckt er's nicht vor mir?

Marschallin *Field Marshal's wife*
siehgst es (dialect) = siehst (du) es

laßt = läßt (Viennese dialect)

(immer leiser)

Das alles ist geheim, so viel geheim

ertragt = erträgt Und man ist dazu da, daß man's ertragt.

(sehr ruhig)

Und in dem „Wie," da liegt der ganze Unterschied —

(Octavian tritt von rechts ein, in einem Morgenanzug mit Reitstiefeln.)

Marschallin

(ruhig, mit halbem Lächeln)

Ach, du bist wieder da?

Octavian

(zärtlich)

Und du bist traurig! 5

Marschallin

Es ist ja schon vorbei. Du weißt ja, wie ich bin.

Ein halb Mal lustig, ein halb Mal traurig.

halt *really, after all*   Ich kann halt meine Gedanken nicht kommandier'n°.
(colloquial)

Octavian

Ich weiß, warum du traurig bist, mein Schatz.

Weil du erschrocken bist und Angst gehabt hast. 1(

Hab ich nicht recht? Gesteh mir nur:

Du hast Angst gehabt, du Süße, du Liebe, um mich, um mich!

Marschallin

bißl = bißchen   Ein bißl vielleicht.

mich erfangen *got control of*   Aber ich hab mich erfangen und hab mir vorgesagt: Es wird
myself   schon nicht dafür steh'n.
vorgesagt *told*   Und wär's dafür gestanden? 1(
es wird schon nicht dafür
steh'n *it's not worth the effort*

Octavian

(heiter)

Und es war kein Feldmarschall.

spassiger *funny*   Nur ein spassiger Herr Vetter und du gehörst mir. Du gehörst
mir!

228

Marschallin

(ihn abwehrend)

Taverl, umarm Er nicht zu viel:
Wer allzuviel umarmt, der hält nichts fest.

Octavian

(leidenschaftlich)

Sag, daß du mir gehörst!

Marschallin

Oh, sei Er jetzt sanft, sei Er gescheit und sanft und gut.

(Octavian will lebhaft erwidern.)

5 Nein, bitt schön, sei Er nur nicht wie alle Männer sind.

Octavian

(mißtrauisch auffahrend)

Wie alle Männer?

Marschallin

(schnell gefaßt)

Wie der Feldmarschall und der Vetter Ochs.

Octavian

(nicht dabei beruhigt)

Bichette!

Marschallin

(mit Nachdruck)

Sei Er nur nicht wie alle Männer sind.

Octavian

(zornig)

10 Ich weiß nicht, wie alle Männer sind.

(plötzlich sanft)

Weiß nur, daß ich dich lieb hab.
Bichette, sie haben dich mir ausgetauscht,
Bichette, wo ist Sie denn?

abwehrend *holding off*

Taverl (*pet name for Octavian*)
Er (*18th century polite form of second person*)

gescheit *sensible*

bitt schön = bitte schön

auffahrend *starting up*

Bichette (*pet name*)

Nachdruck *emphasis*

ausgetauscht *changed*

Marschallin

(ruhig)

Sie ist wohl da, Herr Schatz.

Octavian

Ja, ist Sie da? Dann will ich Sie halten, daß Sie mir nicht
    wieder entkommt!

(leidenschaftlich)

Packen will ich Sie, packen, daß Sie es spürt,
zu wem Sie gehört.   5
Zu mir! Denn ich bin Ihr und Sie ist mein!

Marschallin

(sich ihm entwindend)

sich entwinden (inf.) *to free oneself (from)*

Quin-quin (*pet name*)

O sei Er gut, Quin-quin. Mir ist zumut,
daß ich die Schwäche von allem Zeitlichen recht spüren muß,
bis in mein Herz hinein:
wie man nichts halten soll, wie man nichts packen kann,   10
wie alles zerläuft zwischen den Fingern,
wie alles sich auflöst, wonach wir greifen,

Dunst *mist*

alles zergeht, wie Dunst und Traum.

Octavian

Mein Gott, wie Sie das sagt, Sie will mir doch nur zeigen,
daß Sie nicht an mir hängt.   15

(Er weint.)

Marschallin

Sie Er doch gut, Quin-quin.

(Er weint stärker.)

Sei Er doch gut, Quin-quin.
Jetzt muß ich noch den Buben dafür trösten,
daß er mich über kurz oder lang wird sitzen lassen.

streichelt *caresses*

(Sie streichelt ihn.)

Octavian

Über kurz oder lang?   20

(heftig)

Wer legt dir heut die Wörter in den Mund?

230

Marschallin

Daß Ihn das Wort so kränkt.

Octavian

Bichette.

Marschallin

Die Zeit im Grund, Quin-quin, die Zeit,

(*Er hält sich die Ohren zu.*)

die ändert doch nichts an den Sachen.
5 Die Zeit, die ist ein sonderbar Ding.
Wenn man so hinlebt, ist sie rein gar nichts.
Aber dann auf einmal, da spürt man nichts als sie:
sie ist um uns herum, sie ist auch in uns drinnen.
In den Gesichtern rieselt sie, im Spiegel da rieselt sie,
10 in meinen Schläfen fließt sie.
Und zwischen mir und dir da fließt sie wieder,
Lautlos, wie eine Sanduhr.
O Quin-quin! Manchmal hör ich sie fließen — unaufhaltsam.
Manchmal steh ich auf, mitten in der Nacht,
15 und laß die Uhren alle, alle stehn.
Allein man muß sich auch vor ihr nicht fürchten.
Auch sie ist ein Geschöpf des Vaters,
der uns alle erschaffen hat.

rieselt *ripples, moves along*

Schläfen *temples*

Octavian

(*mit ruhiger Zärtlichkeit*)

Mein schöner Schatz, will Sie sich traurig machen mit Gewalt?
20 Wo Sie mich da hat,
wo ich meine Finger in Ihre Finger schlinge,
wo ich mit meinen Augen Ihre Augen suche,
wo Sie mich da hat, gerade da ist Ihr so zumut?

Marschallin

(*sehr ernst*)

Quin-quin, heut oder morgen geht Er hin
25 und gibt mich auf um einer andern willen,

(*etwas zögernd*)

die jünger und schöner ist als ich.

Octavian

Willst du mit Worten mich von dir stoßen,
weil dir die Hände den Dienst nicht tun?

Marschallin

(*ruhig*)

Der Tag kommt ganz von selber.
Heut oder morgen kommt der Tag, Octavian.

Octavian

Nicht heut, nicht morgen: ich hab dich lieb.
Nicht heut, nicht morgen!
Wenn's so einen Tag geben muß, ich denk ihn nicht.   5
Solch schrecklichen Tag! Ich will den Tag nicht sehn.

(*sehr leidenschaftlich*)

Ich will den Tag nicht denken.
Was quälst du dich und mich, Theres'?

Marschallin

Heut oder morgen oder den übernächsten Tag.
Nicht quälen will ich dich, mein Schatz.   1
Ich sag, was wahr ist, sag's zu mir so gut als wie zu dir.
Leicht will ich's machen dir und mir.
Leicht muß man sein, mit leichtem Herz und leichten Händen
halten und nehmen, halten und lassen . . .

erbarmt sich *takes pity on*   Die nicht so sind, die straft das Leben und Gott erbarmt sich 1
ihrer nicht.

Octavian

Pater *priest*   Sie spricht ja heute wie ein Pater.
Soll das heißen, daß ich Sie nie, nie mehr
werde küssen dürfen, bis Ihr der Atem ausgeht?

Marschallin

(*sanft*)

Quin-quin, Er soll jetzt gehn, Er soll mich lassen.   2
Kirchn = Kirche (dialect)   Ich werd jetzt in die Kirchn geh'n
und später fahr ich zum Onkel Greifenklau,
der alt und gelähmt ist,
und eß mit ihm; das freut den alten Mann.
Und nachmittag werd' ich Ihm einen Laufer schicken, 2
Quin-quin, und sagen lassen,
Prater (*park in Vienna*)   ob ich in den Prater fahr.
Und wenn ich fahr, und Er hat Lust, so wird Er auch in den
Prater kommen

232

und neben meinem Wagen reiten.
Jetzt sei Er gut und folg Er mir.

Octavian
(*leise*)

Wie Sie befiehlt, Bichette.

(*Er geht. Eine Pause°. Die Marschallin fährt leidenschaftlich auf.*)

Marschallin

Ich hab ihn nicht einmal geküßt!

(*Sie klingelt heftig, Lakaien kommen herein von rechts.*)   Lakaien *lackeys*

5 Lauft's dem Herrn Grafen nach   lauft's (*dialect: plural
und bittet's ihn noch auf ein Wort herauf.   imperative*)

(*Lakaien schnell ab.*)

Ich hab ihn fortgehn lassen und ihn nicht einmal geküßt!

(*Die Lakaien kommen zurück außer Atem.*)

Erster Lakai

Der Herr Graf sind auf und davon.   sind (*deferential plural*)

Zweiter Lakai

Gleich beim Tor sind aufgesessen.   aufgesessen *mounted*

Dritter Lakai

10 Reitknecht hat gewartet.

Vierter Lakai

Gleich beim Tor sind aufgesessen wie der Wind.

Erster Lakai

Waren um die Ecken wie der Wind.

Zweiter Lakai

Um die Ecken wie der Wind . . .

Dritter Lakai

Um die Ecken wie der Wind . . .

Vierter Lakai

15 Waren um die Ecken wie der Wind.

Dritter Lakai

Wir haben geschrien . . .

Zweiter Lakai

Sind nachgelaufen.

Erster Lakai

War umsonst.

Dritter Lakai

Waren um die Ecken wie der Wind.

Marschallin

Es ist gut, geht nur wieder.   5

> (*Die Lakaien ziehen sich zurück.*)

Marschallin

> (*ruft nach*)

Den Mohammed!

> (*Der kleine Neger herein, verneigt sich.*)

Marschallin

Das da trag —

> (*Der Neger nimmt eifrig das Saffianfutteral.*)

Saffianfutteral *morocco leather case*

Weißt ja nicht wohin. Zum Grafen Octavian.
Gib's ab und sag:

> (*sehr ruhig*)

Da drinn ist die silberne° Ros'n° . . .   10
Der Herr Graf weiß ohnehin . . .

> (*Der Neger läuft ab. Die Marschallin stützt den Kopf in die Hand, und bleibt so in träumerischer Haltung bis zum Schluß.*)

Vorhang.

2

In the second act, Octavian, at the request of the Marschallin, has consented to be rose-bearer ("Rosenkavalier") for Baron Ochs and calls on Sophie to present the silver rose. Almost immediately the two young people fall in love. The third act takes place in a somewhat disreputable country inn. Most of the act is devoted to a farcical plot and masquerade in which the Baron is publicly exposed as a philanderer and forced to withdraw from the marriage to Sophie. After considerable tumult, a large crowd of participants in the action and onlookers leave the stage, and only the Marschallin, Octavian and Sophie remain. The excerpt given here begins at this point and continues to the end of the opera. Marie Therese sees that she has been supplanted in Octavian's affections by the young and innocent Sophie, that in fact her prediction of the first act has come true sooner than she had expected. The words of the great trio in which this scene culminates and of the lovely duet which follows will be difficult for you to follow from the text while listening to a recorded performance, as they are sung in ensemble.

Sophie

(*an der Tür*)

Ich muß hinein und fragen, wie's dem Vater geht.

Octavian

mir verschlagt's die Red' *I am speechless*   Ich muß jetzt etwas reden und mir verschlagt's die Red'.

Marschallin

Der Bub, wie er verlegen da in der Mitten steht.

Octavian

(*zu Sophie*)

um alles *at all costs; I beg you*   Bleib Sie um alles hier.

(*zur Marschallin*)

Wie, hat Sie was gesagt?   5

(*Die Marschallin, ohne Octavian zu beachten, geht hinüber zu Sophie. Octavian tritt einen Schritt zurück. Marschallin steht vor Sophie, sieht sie prüfend aber gütig an. Sophie, in*
knixt *curtsies*   *Verlegenheit, knixt*).

Marschallin

So schnell hat Sie ihn gar so lieb?

Sophie

(*sehr schnell*)

Ich weiß nicht, was Euer Gnaden meinen mit der Frag'.

236

Marschallin

Ihr blaß Gesicht gibt schon die rechte Antwort drauf.

Sophie

(in großer Schüchternheit und Verlegenheit, immer sehr schnell)

Wär' gar kein Wunder, wenn ich blaß bin, Euer Gnaden.
Hab einen großen Schreck erlebt mit dem Herrn Vater.
Gar nicht zu reden von gerechtem Emportement

Emportement *indignation*

5 gegen den skandalösen° Herrn Baron.
Bin Euer Gnaden in Ewigkeit verpflichtet,
Daß mit Dero Hilf' und Aufsicht —

Dero *your (deferential form)*

Marschallin

(abwehrend)

Red Sie nur nicht zu viel, Sie ist ja hübsch genug!
Und gegen den Herrn Papa sein Übel weiß ich etwa eine

den Herrn Papa sein Übel *(colloquial) your papa's complaint*

10 Medizin°.
Ich geh jetzt da hinein zu ihm und lad ihn ein, mit mir und
Ihr und dem Herrn Grafen da
In meinem Wagen heimzufahren. —
Meint Sie nicht, daß ihn das rekreieren wird

rekreieren *please*

15 und allbereits ein wenig munter machen?

allbereits *quickly*

Sophie

Euer Gnaden sind die Güte selbst.

Marschallin

Und für die Blässe weiß vielleicht mein Vetter da die Medizin.

Octavian

(innig)

Marie Theres', wie gut Sie ist!
Marie Theres', ich weiß gar nicht —

Marschallin

(mit einem undefinierbaren Ausdruck, leise)

undefinierbaren *indefinable*

20 Ich weiß auch nix.

nix = nichts

237

(ganz tonlos)

Gar nix.

(Sie winkt ihm zurückzubleiben.)

Octavian

(unschlüssig, als wollte er ihr nach)

Marie Theres'!

(Marschallin bleibt in der Tür stehen. Octavian steht ihr zunächst, Sophie weiter rechts.)

Marschallin

(vor sich, zugleich mit Octavian und Sophie, aber ohne die beiden anzusehen)

Hab mir's gelobt, ihn liebzuhaben in der richtigen Weis',
daß ich selbst sein Lieb' zu einer andern
noch liebhab . . .   5
Hab mir freilich nicht gedacht,

daß es so bald mir auferlegt sollt' werden.
Da steht der Bub und da steh ich und mit dem fremden
    Mädel dort

wird er so glücklich sein, als wie halt Männer   1
das Glücklichsein versteh'n. In Gottes Namen.

Octavian

(zugleich mit der Marschallin und Sophie, erst vor sich, dann Aug in Aug mit Sophie)

Es ist was kommen und ist was gescheh'n.
Ich möcht' sie fragen: Darf's denn sein? und grad' die Frag',
die spür' ich, daß sie mir verboten ist.
Ich möcht' sie fragen: Warum zittert was in mir —   1
ist denn ein großes Unrecht gescheh'n? Und g'rad an die
darf ich die Frag' nicht tun — und dann seh ich dich an,
Sophie, und seh nur dich und spür nur dich,
Sophie, und weiß von nichts als nur: Dich hab ich lieb.

Sophie

(zugleich mit der Marschallin und Octavian, erst vor sich, dann Aug in Aug mit Octavian)

Mir ist wie in der Kirch'n, heilig ist mir und so bang   2
und doch ist mir unheilig auch! Ich weiß nicht, wie mir ist.

238

Ich möcht' mich niederknien dort vor der Frau und möcht' ihr
was antun, denn ich spür', sie gibt mir ihn
und nimmt mir was von ihm zugleich. Weiß gar nicht, wie
    mir ist!

₅ Möcht' alles versteh'n und möcht' auch nichts versteh'n.
Möcht' fragen und nicht fragen, wird mir heiß und kalt
und spür nur dich und weiß nur eins: Dich hab ich lieb.

*(Die Marschallin geht leise links hinein, die beiden bemerken
es gar nicht. Octavian ist dicht an Sophie herangetreten, einen
Augenblick später liegt sie in seinen Armen.)*

Octavian

(zugleich mit Sophie)

Spür' nur dich, spür' nur dich allein
und daß wir beieinander sein!
₁₀ Geht all's sonst wie ein Traum dahin
vor meinem Sinn!

Sophie

(zugleich mit Octavian)

Ist ein Traum, kann nicht wirklich sein,
daß wir zwei beieinander sein,
beieinand' für alle Zeit
₁₅ und Ewigkeit!

Octavian

War ein Haus wo, da warst du drein,
und die Leute schicken mich hinein,
mich gradaus in die Seligkeit!
Die waren gescheit!

Sophie

₀ Kannst du lachen? Mir ist zur Stell'
bang wie an der himmlischen Schwell'!
Halt mich, ein schwach Ding wie ich bin,
sink dir dahin!

*(Sie muß sich an ihn lehnen. In diesem Augenblick öffnen
die Faninalschen Lakaien die Tür und treten herein, jeder mit
einem Leuchter. Durch die Tür kommt Faninal, die Marschallin
an der Hand führend. Die beiden Jungen stehen einen Augenblick
verwirrt, dann machen sie ein tiefes Kompliment, das Faninal
und die Marschallin erwidern.)*

was antun *do something, hurt*

sein = sind

wo *somewhere*
drein = darin

gescheit *smart, wise*

Leuchter *candelabra*

Kompliment *bow*

Faninal

tupft *taps*

(tupft Sophie väterlich auf die Wange)

aso = so

Sind halt aso, die jungen Leut'!

Marschallin

Ja, ja!

Livree *staff*

(Faninal gibt der Marschallin die Hand und führt sie zur Mitteltür, die zugleich durch die Livree der Marschallin, darunter der kleine Neger, geöffnet wurde. Draußen hell, herinnen halbdunkel, da die beiden Diener mit den Leuchtern der Marschallin voraustreten. Octavian und Sophie, allein im halbdunklen Zimmer, wiederholen leise —)

Spür' nur dich, spür nur dich allein (usw.)

Kerze *candle*

trippelt *trips, patters*

(Sie sinkt an ihn hin, er küßt sie schnell. Ihr fällt, ohne daß sie es merkt, ihr Taschentuch aus der Hand. Dann laufen sie Hand in Hand hinaus. Die Bühne bleibt leer, dann geht nochmals die Mitteltür auf. Herein kommt der kleine Neger mit einer Kerze in der Hand, sucht das Taschentuch, findet es, hebt es auf, trippelt hinaus.)

Vorhang.

XIX

Franz Kafka

DER PROZESS

Der Prozeß (The Trial) is seemingly the clearest and most straightforward of the three novels of Franz Kafka (1883–1924), yet in it, as generally in Kafka's works, there are mysterious depths that permit many interpretations. The author was born in Prague, the son of a successful Jewish merchant. He was educated in a German environment within a city largely Czech; studied law at the German University of Prague, and became an official in a Prague bank. He wrote many short stories, but published little; experienced three unhappy engagements, and died of tuberculosis. His friend Max Brod is chiefly responsible for bringing Kafka's extraordinary works before the public. Gradually the elusive and haunting quality of Kafka's writings came to be recognized, and his reputation has grown until he is, along with Thomas Mann, probably the most widely known writer of German prose in this century. His novels and novellas have been viewed, among other things, as religious allegories, or as ironic comments on the structure and complexity of such authority as that of the old Austro-Hungarian Empire, or as psychological revelations of a profoundly disturbed and sensitive man, which can be broadened to apply to the psychological unrest of contemporary man as an individual and as a social being.

Der Prozeß, written in 1914–15 and left incomplete (the sequence of the chapters is still disputed), tells of the bank official Josef K., arrested in his room on the morning of his thirtieth birthday, on undefined charges, by two non-descript agents of a mysterious court. The opening chapter relates this event and Josef K.'s almost unresisting submission, out of an apparent sense of some kind of guilt.

Zeichnung von Kafka

1

verleumdet *slandered*　　Jemand mußte Josef K. verleumdet haben, denn ohne daß er etwas Böses getan hätte, wurde er eines Morgens verhaftet. Die Köchin der Frau Grubach, seiner Zimmervermieterin, die ihm jeden Tag gegen acht Uhr früh das Frühstück brachte, kam diesmal nicht. Das war noch niemals 5 geschehen. K. wartete noch ein Weilchen, sah von seinem Kopfkissen aus die alte Frau, die ihm gegenüber wohnte und die ihn mit einer an ihr ganz ungewöhnlichen Neugierde

befremdet *irritated*　　beobachtete, dann aber, gleichzeitig befremdet und hungrig°, läutete er. Sofort klopfte es und ein Mann, den er in dieser 10 Wohnung noch niemals gesehen hatte, trat ein. Er war

anliegendes *tight*　　schlank und doch fest gebaut, er trug ein anliegendes schwarzes Kleid, das, ähnlich den Reiseanzügen, mit verschiedenen

Schnallen *buckles*　　Falten, Taschen, Schnallen, Knöpfen und einem Gürtel versehen war und infolgedessen, ohne daß man sich darüber 15

242

klar wurde, wozu es dienen sollte, besonders praktisch°
erschien. „Wer sind Sie?" fragte K. und saß gleich halb
aufrecht im Bett. Der Mann aber ging über die Frage hinweg,
als müsse man seine Erscheinung hinnehmen, und sagte
5 bloß seinerseits: „Sie haben geläutet?" „Anna soll mir das
Frühstück bringen", sagte K. und versuchte, zunächst
stillschweigend, durch Aufmerksamkeit und Überlegung fest-
zustellen, wer der Mann eigentlich war. Aber dieser setzte
sich nicht allzulange seinen Blicken aus, sondern wandte sich
10 zur Tür, die er ein wenig öffnete, um jemandem, der offenbar
knapp hinter der Tür stand, zu sagen: „Er will, daß Anna ihm
das Frühstück bringt." Ein kleines Gelächter im Nebenzimmer folgte, es war nach dem Klang nicht sicher, ob nicht
mehrere Personen° daran beteiligt waren. Obwohl der
15 fremde Mann dadurch nichts erfahren haben konnte, was er
nicht schon früher gewußt hätte, sagte er nun doch zu K. im
Tone einer Meldung: „Es ist unmöglich". „Das wäre neu",
sagte K., sprang aus dem Bett und zog rasch seine Hosen an.
„Ich will doch sehen, was für Leute im Nebenzimmer sind
20 und wie Frau Grubach diese Störung mir gegenüber verantworten wird." Es fiel ihm zwar gleich ein, daß er das nicht
hätte laut sagen müssen und daß er dadurch gewissermaßen
ein Beaufsichtigungsrecht des Fremden anerkannte, aber es
schien ihm jetzt nicht wichtig. Immerhin faßte es der Fremde
25 so auf, denn er sagte: „Wollen Sie nicht lieber hierbleiben?"
„Ich will weder hierbleiben, noch von Ihnen angesprochen
werden, solange Sie sich mir nicht vorstellen." „Es war gut
gemeint", sagte der Fremde und öffnete nun freiwillig die
Tür. Im Nebenzimmer, in das K. langsamer eintrat, als
30 er wollte, sah es auf den ersten Blick fast genau so aus wie am
Abend vorher. Es war das Wohnzimmer der Frau Grubach,
vielleicht war in diesem mit Möbeln, Decken, Porzellan° und
Photographien° überfüllten Zimmer heute ein wenig mehr
Raum als sonst, man erkannte das nicht gleich, um so weniger,
35 als die Hauptveränderung in der Anwesenheit eines Mannes
bestand, der beim offenen Fenster mit einem Buch saß,
von dem er jetzt aufblickte. „Sie hätten in Ihrem Zimmer
bleiben sollen! Hat es Ihnen denn Franz nicht gesagt?"
„Ja, was wollen Sie denn?" sagte K. und sah von der neuen
40 Bekanntschaft zu dem mit Franz Benannten, der in der Tür
stehengeblieben war, und dann wieder zurück. Durch das
offene Fenster erblickte man wieder die alte Frau, die mit
wahrhaft greisenhafter Neugierde zu dem jetzt gegen-

verantworten *explain*

Beaufsichtigungsrecht *right
of surveillance*
anerkannte *acknowledged*

überliegenden Fenster getreten war, um auch weiterhin alles zu sehen. „Ich will doch Frau Grubach—", sagte K., machte eine Bewegung, als reiße er sich von den zwei Männern los, die aber weit von ihm entfernt standen, und wollte weitergehen. „Nein", sagte der Mann beim Fenster, warf das Buch auf ein Tischchen und stand auf. „Sie dürfen nicht weggehen, Sie sind ja verhaftet." „Es sieht so aus", sagte K. „Und warum denn?" fragte er dann. „Wir sind nicht dazu bestellt, Ihnen das zu sagen. Gehen Sie in Ihr Zimmer und warten Sie. Das Verfahren ist nun einmal eingeleitet, und Sie werden alles zur richtigen Zeit erfahren. Ich gehe über meinen Auftrag hinaus, wenn ich Ihnen so freundschaftlich zurede. Aber ich hoffe, es hört es niemand sonst als Franz, und der ist selbst gegen alle **Vorschrift** *regulations* freundlich zu Ihnen. Wenn Sie auch weiterhin so viel Glück haben wie bei der Bestimmung Ihrer Wächter, dann können Sie zuversichtlich sein." K. wollte sich setzen, aber nun sah er, daß im ganzen Zimmer keine **Sitzgelegenheit** *place to sit* war, außer dem Sessel beim Fenster. „Sie werden noch einsehen, wie wahr das alles ist", sagte Franz und ging gleichzeitig mit dem andern Mann auf ihn zu. Besonders der letztere **überragte** *towered above* K. bedeutend und klopfte ihm öfters auf die Schulter. Beide prüften K.s Nachthemd und sagten, daß er jetzt ein viel schlechteres Hemd werde anziehen müssen, daß sie aber dieses Hemd wie auch seine übrige Wäsche aufbewahren und, wenn seine Sache günstig ausfallen sollte, ihm wieder zurückgeben würden. „Es ist besser, Sie geben die Sachen uns als ins **Depot** *storage*", sagten sie, „denn im Depot kommen öfters **Unterschleife** *thefts* vor und außerdem verkauft man dort alle Sachen nach einer gewissen Zeit, ohne Rücksicht, ob das betreffende Verfahren zu Ende ist oder nicht. Und wie lange dauern doch derartige Prozesse, besonders in letzter Zeit!" K. achtete auf diese Reden kaum, viel wichtiger war es ihm, Klarheit über seine Lage zu bekommen; in Gegenwart dieser Leute konnte er aber nicht einmal nachdenken, immer wieder stieß der **Bauch** *belly* des zweiten Wächters—es konnten ja nur Wächter sein— förmlich freundschaftlich an ihn, sah er aber auf, dann erblickte er ein zu diesem dicken Körper gar nicht passendes trockenes, knochiges Gesicht mit starker, **seitlich gedrehter** *turned to one side* Nase, das sich über ihn hinweg mit dem anderen Wächter verständigte. Was waren denn das für Menschen? Wovon sprachen sie? Welcher **Behörde** *authority* gehörten sie an? K. lebte doch in einem **Rechtsstaat** *state where law prevails*, überall herrschte Friede, alle

Gesetze bestanden aufrecht, wer wagte, ihn in seiner Wohnung zu überfallen? Er neigte stets dazu, alles möglichst leicht zu nehmen, das Schlimmste erst beim Eintritt des Schlimmsten zu glauben, keine Vorsorge für die Zukunft zu treffen, selbst
5 wenn alles drohte. Hier schien ihm das aber nicht richtig, man konnte zwar das Ganze als Spaß ansehen, als einen groben Spaß, den ihm aus unbekannten Gründen, vielleicht weil heute sein dreißigster Geburtstag war, die Kollegen in der Bank° veranstaltet hatten, es war natürlich möglich, vielleicht
10 brauchte er nur auf irgendeine Weise den Wächtern ins Gesicht zu lachen, und sie würden mitlachen, vielleicht waren es Dienstmänner von der Straßenecke, sie sahen ihnen nicht unähnlich—trotzdem war er diesmal, förmlich schon seit dem ersten Anblick des Wächters Franz, entschlossen, nicht
15 den geringsten Vorteil, den er vielleicht gegenüber diesen Leuten besaß, aus der Hand zu geben.

Noch war er frei. „Erlauben Sie", sagte er und ging eilig zwischen den Wächtern durch in sein Zimmer. „Er scheint vernünftig zu sein", hörte er hinter sich sagen. In
20 seinem Zimmer riß er gleich die Schubladen des Schreibtisches auf, es lag dort alles in großer Ordnung, aber gerade die Legitimationspapiere, die er suchte, konnte er in der Aufregung nicht gleich finden. Schließlich fand er seine Radfahrlegitimation und wollte schon mit ihr zu den Wächtern
25 gehen, dann aber schien ihm das Papier zu geringfügig, und er suchte weiter, bis er den Geburtsschein fand. Als er wieder in das Nebenzimmer zurückkam, öffnete sich gerade die gegenüberliegende Tür und Frau Grubach wollte dort eintreten. Man sah sie nur einen Augenblick, denn kaum hatte
30 sie K. erkannt, als sie offenbar verlegen wurde, um Verzeihung bat, verschwand und äußerst vorsichtig die Tür schloß. „Kommen Sie doch herein", hatte K. gerade noch sagen können. Nun aber stand er mit seinen Papieren in der Mitte des Zimmers, sah noch auf die Tür hin, die sich nicht
35 wieder öffnete und wurde erst durch einen Anruf der Wächter aufgeschreckt, die bei dem Tischchen am offenen Fenster saßen und, wie K. jetzt erkannte, sein Frühstück verzehrten. „Warum ist sie nicht eingetreten?" fragte er. „Sie darf nicht", sagte der große Wächter. „Sie sind doch verhaftet." „Wie
40 kann ich verhaftet sein? Und gar auf diese Weise?" „Nun fangen Sie also wieder an", sagte der Wächter und tauchte ein Butterbrot ins Honigfäßchen. „Solche Fragen beantworten wir nicht." „Sie werden sie beantworten müssen",

bestanden aufrecht *were observed*

Vorsorge *precaution*

Kollegen *colleagues*
veranstaltet *arranged*

Dienstmänner *porters*

aus der Hand zu geben *to yield*

Schubladen *drawers*

Legitimationspapiere *identification papers*

Radfahrlegitimation *bicycle license*
geringfügig *trivial, unimportant*

Honigfäßchen *honey pot, jar*

245

sagte K. „Hier sind meine Legitimationspapiere, zeigen Sie mir jetzt die Ihrigen und vor allem den Verhaftbefehl." „Du lieber Himmel!" sagte der Wächter. „Daß Sie sich in Ihre Lage nicht fügen können und daß Sie es darauf angelegt zu haben scheinen, uns, die wir Ihnen jetzt wahrscheinlich ₅ von allen Ihren Mitmenschen am nächsten stehen, nutzlos zu reizen!" „Es ist so, glauben Sie es doch", sagte Franz, führte die Kaffeetasse, die er in der Hand hielt, nicht zum Mund, sondern sah K. mit einem langen, wahrscheinlich bedeutungsvollen, aber unverständlichen Blick an. K. ließ ₁₀ sich, ohne es zu wollen, in ein Zwiegespräch der Blicke mit Franz ein, schlug dann aber doch auf seine Papiere and sagte: „Hier sind meine Legitimationspapiere." „Was kümmern uns denn die?" rief nun schon der große Wächter. „Sie führen sich ärger auf als ein Kind. Was wollen Sie denn? ₁₅ Wollen Sie Ihren großen, verfluchten Prozeß dadurch zu einem raschen Ende bringen, daß Sie mit uns, den Wächtern, über Legitimation und Verhaftbefehl diskutieren? Wir sind niedrige Angestellte, die sich in einem Legitimationspapier kaum auskennen und die mit Ihrer Sache nichts anderes ₂₀ zu tun haben, als daß sie zehn Stunden täglich bei Ihnen Wache halten und dafür bezahlt werden. Das ist alles, was wir sind, trotzdem aber sind wir fähig, einzusehen, daß die hohen Behörden, in deren Dienst wir stehen, ehe sie eine solche Verhaftung verfügen, sich sehr genau über die Gründe ₂₅ der Verhaftung und die Person° des Verhafteten unterrichten. Es gibt darin keinen Irrtum. Unsere Behörde, soweit ich sie kenne, und ich kenne nur die niedrigsten Grade, sucht doch nicht etwa die Schuld in der Bevölkerung, sondern wird, wie es im Gesetz heißt, von der Schuld angezogen und muß ₃₀ uns Wächter ausschicken. Das ist Gesetz. Wo gäbe es da einen Irrtum?" „Dieses Gesetz kenne ich nicht", sagte K. „Desto schlimmer für Sie", sagte der Wächter. „Es besteht wohl auch nur in Ihren Köpfen", sagte K., er wollte sich irgendwie in die Gedanken der Wächter einschleichen, sie ₃₅ zu seinen Gunsten wenden oder sich dort einbürgern. Aber der Wächter sagte nur abweisend: „Sie werden es zu fühlen bekommen." Franz mischte sich ein und sagte: „Sieh, Willem, er gibt zu, er kenne das Gesetz nicht, und behauptet gleichzeitig, schuldlos zu sein." „Du hast ganz recht, aber ₄₀ ihm kann man nichts begreiflich machen", sagte der andere. K. antwortete nichts mehr; muß ich, dachte er, durch das Geschwätz dieser niedrigsten Organe — sie geben selbst zu,

246

es zu sein — mich noch mehr verwirren lassen? Sie reden doch jedenfalls von Dingen, die sie gar nicht verstehen. Ihre Sicherheit ist nur durch ihre Dummheit möglich. Ein paar Worte, die ich mit einem mir ebenbürtigen Menschen

5 sprechen werde, werden alles unvergleichlich klarer machen als die längsten Reden mit diesen. Er ging einige Male in dem freien Raum des Zimmers auf und ab. „Führen Sie mich zu Ihrem Vorgesetzten", sagte er. „Wenn er es wünscht; nicht früher", sagte der Wächter, der Willem genannt worden

10 war. „Und nun rate ich Ihnen", fügte er hinzu, „in Ihr Zimmer zu gehen, sich ruhig zu verhalten und darauf zu warten, was über Sie verfügt werden wird. Wir raten Ihnen, zerstreuen Sie sich nicht durch nutzlose Gedanken, sondern sammeln Sie sich, es werden große Anforderungen an Sie

15 gestellt werden. Sie haben uns nicht so behandelt, wie es unser Entgegenkommen verdient hätte. Sie haben vergessen, daß wir, mögen wir auch sein was immer, zumindest jetzt Ihnen gegenüber freie Männer sind, das ist kein kleines Übergewicht. Trotzdem sind wir bereit, falls Sie Geld haben,

20 Ihnen ein kleines Frühstück aus dem Kaffeehaus° drüben zu bringen."

Ohne auf dieses Angebot zu antworten, stand K. ein Weilchen lang still. Vielleicht würden ihn die beiden, wenn er die Tür des folgenden Zimmers oder gar die Tür des

25 Vorzimmers öffnete, gar nicht zu hindern wagen, vielleicht wäre es die einfachste Lösung des Ganzen, daß er es auf die Spitze trieb. Aber vielleicht würden sie ihn doch packen und, war er einmal niedergeworfen, so war auch alle Überlegenheit verloren, die er jetzt ihnen gegenüber in gewisser Hinsicht

30 doch wahrte. Deshalb zog er die Sicherheit der Lösung vor, wie sie der natürliche Verlauf bringen mußte, und ging in sein Zimmer zurück, ohne daß von seiner Seite oder von Seite der Wächter ein weiteres Wort gefallen wäre.

Zeichnung von Kafka

Glossary

einem mir ebenbürtigen Menschen *some one who is my equal*

Vorgesetzten *superior*

verfügt *decreed, decided*

Anforderungen stellen (inf.) *to make demands*

zumindest *at least*

Übergewicht *advantage*

Angebot *offer*

wahrte *maintained*

2

The novel runs through many scenes. Josef K. appears before a strangely haphazard "court" meeting in an attic in the slums, finds a lawyer (Dr. Huld—the name suggests one who mediates through grace) and then gives him up; fails to take advantage of possible help from three women, one of whom reappears in this closing chapter; hears a sermon and parable addressed to him alone by a priest in a dark, empty cathedral. He never learns the charges, or the basis of the court's authority; and finally, in one of the most moving episodes of sheer helplessness in modern literature, he is led off by two comic-opera executioners and stabbed to death. Is the novel's theme the impossibility of absolute justification in this world? Is it the feebleness of the individual in an arbitrary society? Is it the psychological failure to free oneself from futile inhibitions and vague feelings of guilt? These are some of the interpretations of the novel—and possibly, there is meant to be a gleam of hope in the lightened window that Josef K. sees just before his death.

Am Vorabend seines einunddreißigsten Geburtstages— es war gegen neun Uhr abends, die Zeit der Stille auf den Straßen—kamen zwei Herren in K.s Wohnung. In Gehröcken,

Gehröcken *frock coats*

unverrückbaren Zylinderhüten *immovable top hats*

Förmlichkeit *formality*

bleich und fett, mit scheinbar unverrückbaren Zylinderhüten. Nach einer kleinen Förmlichkeit bei der Wohnungstür wegen 5 des ersten Eintretens wiederholte sich die gleiche Förmlichkeit in größerem Umfange vor K.s Tür. Ohne daß ihm

angekündigt *announced*

der Besuch angekündigt gewesen wäre, saß K., gleichfalls schwarz angezogen, in einem Sessel in der Nähe der Türe und zog langsam neue, scharf sich über die Finger spannende 10 Handschuhe an, in der Haltung, wie man Gäste erwartet. Er stand gleich auf und sah die Herren neugierig an. „Sie sind also für mich bestimmt?" fragte er. Die Herren nickten, einer zeigte mit dem Zylinderhut in der Hand auf den anderen. K. gestand sich ein, daß er einen anderen Besuch 15 erwartet hatte. Er ging zum Fenster und sah noch einmal auf die dunkle Straße. Auch fast alle Fenster auf der anderen Straßenseite waren schon dunkel, in vielen die Vorhänge

untergeordnete *minor, inferior*

auf billige Weise *cheaply*

herabgelassen. „Alte untergeordnete Schauspieler schickt man um mich", sagte sich K. und sah sich um, um sich 20 nochmals davon zu überzeugen. „Man sucht auf billige Weise mit mir fertig zu werden." K. wendete sich plötzlich

mit zuckenden Mundwinkeln *with the corners of his mouth quivering*

widerspenstigsten Organismus *most refractory organs*

ihnen zu und fragte: „An welchem Theater° spielen Sie?" „Theater?" fragte der eine Herr mit zuckenden Mundwinkeln den anderen um Rat. Der andere gebärdete sich wie 25 ein Stummer, der mit dem widerspenstigsten Organismus

kämpft. „Sie sind nicht darauf vorbereitet, gefragt zu werden",
sagte sich K. und ging seinen Hut holen.

Schon auf der Treppe wollten sich die Herren in K.
einhängen, aber K. sagte: „Erst auf der Gasse, ich bin nicht
5 krank." Gleich aber vor dem Tor hängten sie sich in ihn in
einer Weise ein, wie K. noch niemals mit einem Menschen
gegangen war. Sie hielten die Schultern eng hinter den
seinen, knickten die Arme nicht ein, sondern benützten sie, *einknicken (inf.) to bend*
um K.s Arme in ihrer ganzen Länge zu umschlingen, unten *umschlingen embrace, clasp*
10 erfaßten sie K.s. Hände mit einem schulmäßigen, eingeübten, *schulmäßigen professional*
unwiderstehlichen Griff. K. ging straff gestreckt zwischen *straff gestreckt rigidly*
ihnen, sie bildeten jetzt alle drei eine solche Einheit, daß,
wenn man einen von ihnen zerschlagen hätte, alle zerschlagen
gewesen wären. Es war eine Einheit, wie sie fast nur Lebloses
15 bilden kann.

Unter den Laternen versuchte K. öfters, so schwer es *Laternen street lights*
bei diesem engen Aneinander ausgeführt werden konnte,
seine Begleiter deutlicher zu sehen, als es in der Dämmerung
seines Zimmers möglich gewesen war. „Vielleicht sind es
20 Tenöre°", dachte er im Anblick ihres schweren Doppelkinns.
Er ekelte sich vor der Reinlichkeit ihrer Gesichter. *ekelte sich was nauseated*

Als K. das bemerkte, blieb er stehen, infolgedessen
blieben auch die andern stehen; sie waren am Rand eines
freien, menschenleeren, mit Anlagen geschmückten Platzes. *Anlagen gardens*
25 „Warum hat man gerade Sie geschickt!" rief er mehr, als er
fragte. Die Herren wußten scheinbar keine Antwort, sie
warteten mit dem hängenden, freien Arm, wie Krankenwärter,
wenn der Kranke sich ausruhen will. „Ich gehe nicht weiter",
sagte K. versuchsweise. Darauf brauchten die Herren nicht
30 zu antworten, es genügte, daß sie den Griff nicht lockerten *lockern (inf.) to loosen*
und K. von der Stelle wegzuheben versuchten, aber K.
widerstand. „Ich werde nicht mehr viel Kraft brauchen,
ich werde jetzt alles anwenden", dachte er. Ihm fielen die
Fliegen ein, die mit zerreißenden Beinchen von der Leimrute *Leimrute fly paper*
35 wegstrebten. „Die Herren werden schwere Arbeit haben."

Da stieg vor ihnen aus einer tiefer gelegenen Gasse auf
einer kleinen Treppe Fräulein Bürstner zum Platz empor.
Es war nicht ganz sicher, ob sie es war, die Ähnlichkeit war
freilich groß. Aber K. lag auch nichts daran, ob es bestimmt
40 Fräulein Bürstner war, bloß die Wertlosigkeit seines Wider-
standes kam ihm gleich zum Bewußtsein. Es war nichts
Heldenhaftes, wenn er widerstand, wenn er jetzt den Herren
Schwierigkeiten bereitete, wenn er jetzt in der Abwehr noch *Abwehr resistance*

den letzten Schein des Lebens zu genießen versuchte. Er setzte sich in Gang, und von der Freude, die er dadurch den Herren machte, ging noch etwas auf ihn selbst über. Sie duldeten es jetzt, daß er die Wegrichtung bestimmte, und er bestimmte sie nach dem Weg, den das Fräulein vor ihnen nahm. „Das einzige, was ich jetzt tun kann", sagte er sich, „ist, bis zum Ende den ruhig einteilenden Verstand behalten. Soll ich nun zeigen, daß nicht einmal der einjährige Prozeß mich belehren konnte? Soll ich als ein begriffsstutziger Mensch abgehen? Soll man mir nachsagen dürfen, daß ich am Anfang des Prozesses ihn beenden wollte und jetzt, an seinem Ende, ihn wieder beginnen will? Ich will nicht, daß man das sagt. Ich bin dafür dankbar, daß man mir auf diesem Weg diese halbstummen, verständnislosen Herren mitgegeben hat und daß man es mir überlassen hat, mir selbst das Notwendige zu sagen."

Das Fräulein war inzwischen in eine Seitengasse eingebogen, aber K. konnte sie schon entbehren und überließ sich seinen Begleitern. Alle drei zogen nun in vollem Einverständnis über eine Brücke im Mondschein, jeder kleinen Bewegung, die K. machte, gaben die Herren jetzt bereitwillig nach, als er ein wenig zum Geländer sich wendete, drehten auch sie sich in ganzer Front dorthin. „Ich wollte ja gar nicht stehenbleiben", sagte er zu seinen Begleitern, beschämt durch ihre Bereitwilligkeit. Der eine schien dem anderen hinter K.s Rücken einen sanften Vorwurf wegen des mißverständlichen Stehenbleibens zu machen, dann gingen sie weiter.

Sie kamen durch einige ansteigende Gassen, in denen hie und da Polizisten° standen oder gingen; bald in der Ferne, bald in nächster Nähe. Einer mit buschigem° Schnurrbart, die Hand am Griff des Säbels, trat wie mit Absicht nahe an die nicht ganz unverdächtige Gruppe. Die Herren stockten, der Polizeimann schien schon den Mund zu öffnen, da zog K. mit Macht die Herren vorwärts. Öfters drehte er sich vorsichtig um, ob der Polizeimann nicht folge; als sie aber eine Ecke zwischen sich und dem Polizeimann hatten, fing K. zu laufen an, die Herren mußten trotz großer Atemnot auch mit laufen.

So kamen sie rasch aus der Stadt hinaus, die sich in dieser Richtung fast ohne Übergang an die Felder anschloß. Ein kleiner Steinbruch, verlassen und öde, lag in der Nähe eines noch ganz städtischen Hauses. Hier machten die Herren

Wegrichtung *direction*

den ruhig einteilenden Verstand *clear judgment*

begriffsstutziger *stupid*

abgehen (*inf.*) *to leave this world*

Geländer *railing*

in ganzer Front *as one man*

beschämt *abashed*

Schnurrbart *moustache*

Säbels *sword*

Steinbruch *quarry*

halt, sei es, daß dieser Ort von allem Anfang an ihr Ziel
gewesen war, sei es, daß sie zu erschöpft waren, um noch
weiter zu laufen. Jetzt ließen sie K. los, der stumm wartete,
nahmen die Zylinderhüte ab und wischten sich, während sie
5 sich im Steinbruch umsahen, mit den Taschentüchern den
Schweiß von der Stirn. Überall lag der Mondschein mit seiner
Natürlichkeit und Ruhe, die keinem anderen Licht gegeben ist.

Nach Austausch einiger Höflichkeiten hinsichtlich dessen,   Austausch *exchange*
wer die nächsten Aufgaben auszuführen habe — die Herren
10 schienen die Aufträge ungeteilt bekommen zu haben —,
ging der eine zu K. und zog ihm den Rock, die Weste° und
schließlich das Hemd aus. K. fröstelte unwillkürlich, worauf   fröstelte *shivered*
ihm der Herr einen leichten, beruhigenden Schlag auf den
Rücken gab. Dann legte er die Sachen sorgfältig zusammen,
15 wie Dinge, die man noch gebrauchen wird, wenn auch nicht
in allernächster Zeit. Um K. nicht ohne Bewegung der
immerhin kühlen Nachtluft auszusetzen, nahm er ihn unter
den Arm und ging mit ihm ein wenig auf und ab, während
der andere Herr den Steinbruch nach irgendeiner passenden
20 Stelle absuchte. Als er sie gefunden hatte, winkte er, und der
andere Herr geleitete K. hin. Es war nahe der Bruchwand,   geleitete *escorted*
es lag dort ein losgebrochener Stein. Die Herren setzten K.   Bruchwand *quarry wall*
auf die Erde nieder, lehnten ihn an den Stein und betteten
seinen Kopf obenauf. Trotz aller Anstrengung, die sie sich
25 gaben, und trotz allem Entgegenkommen, das ihnen K.
bewies, blieb seine Haltung eine sehr gezwungene und
unglaubwürdige. Der eine Herr bat daher den anderen, ihm
für ein Weilchen das Hinlegen K.s allein zu überlassen, aber
auch dadurch wurde es nicht besser. Schließlich ließen sie
30 K. in einer Lage, die nicht einmal die beste von den bereits
erreichten Lagen war. Dann öffnete der eine Herr seinen
Gehrock und nahm aus einer Scheide, die an einem um die   Scheide *sheath*
Weste gespannten Gürtel hing, ein langes, dünnes, beiderseitig geschärftes Fleischermesser, hielt es hoch und prüfte
35 die Schärfe im Licht. Wieder begannen die widerlichen   widerlichen *repulsive*
Höflichkeiten, einer reichte über K. hinweg das Messer dem
anderen, dieser reichte es wieder über K. zurück. K. wußte
jetzt genau, daß es seine Pflicht gewesen wäre, das Messer,
als es von Hand zu Hand über ihn schwebte, selbst zu fassen
40 und sich einzubohren. Aber er tat es nicht, sondern drehte den   einzubohren *to stab*
noch freien Hals und sah umher. Vollständig konnte er sich
nicht bewähren, alle Arbeit den Behörden nicht abnehmen,
die Verantwortung für diesen letzten Fehler trug der, der ihm   Verantwortung *responsibility*

den Rest° der dazu nötigen Kraft versagt hatte. Seine Blicke fielen auf das letzte Stockwerk des an den Steinbruch angrenzenden Hauses. Wie ein Licht aufzuckt, so fuhren die Fensterflügel eines Fensters dort auseinander, ein Mensch, schwach und dünn in der Ferne und Höhe, beugte sich mit 5 einem Ruck weit vor und streckte die Arme noch weiter aus. Wer war es? Ein Freund? Ein guter Mensch? Einer, der teilnahm? Einer, der helfen wollte? War es ein einzelner? Waren es alle? War noch Hilfe? Gab es Einwände, die man vergessen hatte? Gewiß gab es solche. Die Logik° ist zwar 10 unerschütterlich, aber einem Menschen, der leben will, widersteht sie nicht. Wo war der Richter, den er nie gesehen hatte? Wo war das hohe Gericht, bis zu dem er nie gekommen war? Er hob die Hände und spreizte alle Finger.

Aber an K.s Gurgel legten sich die Hände des einen 15 Herrn, während der andere das Messer ihm tief ins Herz stieß und zweimal dort drehte. Mit brechenden Augen sah noch K., wie die Herren, nahe vor seinem Gesicht, Wange an Wange aneinandergelehnt, die Entscheidung beobachteten. „Wie ein Hund!" sagte er, es war, als sollte die Scham ihn 20 überleben.

Zeichnung von Kafka

XX

Herman Hesse

DEMIAN

Of the many works of Hermann Hesse (1877–1960), Nobel Prize winner, novelist, essayist, and poet, the short novel Demian : Die Geschichte von Emil Sinclairs Jugend, written during the first World War and published in 1919, is the one which most impressively caught the spirit of its times. Few literary works have combined so many currents of the twentieth century: the uncertainties about standards of good and evil, the conflict of generations, the demand to follow one's own inner light, the consciousness of the fragility of western civilization, the hope in a new humanity rising from chaos and destruction. Mythical and Biblical allusions abound, and words and ideas of Nietzsche echo through the book.

Emil Sinclair is a representative of his generation, and of youth everywhere, unsure of its place in the established world and searching for answers to its questions. He lives in a well-to-do family with traditional tastes and behavior, but he learns early that outside the bright, good, proper world of home and family there exists a realm which is dark, bad and threatening. His closest contact with the latter is through Franz Kromer, a nasty companion who blackmails him over a trifle and for a time instills in him a fear which drives him nearly to despair. He is freed from Kromer's grasp by Max Demian, a mysterious older schoolmate, individualist and skeptic, who radiates a confidence in his inner self which Sinclair cannot understand. Demian — the fact that his name, not Sinclair's, provides the title of the novel shows his central importance — possesses qualities that verge on the supernatural, and are revealed with increasing clarity as the story progresses. He appears to embody a vital force of which Sinclair only gradually becomes aware in himself.

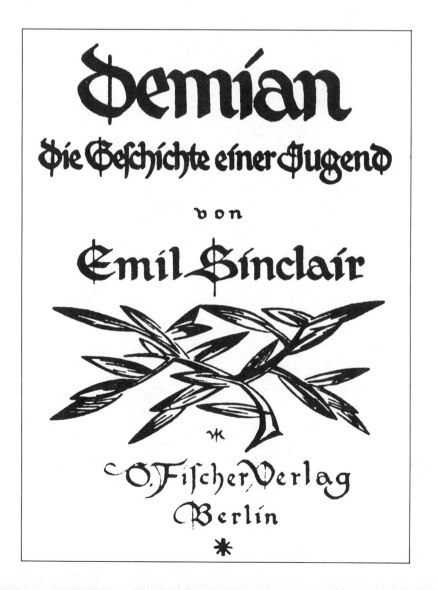

1

Trostlos ging ich über den leeren Platz, die Hände in den Taschen. Neue Qualen, neue Sklaverei°!

Da rief mich eine frische, tiefe Stimme an. Ich erschrak und fing zu laufen an. Jemand lief mir nach, eine Hand faßte mich sanft von hinten. Es war Max Demian.

„Du bist es?" sagte ich unsicher. „Du hast mich so erschreckt!"

„Das tut mir leid", sagte er mit seiner höflichen und dabei sehr bestimmten Art. „Aber höre, man muß sich nicht so erschrecken lassen."

„Nun ja, das kann doch passieren."

„Es scheint so. Aber sieh: wenn du vor jemand, der dir nichts getan hat, so zusammenfährst, dann fängt der Jemand an, nachzudenken. Es wundert ihn, es macht ihn neugierig. Der Jemand denkt sich, du seiest doch merkwürdig schreckhaft, und er denkt weiter: so ist man bloß, wenn man Angst hat. Feiglinge haben immer Angst; aber ich glaube, ein Feigling bist du eigentlich nicht. Nicht wahr? O freilich, ein Held bist du auch nicht. Es gibt Dinge, vor denen du Furcht hast. Und das sollte man nie haben. Nein, vor Menschen sollte man niemals Furcht haben. Du hast doch keine vor mir? Oder?"

„O nein, gar nicht."

„Eben, siehst du. Aber es gibt Leute, vor denen du Furcht hast?"

„Ich weiß nicht . . . Laß mich doch, was willst du von mir?"

Er hielt mit mir Schritt — ich war rascher gegangen, mit Fluchtgedanken — und ich fühlte seinen Blick von der Seite her.

„Nimm einmal an", fing er wieder an, „daß ich es gut mit dir meine. Angst brauchst du jedenfalls vor mir nicht zu haben. Ich möchte gern ein Experiment° mit dir machen, es ist lustig und du kannst etwas dabei lernen, was sehr brauchbar ist. Paß einmal auf! — Also ich versuche manchmal eine Kunst, die man Gedankenlesen heißt. Es ist keine Hexerei dabei, aber wenn man nicht weiß, wie es gemacht wird, dann sieht es ganz eigentümlich aus. Man kann die Leute sehr damit überraschen. — Nun, wir probieren einmal. Also ich habe dich gern, oder ich interessiere mich für dich und möchte nun herausbringen, wie es in dir drinnen aussieht. Dazu habe ich den ersten Schritt schon getan. Ich habe dich erschreckt — du bist also schreckhaft. Es gibt also Sachen und Menschen, vor denen du Angst hast. Woher kann das kommen? Man braucht vor niemand Angst zu haben. Wenn man jemand fürchtet, dann kommt es daher, daß man diesem Jemand Macht über sich eingeräumt hat. Man hat zum Beispiel etwas Böses getan, und der andre weiß das — dann

hat er Macht über dich. Du kapierst? Es ist doch klar, nicht?"

Ich sah ihm hilflos ins Gesicht, das war ernst und klug wie stets, und auch gütig, aber ohne alle Zärtlichkeit, es war eher streng. Gerechtigkeit oder etwas Ähnliches lag darin. Ich wußte nicht, wie mir geschah; er stand wie ein Zauberer vor mir.

„Hast du verstanden?" fragte er noch einmal.

Ich nickte.

„Wir haben also gefunden: der Knabe S. ist schreckhaft — er fürchtet jemanden — er hat wahrscheinlich mit diesem andern ein Geheimnis, das ihm sehr unbequem ist. — Stimmt das ungefähr?"

Wie im Traum unterlag ich seiner Stimme, seinem Einfluß. Ich nickte nur. Sprach da nicht eine Stimme, die nur aus mir selber kommen konnte? Die alles wußte? Die alles besser, klarer wußte als ich selber?

Kräftig schlug mir Demian auf die Schulter.

„Es stimmt also. Ich konnte mir's denken. Jetzt bloß noch eine einzige Frage: weißt du, wie der Junge heißt, der da vorhin wegging?"

„Was für ein Junge? Es war kein Junge da, bloß ich."

„Sag's nur!" lachte er. „Wie heißt er?"

Ich flüsterte: „Meinst du den Franz Kromer?"

Befriedigt nickte er mir zu.

„Bravo! Du bist ein fixer Kerl, wir werden noch Freunde werden. Nun muß ich dir aber etwas sagen: dieser Kromer, oder wie er heißt, ist ein schlechter Kerl. Sein Gesicht sagt

mir, daß er ein Schuft ist. Was meinst du?"

„O ja", seufzte ich auf, „er ist schlecht, er ist ein Satan°! Aber er darf nichts wissen! Um Gottes willen, er darf nichts wissen! Kennst du ihn? Kennt er dich?"

„Sei nur ruhig! Er ist fort, und er kennt mich nicht — noch nicht. Aber ich möchte ihn ganz gern kennenlernen. Er geht in die Volksschule?"

„Ja."

„In welche Klasse?"

„In die fünfte. — Aber sag ihm nichts! Bitte, bitte sag ihm nichts!"

„Sei ruhig, es passiert dir nichts. Vermutlich hast du keine Lust, mir ein wenig mehr von diesem Kromer zu erzählen?"

„Ich kann nicht! Nein, laß mich!"

Er schwieg eine Weile.

„Schade", sagte er dann, „wir hätten das Experiment noch weiter führen können. Aber ich will dich nicht plagen. Aber nicht wahr, das weißt du doch, daß deine Furcht vor ihm nichts Richtiges ist? So eine Furcht macht uns ganz kaputt, die muß man loswerden. Du mußt sie loswerden, wenn ein rechter Kerl aus dir werden soll. Begreifst du?" **kaputt machen (inf.)** *to ruin*

„Gewiß, du hast ganz recht . . . aber es geht nicht. Du weißt ja nicht . . . "

„Verlaß dich auf mich, Sinclair. Eure Geheimnisse wirst du mir später einmal mitteilen —"

„Nie, nie!" rief ich heftig.

„Ganz wie du willst. Ich meine nur, vielleicht wirst du mir später einmal mehr sagen."

Wir schwiegen eine lange Zeit, und ich wurde ruhiger. Aber Demians Wissen wurde mir immer rätselhafter.

Ich kam nach Hause, und mir schien, ich sei ein Jahr lang weg gewesen. Alles sah anders aus. Zwischen mir und Kromer stand etwas wie Zukunft, etwas wie Hoffnung. Ich war nicht mehr allein! Und erst jetzt sah ich, wie schrecklich allein ich wochen- und wochenlang mit meinem Geheimnis gewesen war.

Kromers Pfiff vor unserem Hause blieb aus, einen Tag, zwei Tage, drei Tage, eine Woche lang. Ich wagte gar nicht, daran zu glauben, und lag innerlich auf der Lauer, ob er nicht plötzlich, eben wenn man ihn gar nimmer erwartete, **nimmer = nicht mehr** doch wieder dastehen würde. Bis ich endlich einmal dem Franz Kromer begegnete. Als er mich sah, zuckte er zusam- **zuckte zusammen** *winced* men, verzog das Gesicht zu einer wüsten Grimasse° und **verzog** *twisted, distorted* kehrte ohne weiteres um.

Das war für mich ein unerhörter Augenblick! Mein Feind lief vor mir davon! Mein Satan hatte Angst vor mir! Mir fuhr die Freude und Überraschung durch und durch.

In diesen Tagen zeigte sich Demian einmal wieder. Er wartete auf mich vor der Schule.

„Guten Morgen, Sinclair. Ich wollte nur einmal hören, wie dir's geht. Der Kromer läßt dich doch jetzt in Ruhe, nicht?"

„Hast du das gemacht? Aber wie denn? Wie denn? Ich begreife es gar nicht. Er ist ganz ausgeblieben."

„Das ist gut. Wenn er je einmal wiederkommen sollte — ich denke, er tut es nicht, aber er ist ja ein frecher Kerl — dann sage ihm bloß, er möge an den Demian denken."

Händel anfangen (inf.) *to pick a fight*
verhauen *beat up*

„Aber wie hängt das zusammen? Hast du Händel mit ihm angefangen und ihn verhauen?"

„Nein, das tue ich nicht so gern. Ich habe bloß mit ihm gesprochen, so wie mit dir auch, und ihm dabei klarmachen können, daß es sein eigener Vorteil ist, wenn er dich in Ruhe läßt."

so sehr *however much*
beklommenen *uneasy*

Er machte sich los, so sehr ich ihn auszufragen versuchte, und ich blieb mit dem alten beklommenen Gefühl gegen ihn zurück, das aus Dankbarkeit und Scheu, aus Bewunderung und Angst, aus Zuneigung und innerem Widerstreben seltsam gemischt war.

2

Some years later, Sinclair and Demian chance to be in the same class in religion, preparing for confirmation. Again the strange attraction and power of Demian are manifested. He can foresee the actions of other pupils, he seems to compel the pastor-teacher to follow his will, and he moves, contrary to the seating plan, into a seat beside Sinclair, who asks him how these things have happened.

„Kannst du denn eigentlich machen, daß ein anderer das denken muß, was du willst?" fragte ich ihn.

Er gab bereitwillig Auskunft, ruhig und sachlich, in seiner erwachsenen Art.

5 „Nein", sagte er, „das kann man nicht. Man hat nämlich keinen freien Willen, wenn auch der Pfarrer so tut. Weder kann der andere denken, was er will, noch kann ich ihn denken machen, was ich will. Wohl aber kann man jemand gut beobachten, und kann man oft ziemlich genau sagen, was er
10 denkt oder fühlt, und dann kann man meistens auch voraussehen, was er im nächsten Augenblick tun wird. Es ist ganz einfach, die Leute wissen es bloß nicht."

Mir lag es auf der Zunge, das Wort „Gedankenlesen" auszusprechen und ihn damit an die Szene° mit Kromer zu
15 erinnern, die so lang zurück lag. Aber dies war nun auch eine seltsame Sache zwischen uns beiden: nie und niemals machte weder er noch ich die leiseste Anspielung darauf, daß er vor mehreren Jahren einmal so ernstlich in mein Leben einge-griffen hatte.

20 „Aber wie ist nun das mit dem Willen?" fragte ich. „Du sagst, man hat keinen freien Willen. Aber dann sagst du wieder, man brauche nur seinen Willen fest auf etwas zu richten, dann könne man sein Ziel erreichen. Das stimmt doch nicht!"

25 „Gut, daß du fragst!" sagte er lachend. „Man muß immer fragen, man muß immer zweifeln. Aber die Sache ist sehr einfach. Ich kann wohl das und das phantasieren, mir etwa einbilden, ich wolle unbedingt an den Nordpol° kommen, oder so etwas, aber ausführen und genügend stark wollen
30 kann ich das nur, wenn der Wunsch ganz in mir selber liegt, wenn wirklich mein Wesen ganz von ihm erfüllt ist. Als ich, damals im Herbst, den festen Willen bekam, aus meiner Bank da vorne versetzt zu werden, da ging es ganz gut. Da war plötzlich einer da, der im Alphabet° vor mir kam, und der

Anspielung *allusion*

eingreifen (inf.) in *to interfere with*

das und das phantasieren *indulge in this or that wild fancy*

den festen Willen bekam *firmly resolved*

259

bisher krank gewesen war, und weil jemand ihm Platz machen mußte, war natürlich ich der, der es tat, weil eben mein Wille bereit war, sofort die Gelegenheit zu packen."

„Ja", sagte ich, „mir war es damals auch ganz eigentümlich. Von dem Augenblick an, wo wir uns für einander interessierten, rücktest du mir immer näher. Aber wie war das? Anfangs kamst du doch nicht gleich neben mich zu sitzen, du saßest erst ein paarmal in der Bank da vor mir, nicht? Wie ging das zu?"

„Es war mein Wille, zu dir zu kommen, der mir aber noch nicht bewußt geworden war. Zugleich zog dein eigener Wille mit und half mir. Erst als ich dann da vor dir saß, kam ich darauf, daß mein Wunsch erst halb erfüllt sei—ich merkte, daß ich eigentlich nichts anderes begehrt hatte, als neben dir zu sitzen."

„Aber damals ist kein Neuer eingetreten."

„Nein, aber damals tat ich einfach, was ich wollte, und setzte mich kurzerhand neben dich. Der Junge, mit dem ich den Platz tauschte, war bloß verwundert und ließ mich machen. Und der Pfarrer merkte zwar einmal, daß es da eine Änderung gegeben habe — überhaupt, jedesmal, wenn er mit mir zu tun hat, plagt ihn heimlich etwas, er weiß nämlich, daß ich Demian heiße und daß es nicht stimmt, daß ich mit meinem D im Namen da ganz hinten unterm S sitze! Er merkt es immer wieder einmal, daß da etwas nicht stimmt, und sieht mich an und fängt an zu studieren, der gute Herr. Ich habe da aber ein einfaches Mittel. Ich seh ihm jedesmal ganz, ganz fest in die Augen. Das vertragen fast alle Leute schlecht. Sie werden alle unruhig. Wenn du von jemand etwas erreichen willst, und siehst ihm unerwartet ganz fest in die Augen, und er wird gar nicht unruhig, dann gib es auf! Du erreichst nichts bei ihm, nie! Aber das ist sehr selten."

kam darauf realized — *kurzerhand* without ado — *verwundert* surprised — *studieren* to ponder

3

Sinclair's youth continues to be an unhappy one. He loses touch with Demian, goes away to school and does badly, and passes through a period of dissipation and nihilism. As he writes down his recollections, much later, he recalls how Demian appeared again, a savior in need. In the following passage, Demian speaks with Sinclair about the boy's excesses, suggests that greater men have done similar things and learned from them, and gives his version of the ancient maxim: Know thyself. In retrospect, Sinclair sees how powerfully Demian has affected his life.

„Du gehst viel ins Wirtshaus?" fragte er mich.

„Ach ja", sagte ich träge, „was soll man sonst tun? Es ist am Ende immer noch das Lustigste."

„Findest du? Es kann schon sein. Etwas daran ist ja sehr schön — der Rausch, das Bacchische! Aber ich finde, bei den meisten Leuten, die viel im Wirtshaus sitzen, ist das ganz verlorengegangen. Mir kommt es so vor, als sei gerade das Wirtshauslaufen etwas richtig Philisterhaftes. Ja, eine Nacht lang, mit brennenden Fackeln, zu einem richtigen, schönen Rausch und Taumel! Aber so immer wieder, ein Schöppchen ums andere, das ist doch wohl nicht das Wahre? Kannst du dir etwa den Faust° vorstellen, wie er Abend für Abend an einem Stammtisch sitzt?"

Ich trank und schaute ihn feindselig an.

„Ja, es ist eben nicht jeder ein Faust", sagte ich kurz.

Demian blitzte mich aus leicht eingekniffenen Augen wissend an.

„Lieber Sinclair", sagte er langsam, „es war nicht meine Absicht, dir Unangenehmes zu sagen. Übrigens — zu welchem Zweck du jetzt deine Schoppen trinkst, wissen wir ja beide nicht. Das in dir, was dein Leben macht, weiß es schon. Es ist so gut, das zu wissen: daß in uns drinnen einer ist, der alles weiß, alles will, alles besser macht als wir selber. — Aber verzeih, ich muß nach Hause."

Wir nahmen kurzen Abschied. Ich blieb sehr mißmutig sitzen, trank meine Flasche vollends aus, und fand, als ich gehen wollte, daß Demian sie schon bezahlt hatte. Das ärgerte mich noch mehr.

Bei dieser kleinen Begebenheit hielten nun meine Gedanken wieder an. Sie waren voll von Demian. Und die Worte, die er in jenem Gasthaus vor der Stadt gesagt, kamen in meinem Gedächtnis wieder hervor. — „Es ist so gut, das zu wissen, daß in uns drinnen einer ist, der alles weiß!"

Bis zu meiner Geschichte mit Kromer zurück suchte ich alle Erinnerungen an Max Demian in mir hervor. Wie vieles klang da wieder auf, was er mir einst gesagt hatte, und alles hatte heute noch Sinn, war aktuell, ging mich an! Hatte ich nicht in Rausch und Schmutz gelebt, in Betäubung und Verlorenheit, bis mit einem neuen Lebensantrieb gerade das Gegenteil in mir lebendig geworden war, das Verlangen nach Reinheit, die Sehnsucht nach dem Heiligen?

Bacchische *Bacchic, orgiastic*

Wirtshauslaufen *running to taverns*
Philisterhaftes *philistine, commonplace*
Fackeln *torches*
Taumel *frenzy*
Schöppchen *(little) glass*
Stammtisch *table for regular guests*
feindselig *hostile*
blitzte mich an *flashed a look at me*
eingekniffenen *narrowed*

mißmutig *sullen*

klang wieder auf *echoed*
war aktuell *belonged to the present*
in Betäubung und Verlorenheit *stupefied and lost*

261

4

Later, Sinclair finds Demian in a university town, and in their conversation Demian again develops his critical views, this time in a biting analysis of the falseness of the "community" of European civilization, the "Angst" of men who cling together from weakness, the promise of a great change coming. You will find overtones, even phrases of Nietzsche, and you will note an unorthodox religious reference that perhaps points toward the true understanding of Demian's role.

Signatur *mark, stamp*

Zusammenschluß *togetherness*

Herdenbildung *formation of herds*

Gemeinsamkeit *sense of community*

sich zu sich selber bekannt haben *faced up to themselves*

Tafeln *tables (of law)*

angemessen *suited*

Auseinandersetzungen *conflicts*

dartun *prove*

Er sprach vom Geist Europas und von der Signatur dieser Zeit. Überall, sagte er, herrsche Zusammenschluß und Herdenbildung, aber nirgends Freiheit und Liebe.

„Gemeinsamkeit", sagte Demian, „ist eine schöne Sache. Aber was jetzt an Gemeinsamkeit da ist, ist nur Herdenbildung. Die Menschen fliehen zueinander, weil sie voreinander Angst haben — die Herren für sich, die Arbeiter für sich, die Gelehrten für sich! Und warum haben sie Angst? Man hat nur Angst, wenn man mit sich selber nicht einig ist. Sie haben Angst, weil sie sich nie zu sich selber bekannt haben. Eine Gemeinschaft von lauter Menschen, die vor dem Unbekannten in sich selber Angst haben! Sie fühlen alle, daß ihre Lebensgesetze nicht mehr stimmen, daß sie nach alten Tafeln leben, weder ihre Religionen° noch ihre Sittlichkeit, nichts von allem ist dem angemessen, was wir brauchen. Hundert und mehr Jahre lang hat Europa bloß noch studiert und Fabriken gebaut! Sie wissen genau, wieviel Gramm° Pulver man braucht, um einen Menschen zu töten, aber sie wissen nicht, wie man zu Gott betet, sie wissen nicht einmal, wie man eine Stunde lang vergnügt sein kann. — Diese Menschen, die sich so ängstlich zusammentun, sind voll von Angst und voll von Bosheit, keiner traut dem andern. Sie hängen an Idealen°, die keine mehr sind, und steinigen jeden, der ein neues aufstellt. Ich spüre, daß es Auseinandersetzungen gibt. Sie werden kommen, glaube mir, sie werden bald kommen! Natürlich werden sie die Welt nicht ,verbessern'. Ob die Arbeiter ihre Fabrikanten totschlagen, oder ob Rußland und Deutschland aufeinander schießen, es werden nur Besitzer getauscht. Aber umsonst wird es doch nicht sein. Es wird die Wertlosigkeit der heutigen Ideale dartun. Diese Welt, wie sie jetzt ist, will sterben, sie will zugrunde gehen, und sie wird es."

„Und was wird dabei aus uns?" fragte ich.

„Aus uns? Oh, vielleicht gehen wir mit zugrunde. Totschlagen kann man ja auch unsereinen. Nur daß wir damit nicht erledigt sind. Um das, was von uns bleibt, oder um die von uns, die es überleben, wird der Wille der Zukunft sich sammeln. Und dann wird sich zeigen, daß der Wille der Menschheit nie und nirgends gleich ist mit dem der heutigen Gemeinschaften, der Staaten und Völker, der Vereine und Kirchen. Sondern das, was die Natur° mit dem Menschen will, steht in den einzelnen geschrieben, in dir und mir. Es stand in Jesus, es stand in Nietzsche. Für diese allein wichtigen Strömungen — die natürlich jeden Tag anders aussehen können, wird Raum sein, wenn die heutigen Gemeinschaften zusammenbrechen."

unsereinen people like us

Strömungen tendencies, currents

5

The catastrophe draws near. Sinclair is warned by Demian that war is imminent and that Demian will join his cavalry regiment immediately. Sinclair too is called to the army. Standing guard in Flanders one night in early spring, he has a vision of the birth of a new world; the goddess bringing it forth has the features of Demian's mother, Frau Eva, an archetypal mother-figure. The vision, as Theodore Ziolkowski has shown, comes from the Apocalypse (Chapter 12, 1–2). Stars flash through the sky — and the vision is transformed into a bombardment, in which Sinclair is seriously wounded. As if drawn by fate, he is moved from place to place. He wakes in a hospital, finds Demian beside him, and is comforted by him. Next morning he sees a stranger occupying the mattress beside him. We are left with a final mystery. Did Demian really exist? Or was he Sinclair's real self, to which he at last returns? And is there a possibility — as Ziolkowski thinks — that Demian is a Messiah, showing that the truth and the way lie within each individual?

Einer von den Sternen brauste mit hellem Klang gerade zu mir her, schien mich zu suchen. — Da krachte er brüllend in tausend Funken auseinander, es riß mich empor und warf mich wieder zu Boden, donnernd brach die Welt über mir zusammen.

krachte auseinander exploded

Man fand mich nahe bei der Pappel, mit Erde bedeckt und mit vielen Wunden.

Pappel poplar

Ich lag in einem Keller, Geschütze brummten über mir. Ich lag in einem Wagen und holperte über leere Felder. Meistens schlief ich oder war ohne Bewußtsein. Aber je tiefer ich schlief, desto heftiger empfand ich, daß etwas mich zog, daß ich einer Kraft folgte, die über mich Herr war.

Geschütze heavy guns

holperte jolted

Ich lag in einem Stall auf Stroh, es war dunkel, jemand war mir auf die Hand getreten. Aber mein Inneres wollte weiter, stärker zog es mich weg. Wieder lag ich auf einem Wagen und später auf einer Bahre oder Leiter, immer stärker fühlte ich mich irgendwohin befohlen, fühlte nichts als den Drang, endlich dahin zu kommen.

Nun lag ich in einem Saal, am Boden gebettet, und fühlte, daß ich dort sei, wohin ich gerufen war. Ich blickte um mich, dicht neben meiner Matratze lag eine andre und jemand auf ihr, der neigte sich vor und sah mich an. Es war Max Demian.

„Sinclair!" sagte er flüsternd.

Ich gab ihm ein Zeichen mit den Augen, daß ich ihn verstehe.

Er lächelte wieder, beinah wie im Mitleid.

„Kannst du dich noch an Franz Kromer erinnern?" fragte er.

Ich zwinkerte ihm zu, und konnte auch lächeln.

„Kleiner Sinclair, paß auf! Ich werde fortgehen müssen. Du wirst mich vielleicht einmal wieder brauchen, gegen den Kromer oder sonst. Wenn du mich dann rufst, dann komme ich nicht mehr so grob auf einem Pferd geritten oder mit der Eisenbahn. Du mußt dann in dich hinein hören, dann merkst du, daß ich in dir drinnen bin. Verstehst du? . . . Mach die Augen zu, Sinclair!"

Am Morgen wurde ich geweckt, ich sollte verbunden werden. Als ich endlich richtig wach war, wendete ich mich schnell nach der Nachbarmatratze hin. Es lag ein fremder Mensch darauf, den ich nie gesehen hatte.

Das Verbinden tat weh. Alles, was seither mit mir geschah, tat weh. Aber wenn ich manchmal den Schlüssel finde und ganz in mich selbst hintersteige, da wo im dunkeln Spiegel die Schicksalsbilder schlummern, dann brauche ich mich nur über den schwarzen Spiegel zu neigen und sehe mein eigenes Bild, das nun ganz Ihm gleicht, Ihm, meinem Freund und Führer.

Bahre *stretcher*
Leiter *rack*

Matratze *mattress*

zwinkerte *blinked my eyes*

264

XXI.

Bertolt Brecht

DIE DREIGROSCHENOPER

For the last eight years of his life (he died in 1956) Bertolt Brecht was director of his own theatre in East Berlin and of the remarkable Berliner Ensemble, one of the leading acting companies of our time. Though a prized "comrade" of Communist East Germany, Brecht has always been more highly regarded in the Western countries than in the East. Since his death, his reputation in the West has continued to grow.

His most celebrated work is an early one, Die Dreigroschenoper (The Three-Penny Opera), a scurrilous adaptation of John Gay's eighteenth-century Beggars' Opera, with music by Kurt Weill, first performed in Berlin with sensational success in 1928. Gay's original ballad opera was potent enough social satire, but in his free adaptation Brecht has intensified this into a direct assault on the values of the very audience to which the work is addressed. "Erst kommt das Fressen, dann kommt die Moral" is a famous line from "Das zweite Drei-Groschen Finale" on p. 275.

It is the singular combination of charm, energy, wit and bitter cynicism about capitalistic society which makes the work unique. The six songs in this chapter all illustrate this in one way or another, none better than the "Ballad of Pirate Jenny." The pathetic dish-washer and maid of all work, exploited by a heartless society, tells her simple-minded dream of the day when "her ship will come in." And she thinks of its doing so literally — sailing up the river to rescue her. With charm and naiveté and a kind of helpless pathos she reveals her impossible "Wunschtraum." But it develops that this will be a pirate ship, that it will level the city with its guns, sparing only the hotel in which Jenny works, that the pirates will capture everybody and bring them all to Jenny, asking her which ones are to be executed — and Jenny will say "All of them!" The charming idyll has become a frightening revelation of the suppressed hatred of society in the soul of the down-trodden girl.

The full effect of the juxtaposition of these seemingly incompatible qualities can be obtained only by hearing the songs performed with Weill's music by untrained singers, as the writers wished them to be performed. For in a way which must be heard to be appreciated, Weill has produced melodies and accompaniments which are charming and naive and at the same time sophisticated and insolent. You will recognize the tune to "The Ballad of Mack the Knife." It has become famous.

That Brecht and Weill could shame their audiences and make them like it is the secret of the continued success of this ballad opera. The locale of London has been retained from the original. This fact will explain the constant allusion to British names and places, particularly in the Kipling-esque parody of the colonial army of India in "The Song of the Cannons."

Aufführung Württembergisches Staatstheater Stuttgart

DIE MORITAT VON MACKIE MESSER

Jahrmarkt in Soho

Die Bettler betteln, die Diebe stehlen, die Huren huren.
Ein Moritatensänger singt eine Moritat.

Und der Haifisch, der hat Zähne
Und die trägt er im Gesicht
Und Macheath, der hat ein Messer
Doch das Messer sieht man nicht.

5 Ach, es sind des Haifisches Flossen
Rot, wenn dieser Blut vergießt!
Mackie Messer trägt 'nen Handschuh
Drauf man keine Untat liest.

An der Themse° grünem Wasser
10 Fallen plötzlich Leute um!
Es ist weder Pest noch Cholera°
Doch es heißt: Macheath geht um.

An 'nem schönen blauen Sonntag
Liegt ein toter Mann am Strand
15 Und ein Mensch geht um die Ecke
Den man Mackie Messer nennt.

Und Schmul Meier bleibt verschwunden
Und so mancher reiche Mann
Und sein Geld hat Mackie Messer
20 Dem man nichts beweisen kann.

Jenny Towler ward gefunden
Mit 'nem Messer in der Brust
Und am Kai geht Mackie Messer
Der von allem nichts gewußt.

25 Wo ist Alfons Glite, der Fuhrherr?
Kommt das je ans Sonnenlicht?
Wer es immer wissen könnte—
Mackie Messer weiß es nicht.

Und das große Feuer in Soho
30 Sieben Kinder und ein Greis—
In der Menge Mackie Messer, den
Man nicht fragt und der nichts weiß.

Und die minderjährige Witwe
Deren Namen jeder weiß
35 Wachte auf und war geschändet—
Mackie, welches war dein Preis?

Moritat	*street ballad*
Soho	(*district in London*)
Huren	*whores*
Haifisch	*shark*
Flossen	*fins*
vergießt	*sheds*
Untat	*crime*
Pest	*plague*
Strand	(*street in London*)
Schmul Meier	(*man's name*)
Kai	*dock*
Fuhrherr	*coachman*
minderjährige	*minor, under age*
geschändet	*ravished, raped*

Seeräuber *pirate*

DIE SEERÄUBER-JENNY

1

Meine Herren, heute sehen Sie mich Gläser abwaschen
Und ich mache das Bett für jeden.
Und Sie geben mir einen Penny° und ich bedanke mich
    schnell

Lumpen *rags*
lumpige *crummy*

Und Sie sehen meine Lumpen und dies lumpige Hotel
Und Sie wissen nicht, mit wem Sie reden.
Aber eines Abends wird ein Geschrei sein am Hafen
Und man fragt: Was ist das für ein Geschrei?
Und man wird mich lächeln sehn bei meinen Gläsern
Und man sagt: Was lächelt die dabei?
    Und ein Schiff mit acht Segeln
    Und mit fünfzig Kanonen°

Kai *dock*

    Wird liegen am Kai.

268

2

Man sagt: geh, wisch deine Gläser, mein Kind
Und man reicht mir den Penny hin.
Und der Penny wird genommen
Und das Bett wird gemacht.
(Es wird keiner mehr drin schlafen in dieser Nacht.)
Und Sie wissen immer noch nicht, wer ich bin.
Aber eines Abends wird ein Getös sein am Hafen   Getös *racket*
Und man fragt: Was ist das für ein Getös?
Und man wird mich stehen sehen hinterm Fenster
Und man sagt: Was lächelt die so bös?
    Und das Schiff mit acht Segeln
    Und mit fünfzig Kanonen
    Wird beschießen die Stadt.

3

Meine Herren, da wird wohl Ihr Lachen aufhören
Denn die Mauern werden fallen hin
Und die Stadt wird gemacht dem Erdboden gleich   gemacht dem Erdboden gleich
Nur ein lumpiges Hotel wird verschont von jedem Streich   *razed to the ground*
Und man fragt: Wer wohnt Besonderer darin?   verschont *spared*
Und in dieser Nacht wird ein Geschrei um das Hotel sein
Und man fragt: Warum wird das Hotel verschont?
Und man wird mich sehen treten aus der Tür gen Morgen   gen = gegen
Und man sagt: Die hat darin gewohnt?
    Und das Schiff mit acht Segeln
    Und mit fünfzig Kanonen
    Wird beflaggen den Mast.   beflaggen *deck with flags*

4

Und es werden kommen hundert gen Mittag an Land
Und werden in den Schatten treten
Und fangen einen jeglichen aus jeglicher Tür
Und legen ihn in Ketten und bringen ihn zu mir
Und fragen: Welchen sollen wir töten?
Und an diesem Mittag wird es still sein am Hafen
Wenn man fragt, wer wohl sterben muß.
Und dann werden Sie mich sagen hören: Alle!
Und wenn dann der Kopf fällt, sag ich: Hoppla!   hoppla! *hooray!*
    Und das Schiff mit acht Segeln
    Und mit fünfzig Kanonen
    Wird entschwinden mit mir.   entschwinden *vanish*

269

Brown: Traugott Buhre, Mackie: Ulrich Matschoss

DER KANONEN-SONG

1

John war darunter und Jim war dabei
Und Georgie ist Sergeant geworden
Doch die Armee°, sie fragt keinen, wer er sei
Und sie marschierte° hinauf nach dem Norden.
Soldaten wohnen
Auf den Kanonen
Vom Cap° bis Couch Behar.
Wenn es mal regnete
Und es begegnete
Ihnen 'ne neue Rasse
'ne braune oder blasse
Da machen sie vielleicht daraus ihr Beefsteak Tartar.

2

Johnny war der Whisky zu warm
Und Jimmy hatte nie genug Decken
Aber Georgie nahm beide beim Arm
Und sagte: die Armee kann nicht verrecken.
Soldaten wohnen
Auf den Kanonen
Vom Cap bis Couch Behar.
Wenn es mal regnete
Und es begegnete
Ihnen 'ne neue Rasse
'ne braune oder blasse
Da machen sie vielleicht daraus ihr Beefsteak Tartar.

3

John ist gestorben und Jim ist tot
Und Georgie ist vermißt und verdorben
Aber Blut ist immer noch rot
Und für die Armee wird jetzt wieder geworben!
Soldaten wohnen
Auf den Kanonen
Vom Cap bis Couch Behar.
Wenn es mal regnete
Und es begegnete
Ihnen 'ne neue Rasse
'ne braune oder blasse
Da machen sie vielleicht daraus ihr Beefsteak Tartar.

Kanonen-song *Song of the Cannons*

Couch Behar *Kutch Behar (place name in India)*

Rasse *race*

Beefsteak Tartar (*raw ground beef*)

verrecken *die, perish*

werben (inf.) *to recruit*

271

DURCH EIN KLEINES LIED DEUTET POLLY IHREN ELTERN IHRE VERHEIRATUNG MIT DEM RÄUBER MACHEATH AN

1

Einst glaubte ich als ich noch unschuldig war
Und das war ich einst grad so wie du
Vielleicht kommt auch zu mir einmal einer
Und dann muß ich wissen, was ich tu.
Und wenn der Geld hat   5
Und wenn er nett ist
Und sein Kragen ist auch werktags rein
Und wenn er weiß, was sich bei einer Dame schickt
Dann sage ich ihm „Nein".
Da behält man seinen Kopf oben   10
Und man bleibt ganz allgemein.
Sicher scheint der Mond die ganze Nacht
Sicher wird das Boot° am Ufer losgemacht
Aber weiter kann nichts sein.
Ja, da kann man sich doch nicht nur hinlegen   15
Ja, da muß man kalt und herzlos sein.
Ja, da könnte so viel geschehen
Ach, da gibt's überhaupt nur: Nein.

2

Der erste, der kam, war ein Mann aus Kent°
Der war, wie ein Mann sein soll.   20
Der zweite hatte drei Schiffe im Hafen
Und der dritte war nach mir toll.
Und als sie Geld hatten
Und als sie nett waren
Und ihr Kragen war auch werktags rein   25
Und als sie wußten, was sich bei einer Dame schickt
Da sagte ich ihnen „Nein".
Da behielt ich meinen Kopf oben
Und ich blieb ganz allgemein.
Sicher schien der Mond die ganze Nacht   30
Sicher ward das Boot am Ufer losgemacht
Aber weiter konnte nichts sein.
Ja, da kann man sich doch nicht nur hinlegen
Ja, da mußt ich kalt und herzlos sein.
Ja, da könnte doch viel geschehen   35
Aber da gibt's überhaupt nur: Nein.

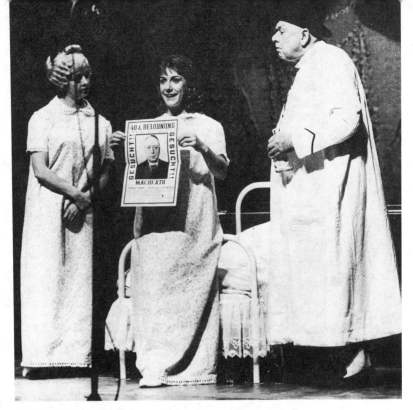

**Mutter: Karin Schlemmer, Polly: Hannelore Hoger,
Vater Peachum: Hans Mahnke**

3

Jedoch eines Tags, und der Tag war blau
Kam einer, der mich nicht bat
Und er hängte seinen Hut an den Nagel in meiner Kammer
Und ich wußte nicht, was ich tat.
5 Und als er kein Geld hatte
Und als er nicht nett war
Und sein Kragen war auch am Sonntag nicht rein
Und als er nicht wußte, was sich bei einer Dame schickt
Zu ihm sagte ich nicht „Nein".
10 Da behielt ich meinen Kopf nicht oben
Und ich blieb nicht allgemein.
Ach, es schien der Mond die ganze Nacht
Und es ward das Boot am Ufer festgemacht
Und es konnte gar nicht anders sein!
15 Ja, da muß man sich doch einfach hinlegen
Ja, da kann man doch nicht kalt und herzlos sein.
Ach, da mußte so viel geschehen
Ja, da gab's überhaupt kein Nein.

DAS ZWEITE DREIGROSCHEN-FINALE°

1

Macheath

Ihr Herrn, die ihr uns lehrt, wie man brav leben

Missetat *misdeed*   Und Sünd und Missetat vermeiden kann

Zuerst müßt ihr uns was zu fressen geben

Dann könnt ihr reden: damit fängt es an.

Wanst *paunch*   Ihr, die ihr euren Wanst und unsre Bravheit liebt   5

Das eine wisset ein für allemal:
Wie ihr es immer dreht und wie ihr's immer schiebt
Erst kommt das Fressen, dann kommt die Moral.   Moral *morality*
Erst muß es möglich sein auch armen Leuten
Vom großen Brotlaib sich ihr Teil zu schneiden.   Brotlaib *loaf of bread*

Stimme hinter der Szene°

Denn wovon lebt der Mensch?

Macheath

Denn wovon lebt der Mensch? Indem er stündlich
Den Menschen peinigt, auszieht, anfällt, abwürgt und frißt.   anfällt *attacks*
Nur dadurch lebt der Mensch, daß er so gründlich   abwürgt *chokes, strangles*
Vergessen kann, daß er ein Mensch doch ist.

Chor

Ihr Herren, bildet euch nur da nichts ein:
Der Mensch lebt nur von Missetat allein!

Spelunken-Jenny

Ihr lehrt uns, wann ein Weib die Röcke heben   Spelunken-Jenny *gin-mill*
Und ihre Augen einwärts drehen kann   *Jenny*
Zuerst müßt ihr uns was zu fressen geben   einwärts *inward*
Dann könnt ihr reden: damit fängt es an.
Ihr, die auf unsrer Scham und eurer Lust besteht
Das eine wisset ein für allemal:
Wie ihr es immer schiebt und wie ihr's immer dreht
Erst kommt das Fressen, dann kommt die Moral.
Erst muß es möglich sein auch armen Leuten
Vom großen Brotlaib sich ihr Teil zu schneiden.

Stimme hinter der Szene

Denn wovon lebt der Mensch?

Spelunken-Jenny

Denn wovon lebt der Mensch? Indem er stündlich
Den Menschen peinigt, auszieht, anfällt, abwürgt und frißt.
Nur dadurch lebt der Mensch, daß er so gründlich
Vergessen kann, daß er ein Mensch doch ist.

Chor

Ihr Herren, bildet euch nur da nichts ein:
Der Mensch lebt nur von Missetat allein!

DAS LIED VON DER UNZULÄNGLICHKEIT MENSCHLICHEN STREBENS

1

Der Mensch lebt durch den Kopf
Der Kopf reicht ihm nicht aus
Versuch es nur, von deinem Kopf
Lebt höchstens eine Laus°.
    Denn für dieses Leben
    Ist der Mensch nicht schlau genug.
    Niemals merkt er eben
    Allen Lug und Trug.

2

Ja, mach nur einen Plan
Sei nur ein großes Licht!
Und mach dann noch 'nen zweiten Plan
Gehn tun sie beide nicht.
    Denn für dieses Leben
    Ist der Mensch nicht schlecht genug.
    Doch sein höh'res Streben
    Ist ein schöner Zug.

3

Ja, renn nur nach dem Glück
Doch renne nicht zu sehr!
Denn alle rennen nach dem Glück
Das Glück rennt hinterher.
    Denn für dieses Leben
    Ist der Mensch nicht anspruchslos genug
    Drum ist all sein Streben
    Nur ein Selbstbetrug.

4

Der Mensch ist gar nicht gut
Drum hau ihn auf den Hut.
Hast du ihn auf den Hut gehaut
Dann wird er vielleicht gut.
    Denn für dieses Leben
    Ist der Mensch nicht gut genug
    Darum haut ihn eben
    Ruhig auf den Hut.

10

15

20

25

30

XXII

Günter Grass

KATZ UND MAUS

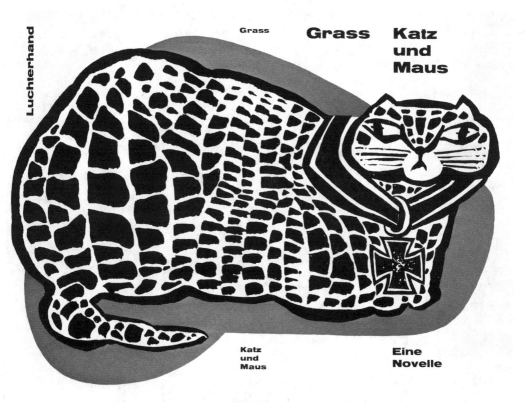

Günter Grass, born in 1927, has emerged in the 1960's as the leading figure of post-war German literature. His fame rests chiefly on three major narrative works, two long novels, Die Blechtrommel (The Tin Drum) (1959) and Hundejahre (1963), between which appeared the novella Katz und Maus in 1961.

Günter Grass is something of a twentieth-century Rabelais. He is not interested in psychological portrayal; the characters he so vividly creates border at the very least on the grotesque; the situations he invents are often fantastic and bizarre; the satire against Nazi and post-Nazi German society is ever-present. But Rabelaisian above all is his relationship to language.

Grass's language has been called difficult, perverse, bizarre, even baffling, but it could never be called dull. Like the great sixteenth-century French innovator, Grass revels in words. His vocabulary is enormous and seemingly undisciplined, containing unheard-of combinations, ideas linked unexpectedly and often with astonishing insights. Grass spills out his humanity, his emotions, his intellect, his enthusiasms, his resentments helter-skelter onto the page. The reader is captured, surrounded, engulfed in this new, vibrant, colorful fantasy world of words, where anything can happen, where normal judgment must be suspended, where the author simply must be listened to.

Now, for this very reason, it is not possible to present Grass as we have all the other authors in this book. There must be many more glosses, for one thing, but even so only partial assistance can be provided. In many ways the individual must be left to his own resources. Nuances must either be sensed or they will not be experienced. Perhaps for many the challenge will be too great. But we have included him nevertheless because we feel that in this writer, if in anyone writing in German today, the German literary heritage expresses itself.

Günter Grass bei politischer Diskussion in Mainz

1

In the following sentences from the first paragraph of the story, the identity of the Maus of the title is revealed. Are you prepared for it to be the hero's Adam's apple? The cat in the excerpt is of minor significance. In the course of the work it becomes clear that in more important ways the narrator himself is the Katz, and Joachim Mahlke, the protagonist, is the Maus. Many-faceted cat-and-mouse relationships occur throughout the novella.

Mahlke schlief oder sah so aus. Neben ihm hatte ich Zahnschmerzen. Die Katze kam übend näher. Mahlkes Adamsapfel° fiel auf, weil er groß war, immer in Bewegung und einen Schatten warf. Des Platzverwalters schwarze Katze
5 spannte sich zwischen mir und Mahlke zum Sprung. Wir bildeten ein Dreieck. Mein Zahn schwieg, trat nicht mehr auf der Stelle: denn Mahlkes Adamsapfel wurde der Katze zur Maus. So jung war die Katze, so beweglich Mahlkes Artikel — jedenfalls sprang sie Mahlke an die Gurgel; oder
10 einer von uns griff die Katze und setzte sie Mahlke an den Hals; oder ich, mit wie ohne Zahnschmerz, packte die Katze, zeigte ihr Mahlkes Maus°: und Joachim Mahlke schrie, trug aber nur unbedeutende Kratzer davon.

übend *exercising*

Platzverwalter *caretaker*

Dreieck *triangle*

Artikel *"thing"* (*his Adam's apple*)
Gurgel *throat*

Kratzer *scratches*

279

2

The central locale of the narrative is the wreck of a Polish mine-sweeper, sunk a year before the story begins in shallow waters near Danzig at the start of World War II. A group of local schoolboys, fourteen or younger, spend as much time on it during the warm weather as they can. Joachim Mahlke becomes a virtuoso diver, exploring sunken parts of the ship the others never dare to approach. He brings up many objects he finds there, including a phonograph which he repairs, a can of frog's legs which he opens and eats and a medallion of the Polish Black Virgin of Czestochowa which he greatly treasures because he is a fervent worshipper of the Virgin Mary. Many of the objects become his permanent possession in his attic room at home. Then one day, early in the third summer, the process is reversed:

Untertertianer (*approx. first year in high school, 14 year old*)
Bugraum *forecastle*
Minensuchbootes *mine sweeper*
Luke *hatchway*
abwechselnd *taking turns*
Angaben *directions*

... und einmal — es war Ende Juni, noch vor den großen Sommerferien — verließ Mahlke seinen Schatten, weil ein Untertertianer aus dem Bugraum des Minensuchbootes nicht mehr hochkommen wollte. Er stieg in die Luke zum Vorschiff und holte den Jungen hoch. Mahlke fand ihn unter der Decke 5 zwischen Rohren und Kabelbündeln°. Zwei Stunden lang arbeiteten Schilling und Hotten Sonntag abwechselnd nach Mahlkes Angaben. Langsam bekam der Tertianer wieder Farbe, mußte aber beim Zurückschwimmen geschleppt werden. 10

regelmäßig besessen *like a madman*

Tags drauf tauchte Mahlke wieder regelmäßig besessen. Schon beim Hinschwimmen verfiel er dem alten Tempo°, zog uns davon und war schon einmal unten gewesen, als wir uns auf die Brücke zogen.

Kasten *"tub"*
Kompaßhäuschens *pilot house*
verkrustete Möwenmist *encrusted sea gull droppings*

Der Winter mit Vereisung und heftigen Stürmen° im 15 Februar hatte dem Kasten den letzten Rest Reeling° und das Dach des Kompaßhäuschens genommen. Nur der verkrustete Möwenmist war gut über den Winter gekommen und vermehrte sich. Mahlke brachte nichts hoch, gab auch keine Antworten, wenn wir immer wieder neue Fragen erfanden. 20 Erst am späten Nachmittag, nachdem er zehn- oder zwölfmal unten gewesen war, und wir uns schon die Glieder für den

lockern (inf.) *to limber up*

Rückweg lockerten, kam er nicht mehr hoch und machte uns alle fertig.

Wenn ich jetzt sage, fünf Minuten Pause°, sagt das gar 25 nichts; aber nach etwa fünf jahrelangen Minuten, die wir mit Schlucken füllten, bis unsere Zungen dick und trocken in trockenen Höhlen lagen, stiegen wir einer nach dem anderen

Strömlinge *small herring*

in den Kahn: im Bugraum nichts, Strömlinge. Hinter Hotten

Sonntag wagte ich mich zum erstenmal durch das Schott, stöberte oberflächlich in der ehemaligen Offiziersmesse°, mußte hoch, schoß kurz vorm Platzen aus der Luke, ging wieder hinunter, schob mich noch zweimal durch das Schott
5 und gab das Tauchen erst nach einer guten halben Stunde auf. Die Möwen schnürten ihren Kreis immer enger, mußten wohl was gemerkt haben. Zum Glück waren keine Tertianer auf dem Kahn. Alle schwiegen oder redeten durcheinander. Die Möwen warfen sich seitlich weg, kamen wieder. Wir
10 legten uns Worte für den Bademeister, für Mahlkes Mutter, für seine Tante und für Klohse zurecht, denn mit einem Verhör in der Schule war zu rechnen.

„Wenn sie ihn nicht finden, müssen wir mit nem Kranz rausschwimmen, und hier ne Feier machen."
15 „Wir legen zusammen. Jeder gibt mindestens fünfzig Pfennige."

„Entweder werfen wir ihn von hier aus über Bord°, oder wir versenken ihn im Vorschiff."

„Singen müssen wir auch", sagte Kupka; aber jenes
20 scheppernde hohle Gelächter, das seinem Vorschlag folgte, kam aus keinem von uns: im Innern der Brücke wurde gelacht. Und während wir noch aneinander vorbei guckten und auf eine Wiederholung des Gelächters warteten, lachte es vom Vorschiff her normal und nicht mehr ausgehöhlt. Mit
25 triefendem Mittelscheitel schob sich Mahlke aus der Luke, atmete kaum angestrengt, rieb sich den frischen Sonnenbrand im Nacken, auch auf den Schultern, und sagte aus wenig höhnischem, eher gutmütigem Meckern heraus: „Na, habt Ihr ne Rede verfaßt und mich schon abgemeldet?"
30 Bevor wir zurückschwammen, stieg Mahlke noch einmal in den Kahn. Nach einer Viertelstunde — Winter schluchzte noch immer — war er wieder auf der Brücke und trug, von außen besehen, völlig unbeschädigte Kopfhörer, wie Funker sie tragen, über beiden Ohren; denn Mahlke hatte mittschiffs°
35 den Zugang zu einem Raum gefunden, der im Inneren der Kommandobrücke über dem Wasserspiegel lag: die ehemalige Funkerkabine des Minensuchbootes. Fußbodentrocken sei der Raum, sagte er, wenn auch etwas klamm. Endlich gab er zu, den Zugang zur Kabine° gefunden gehabt zu haben, als er
40 den Tertianer zwischen Rohren und Kabelbündeln löste. „Hab alles wieder hübsch getarnt. Den findet keine Sau. War aber ne Menge Arbeit. Gehört mir nun, die Bude, damit Ihr Bescheid wißt. Ist ganz gemütlich. Könnte sich drin ver-

brenzlich *hot*

Technik *apparatus*

Bastler *amateur repair man*

Marine *navy*
ausgehoben *picked up*

Kram *stuff*

einzurichten *to furnish*
zerschlissenen *worn out*

handliches Treibholzfloß
easy-to-handle driftwood float

angeblich *allegedly, supposedly*
Transport *load*
Wachskerzen *wax candles*
Spirituskocher *alcohol
burner*
Haferflocken *oat meal flakes*

einsilbiger *more
monosyllabic*
Klamotten *stuff*

Osterzeile (*name of street*)
in den Abschnitt einer
Messinggardinenstange
inside a brass curtain rod
Plastilin *modelling clay*
schleuste *manouvered*

Plakette *medallion*

Schnürsenkel *shoelace*
knapp unterm Schlüsselbein
right under his collarbone

krümeln, wenn's mal brenzlich wird. Hat noch ne Menge Technik, Sender und so weiter. Müßte man wieder in Betrieb nehmen. Mal versuchen gelegentlich."

Doch das hätte Mahlke nie geschafft. Er versuchte es auch gar nicht. Obgleich er ein geschickter Bastler war und eine 5 Menge vom Modellbau verstand, wiesen seine Pläne nie in eine technische° Richtung; zudem hätte uns die Hafenpolizei oder die Marine ausgehoben, wenn Mahlke den Sender wieder in Betrieb genommen und Sprüche in die Luft gefunkt hätte.

Vielmehr räumte er allen technischen Kram aus der 10 Kabine, schenkte ihn Kupka, Esch und den Tertianern, behielt nur die Kopfhörer eine gute Woche lang an den Ohren und warf sie erst über Bord, als er planmäßig begann, die Funkerkabine neu einzurichten.

Bücher — ich weiß nicht mehr welche — hatte er in zer- 15 schlissenen Wolldecken eingewickelt, das Bündel° in Wachstuch verpackt, auf ein handliches Treibholzfloß geladen und schwimmend, teils mit unserer Hilfe, zum Kahn geschleppt. Angeblich gelang es ihm, Bücher und Decken so gut wie trocken in die Kabine zu bringen. Der nächste Transport 20 bestand aus Wachskerzen, einem Spirituskocher, Brennstoff, dem Aluminiumtopf, Tee°, Haferflocken und Trockengemüse. Oft blieb er über eine Stunde weg und antwortete nicht, wenn wir ihn durch wildes Klopfen zur Rückkehr zwingen wollten. Natürlich bewunderten wir ihn. Aber Mahlke nahm davon 25 kaum Kenntnis, wurde immer einsilbiger, und ließ sich auch nicht mehr beim Transport seiner Klamotten helfen. Als er die farbige Reproduktion° nach der Sixtinischen Madonna, die mir aus seiner Bude in der Osterzeile bekannt war, vor unseren Augen eng rollte, in den Abschnitt einer Messinggardinen- 30 stange schob, die offenen Enden der Röhre mit Plastilin zuschmierte und die Madonna im Rohr zuerst zum Kahn, dann in die Kabine schleuste, wußte ich, für wen er sich so anstrengte, für wen er die Kabine wohnlich einrichtete.

Die Reproduktion muß das Tauchen nicht ohne Schaden 35 überstanden haben — oder das Papier litt zusehends in dem klammen, womöglich tropfenden Raum, der ja nur unzureichend mit Frischluft versorgt sein konnte; jedenfalls trug Mahlke, wenige Tage nachdem er den Farbdruck in die Kabine geschleust hatte, etwas am Hals: die Bronzeplakette 40 mit dem flachen Relief° der sogenannten Schwarzen Madonna zu Tschenstochau hing an schwarzem Schnürsenkel knapp unterm Schlüsselbein. Wir hoben schon vielsagend die Augen-

282

brauen, dachten, jetzt beginnt er wieder mit dem Madonnen-
kram, da verschwand Mahlke, kaum daß wir auf der Brücke
hockten und angetrocknet waren, im Vorschiff, war aber nach
einer knappen Viertelstunde ohne Schnürsenkel und Anhänger
5 wieder zwischen uns und machte hinter dem Kompaßhäuschen
einen zufriedenen Eindruck.

    Er pfiff. Zum erstenmal hörte ich Mahlke pfeifen. Natür-
lich pfiff er nicht zum erstenmal. Aber zum erstenmal fiel mir
auf, daß er pfiff, und somit spitzte er wirklich zum erstenmal
10 die Lippen; aber nur ich, der einzige Katholik auf dem Kahn —
außer ihm — kam dem Pfeifen nach: er pfiff ein Marienlied
nach dem anderen, rutschte gegen die Reelingreste und begann
mit guter Laune und freihängenden Füßen der klapprigen
Brückenwandung zuerst einen Takt zu schlagen, dann, über
15 gedämpftem Gepolter, aber ohne Stocken, die gesamte Pfingstsequenz „Veni, Sancte Spiritus" und danach — ich hatte darauf
gewartet — die Sequenz des Freitag vor Palmsonntag° herunterzubeten.

    Du hast, glaube ich, dennoch nicht vorgehabt, die Funker-
20 kabine in ein Marienkapellchen zu verwandeln. Die meisten
Klamotten, die nach unten wanderten, hatten mit ihr nichts
zu tun. Obgleich ich nie Deine Bude besichtigt habe — wir
schafften es einfach nicht — stelle ich sie mir als verkleinerte
Ausgabe Deines Mansardenzimmers in der Osterzeile vor.
25 Nur die Geranien° und Kakteen, die Deine Tante, oft gegen
Deinen Willen, aufs Fensterbrett gestellt hatte, fanden in der
ehemaligen Funkerkabine keine Entsprechung, aber sonst war
der Umzug perfekt.

    Nach den Büchern und den Kochutensilien mußten
30 Mahlkes Schiffsmodelle° unter Deck umziehen. Tinte und
mehrere Federhalter, seine Schmetterlingsammlung und die
ausgestopfte Schnee-Eule zwang er zum Mittauchen. Ich
nehme an, daß Mahlkes Mobiliar in dem mit Kondenswasser
beschlagenen Kasten nach und nach unansehnlich wurde.
35 Besonders müssen die Schmetterlinge in verglasten Zigarren-
kisten, die nur trockene Mansardenzimmerluft gewohnt waren,
unter der Feuchtigkeit gelitten haben.

    Aber gerade das Sinnlose und bewußt Zerstörerische des
tagelangen Umzugspiels bewunderten wir; und Joachim
40 Mahlkes Fleiß, nach und nach Bestandteile eines ehemaligen

---

Marginal glossary:

Kram *stuff*
hocken (inf.) *to squat*
antrocknen (inf.) *to begin to dry*
Anhänger *pendant*

rutschte *slid*
klapprigen Brückenwandung *rickety side of the bridge*
gedämpftem Gepolter *muffled din*
Pfingstsequenz *Pentecost sequence (sacred music)*
herunterzubeten *to go through*

Marienkapellchen *Chapel of the Virgin*
besichtigt *seen, inspected*

Mansarde *attic*
Kakteen *cactuses*

perfekt *complete*
Kochutensilien *cooking utensils*

ausgestopfte *stuffed*
Mobiliar *furnishings*
mit Kondenswasser beschlagenen *covered with condensation*
unansehnlich *unsightly*

283

polnischen Minensuchbootes, die er zwei Sommer zuvor mit Mühe abmontiert hatte, wieder dem Boot° zurückzugeben, ließ uns trotz der lästigen und kindischen Tertianer abermals einen unterhaltsamen, sogar spannenden Sommer auf jenem Kahn klein bekommen, für den der Krieg nur vier Wochen 5 gedauert hatte.

Um ein Beispiel zu nennen: Mahlke bot uns Musik. Jenes Grammophon°, das er im Sommer vierzig, nachdem wir mit ihm den Weg zum Kahn vielleicht sechs- oder siebenmal geschafft hatten, aus dem Vorschiff oder der Offiziersmesse° 10 in mühevoller Kleinarbeit hochgeholt und in seiner Bude repariert° hatte, verstaute er mit einem Dutzend Schallplatten so ziemlich als letztes Umzugsgut unter Deck.

Grammophon und Platten müssen die Reise durchs Vorschiff, durch das Schott zu den Räumen mittschiffs° und 15 hoch in die Funkerkabine gut überstanden haben, denn noch am gleichen Nachmittag, an dem Mahlke den etappenweisen Transport° beendet hatte, überraschte er uns mit hohler, nachscheppernder, von hier und dort, immer aber aus dem Inneren des Kahnes kommender Musik. Arien°, Ouvertüren° 20 — sagte ich schon, daß Mahlke viel für ernste Musik übrig hatte? — jedenfalls bekamen wir etwas Aufregendes aus „Tosca", etwas Märchenhaftes von Humperdinck und ein Stück Symphonie mit Dadada Daaah, das uns aus Wunschkonzerten geläufig war, von innen nach außen geboten. 25

Schilling und Kupka schrien nach etwas Schrägem; aber das hatte er nicht. Erst als unten die Zarah aufgelegt wurde, machte er den dollsten Effekt°. Ihre Unterwasserstimme warf uns platt auf Rost und buckligen Möwenmist. Weiß nicht mehr, was sie sang. War ja alles mit dem gleichen Öl ge- 30 schmiert. Sang aber auch etwas aus einer Oper°, kannten wir aus dem Film „Heimat".

Mehrmals, bis die Platten hinüberwaren und nur noch gequältes Gurgeln und Kratzen dem Kasten entkam, bot uns Mahlke dieses Konzert. Bis zum heutigen Tage hat mir Musik 35 keinen größeren Genuß verschaffen können, obgleich ich kaum ein Konzert im Robert-Schumann-Saal auslasse und mir, sobald ich bei Kasse bin, Langspielplatten von Monteverdi bis Bartók kaufe

3

The last selection is from the end of the novella. It is some years later. Mahlke has been in the army and has been decorated with the Knight's Cross for bravery. Back on a furlough, he simply decides he has had enough war experience and deserts. At the suggestion of the narrator, who is a little younger and has not yet been drafted, he decides to hide out in his secret room in the wreck. The selection begins as the two young men are on their way there.

The ending is highly ambiguous. Mahlke disappears, but what does happen to him? Does he perish in the wreck? If so, is it suicide? To what extent is the narrator guilty of abandoning him? The ambivalence of the narrator's feelings for Mahlke comes out clearly here.

The closing paragraphs are very difficult, but note the profusion of diving imagery. The narrator does seem to have a guilty conscience. Or is it an obsessive affection for his boyhood friend? Or both?

Die Stachelbeeren waren unreif: Mahlke begann mit zwei Händen zu pflücken. Er futterte und spuckte Schlauben. „Wart hier ne halbe Stunde. Du mußt unbedingt Proviant mitnehmen, sonst hältste das nicht lange aus auf dem Kahn."

5 Es öffnete Mahlkes Tante. Gut, daß seine Mutter nicht zu Hause war. „Wir wolln für Joachim ne kleine Feier veranstalten. Trinkbares haben wir genug, aber falls wir Hunger bekommen . . ."

Wortlos holte sie zwei Kilobüchsen Schmalzfleisch aus
10 der Küche, brachte auch einen Büchsenöffner mit. Während sie holte und hin und her überlegte — die Mahlkes hatten immer die Schränke voll, hatten Verwandte auf dem Land und mußten nur zugreifen — stand ich auf unruhigen Beinen im Korridor°.

15 Die Tante kam mit einem Einkaufsnetz und Zeitungspapier für die Konservendosen zurück. Falls ich beim Weggehen fragte, ob jemand dagewesen wäre und nach Joachim gefragt hätte, wurde mir die Frage mit Nein beantwortet. Aber ich fragte nicht, sondern sagte in der Tür: „Schönen
20 Gruß von Joachim soll ich bestellen", obgleich Mahlke mir keinen Gruß, nicht mal an seine Mutter, aufgetragen hatte.

Auch er war nicht neugierig, als ich wieder zwischen den Schrebergärten im gleichen Regen vor seiner Uniform° stand,
25 das Netz an eine Zaunlatte hängte und mir die abgeschnürten Finger rieb. Immer noch tilgte er unreife Stachelbeeren und

Stachelbeeren gooseberries

futtern (inf.) to stuff oneself
spucken (inf.) to spit (out)
Schlauben skins
Proviant food
hältste = hältst du

veranstalten to arrange

Kilobüchsen kilogram cans (approx. two pounds)
Schmalzfleisch fat pork

Einkaufsnetz shopping net
Konservendosen cans of food

Schrebergärten small gardens
Zaunlatte fence picket
abgeschnürten rubbed raw
tilgen (inf.) to devour

285

zwang mich um sein leibliches Wohlbefinden besorgt zu sein:

verkorksen *upset*

raffte *snatched*

„Du wirst Dir noch den Magen verkorksen!" aber Mahlke raffte, nachdem ich „Gehen wir" gesagt hatte, drei Hände voll aus tropfenden Sträuchern, füllte die Hosentaschen und spuckte harte Stachelbeerschlauben vor sich hin. Als wir auf 5

Perron *platform*

dem hinteren Perron des Straßenbahnanhängers standen, und linker Hand der Flugplatz im Regen lag, fraß er das Zeug immer noch in sich hinein.

Brösen (*name of beach resort*)

Erst kurz vor Brösen gingen Mahlke die Stachelbeeren aus. Aber er suchte noch in beiden durchnäßten Taschen, als 10

gemustert *patterned*

wir schon über einen Strand liefen, den der Regen gemustert hatte. Und als der Große Mahlke hörte, wie die See den

klatschte *slapped against*
Ostsee *Baltic Sea*
Kulisse *backdrop*

Strand klatschte und mit Augen die Ostsee sah, auch die Kulisse des Kahns weit draußen, sagte er — und der Horizont° machte ihm einen Strich durch beide Pupillen °—: „Ich kann 15 nicht schwimmen." Dabei hatte ich mir schon Schuhe und Hosen ausgezogen.

„Nu fang keine Geschichten an."

„Wirklich nicht, ich hab Bauchschmerzen. Die verdammten Stachelbeeren."　　　　　　　　　　　　　　　　　　　20

Jackentasche *jacket pocket*
Kreft (*proper name*)

Da fluchte ich und suchte und fluchte und fand eine Mark in der Jackentasche, auch bißchen Kleingeld. Damit lief ich nach Brösen und lieh beim alten Kreft ein Boot für zwei Stunden. Das war gar nicht so leicht, wie es sich hinschreibt, obgleich Kreft nur wenige Fragen stellte und mir half, das 25

flottzubekommen *to float*
auflaufen *run up (on the beach)*
sich wälzen (inf.) *to twist*
Panzer *tank*

Boot flottzubekommen. Als ich das Boot wieder auflaufen ließ, lag Mahlke im Sand und wälzte sich und seine Panzeruniform. Ich mußte ihn treten, damit er auf die Beine kam. Er zitterte, produzierte° Schweiß, drückte sich beide Fäuste in die Magengrube; aber ich kann ihm heute noch nicht die Bauchschmerzen 30

nüchternen *empty*

glauben, trotz unreifer Stachelbeeren auf nüchternen Magen.

„Geh mal in die Dünen°, nun los, geh schon!" Er ging

Strandhafer *beach grass*

krumm und verschwand hinterm Strandhafer. Zwar kam er immer noch krumm zurück, half mir jedoch, das Boot freizu-

Heck *stern*

bekommen. Ich setzte ihn ans Heck, gab ihm das Netz mit 35 beiden Konservendosen auf die Knie und den Büchsenöffner

Pfoten *paws*

im Zeitungspapier in die Pfoten. Als das Wasser hinter der ersten, dann hinter der zweiten Sandbank dunkel wurde, sagte ich: „Jetzt kannst Du mal paar Schläge machen."

Der Große Mahlke schüttelte nicht einmal den Kopf, saß 40

eingewickelten *wrapped up*

gebogen, hielt sich am eingewickelten Büchsenöffner fest und starrte durch mich hindurch: denn wir saßen uns gegenüber.

Mahlke verstand es, den Kurs° unseres Bootes zu über-

wachen und mir mit Hilfe seiner Diktion° ein Tempo° auf-
zuerlegen, das meine Stirn Schweiß treiben ließ, während ihm
die Poren trockneten und Schluß machten. Keinen Ruderschlag lang war ich sicher, ob er über den wachsenden Brücken-
aufbauten° mehr sah als die üblichen Möwen.

Bevor wir anlegten, saß er locker am Heck, spielte lässig°
mit dem Büchsenöffner ohne Papier und klagte nicht über
Bauchschmerzen. Vor mir stand er auf dem Kahn, schritt
das Deck mit besitzergreifenden° Schritten ab, summte° sich
ein Stück Litanei°, winkte zu den Möwen hoch und spielte
jenen aufgeräumten° Onkel°, der nach jahrelanger und aben-
teuerlicher Abwesenheit auf Besuch kommt, sich selbst als
Geschenk mitbringt und Wiedersehn feiern will: „Halloh°,
Kinder, Ihr habt Euch überhaupt nicht verändert!"

Mir gelang es schwer, mitzuspielen: „Mach schon°, mach
schon! Der olle° Kreft hat mir das Boot nur für eineinhalb
Stunden geliehen. Wollte zuerst nur ne Stunde."

Mahlke fand sofort den sachlichen Ton°: „Na schön.
Reisende soll man nicht aufhalten. Der Pott° übrigens, ja der,
neben dem Tanker, liegt ziemlich tief. Wetten, daß das ein
Schwede° ist. Den rudern wir, damit Du Bescheid weißt,
heute noch an. Und zwar, sobald es dunkel. Sieh zu, daß
Du gegen neun hier anlegst. Das werde ich wohl verlangen
können — oder?"

Natürlich war bei so schlechter Sicht die Nationalität°
des Frachters° nicht auszumachen. Mahlke begann sich
umständlich und wortreich auszuziehen. Er stand in jenen
roten Turnhosen°, die ein Stück Tradition unseres Gymna-
siums bedeuteten. Die Uniform hatte er sorgfältig und zum
vorschriftsmäßigen° Päckchen zusammengelegt und hinter dem
Kompaßhäuschen verstaut°. Ich sagte noch: „Haste alles, die
Büchsen? Vergiß nicht den Öffner. Nimmste beide Dosen
auf einmal nach unten?"

„Mal sehn."

„Vergiß nicht den Büchsenöffner, da liegt er."

„Du sorgst für mich wie ne Mutter."

„Also wenn ich Du wäre, würd ich jetzt langsam in den
Keller."

„Jadoch, ja. Das Zeug wird ganz schön vergammelt° sein."

„Sollst ja nicht überwintern."

„Hauptsache ist, das Feuerzeug° macht noch mit, denn
Sprit° hat es unten genug."

„Wird schon halb elf sein oder noch später."

Diktion *speaking*

Brückenaufbauten *bridge (of the ship)*

lässig *negligently*

besitzergreifenden
proprietary
summte — Litanei *hummed a portion of a litany*
aufgeräumten *good humored*

mach schon *hurry up*
olle = alte

Pott *tub*

ein Schwede *Swedish*

Nationalität

Turnhosen *gym pants*
vorschriftsmäßigen
regulation
verstaut *stowed*

schön vergammelt *in a beautiful mess*

Feuerzeug *lighter*
Sprit *alcohol*

nachem = nach dem
siebzehn = approx. 62° F.
neunzehn = approx. 66° F.

„Gar nicht mal so kalt, wie ich dachte."

„Ist nachem Regen immer so."

„Schätze: Wasser siebzehn, Luft neunzehn."

bohren (inf.) *to drill*
selbstgedrechselter *self-
fashioned*
verkantete *slantwise*
hocken (inf.) *to crouch*
raffte *grabbed*

Immer wieder bohre ich mir mit selbstgedrechselter
Frage im Ohr: Sagte er noch etwas, bevor er nach unten ging? 5
Halbgewiß bleibt nur jener verkantete Blick über die linke
Schulter zur Brücke. Durch kurzes Hocken feuchtete er sich
an, raffte rechts das Netz mit den Konservendosen handlich
zusammen. Sagte er noch etwas über die Schulter? Hoch zu
den Möwen? Ich glaube nicht, zu hören, daß Du „Also, bis 10
heute abend!" sagtest. Kopfvoran und mit zwei Konservendosen beschwert, tauchte er weg: runder Rücken und

Gesäß *bottom, rear end*
fand — Spiel *returned to its
usual rippling*

Gesäß folgten dem Nacken. Ein weißer Fuß stieß ins Leere.
Das Wasser über der Luke fand ins gewohnte kurzwellige
Spiel.   15

Da nahm ich den Fuß vom Büchsenöffner. Ich und der
Büchsenöffner blieben zurück. Wäre ich gleich ins Boot und
weg: „Na, der wird es auch ohne schaffen", aber ich blieb,
zählte Sekunden, zählte angestrengt: zweiunddreißig dreiund-
dreißig Sekunden. Einundvierzig zweiundvierzig Sekunden, 20
sechsundvierzig siebenundvierzig achtundvierzig Sekunden.
Mahlke mußte am Ziel sein und mit Konservendosen, ohne
Büchsenöffner, die ehemalige, über dem Wasserspiegel lie-

gende Funkerkabine des polnischen Minensuchbootes bezogen haben.

Wenn wir auch keine Klopfsignale abgemacht hatten, hättest Du dennoch klopfen können. Wie sagt man. Nach menschlichem Ermessen mußte er . . . Die Möwen irritierten. Schnittmuster entwarfen sie zwischen Kahn und Himmel. Als aber die Möwen ohne lesbaren Grund plötzlich abdrehten, irritierten mich fehlende Möwen. Und ich begann zuerst mit meinen Absätzen, dann mit Mahlkes Knobelbechern das Brückendeck zu bearbeiten: Rost sprang in Placken ab, kalkiger Möwenmist krümelte und tanzte bei jedem Schlag mit. Pilenz, mit dem Büchsenöffner in hämmernder° Faust, rief: ,,Komm wieder rauf, Mensch! Du hast den Büchsenöffner oben gelassen, den Büchsenöffner . . .‟ Pausen° nach wilden°, dann rhythmisch° geordneten Schlägen und Schreien. Konnte leider nicht morsen, hämmerte: zweidrei zweidrei. Machte mich heiser: ,,Büch — sen — öffner! Büch — sen — öffner!‟

Seit jenem Freitag weiß ich, was Stille ist, Stille tritt ein, wenn die Möwen abdrehen. Aber die größte Stille bewirkte Joachim Mahlke, indem er auf meinen Lärm keine Antwort wußte.

Also, ich warf den Büchsenöffner weg, ruderte zurück, gab das Boot beim Fischer Kreft ab, mußte dreißig Pfennige nachbezahlen und sagte: ,,Vielleicht komme ich gegen Abend nochmal vorbei und hol mir das Boot nochmal.‟

Also, ich warf weg, ruderte zurück, gab ab, zahlte nach, wollte nochmal, setzte mich in die Straßenbahn und fuhr, wie man zu sagen pflegt, nach Hause.

Also, meine Mutter hatte gerade das Mittagessen fertig, als ich zu Hause ankam. Es gab keinen Fisch; und für mich lag neben dem Teller ein Brief vom Wehrbezirkskommando.

Also, ich las und las und las meinen Einberufungsbefehl. Meine Mutter begann zu weinen. ,,Fahr ja erst Sonntagabend‟, sagte ich und dann: ,,Weißt Du, wo Papas Feldstecher geblieben ist?‟

Mit diesem Feldstecher also fuhr ich am Sonnabendvormittag und nicht wie verabredet, am selben Abend — die Sicht wäre dunstig gewesen, auch regnete es wieder — nach Brösen, suchte mir den höchsten Punkt auf den Strandwalddünen: den Platz vor dem Kriegerdenkmal. Ich stellte mich auf die höchste Stufe des Denkmalpodestes und behielt eine halbe,

---

irritierten *got on my nerves*

Schnittmuster *patterns*

Absätzen *heels*
Knobelbechern *combat boots*
Placken *flakes*
kalkiger *chalky*
krümelte *crumbled*
Pilenz (*narrator's name*)

morsen *send Morse code*

Wehrbezirkskommando *district military command*
Einberufungsbefehl *draft notice*
Feldstecher *binoculars*

dunstig *misty*
Strandwalddünen *wooded dunes*

Podest *base*

wenn nicht dreiviertel Stunde lang den Feldstecher vor den Augen.

Also, es rührte sich nichts auf dem Kahn. Deutlich standen zwei leere Knobelbecher. Zwar hingen wieder Möwen über dem Rost, setzten auf, **puderten** das Deck und das Schuhzeug; 5 aber was können Möwen schon beweisen. Ich fuhr abermals, und wie man so sagt, nach Hause. Meine Mutter half mir meinen **Pappkoffer** packen.

puderten powdered

Pappkoffer cardboard suitcase

Wer schreibt mir einen guten Schluß? Denn, was mit Katze und Maus begann, quält mich heute als **Haubentaucher** 10 auf **schilfumstandenen Tümpeln**. Wenn ich die Natur meide, zeigen mir Kulturfilme diese geschickten Wasservögel. Oder die Wochenschau hat Hebungsversuche gesunkener Frachtkähne im Rhein, Unterwasserarbeiten im Hamburger Hafen als **Aktualität** eingefangen: Bunker° neben der **Howaldt-Werft** 15 sollen gesprengt, **Luftminen** geborgen werden. Männer steigen mit blinkenden, leicht **verbeulten Helmen** hinab, kommen wieder hoch, Arme strecken sich ihnen entgegen, am Helm wird geschraubt, sie heben den Taucherhelm ab: aber nie zündet sich der Große Mahlke eine Zigarette auf **flimmernder** 20 **Filmleinwand** an; immer rauchen andere.

Muß ich noch sagen, daß ich im Oktober neunundfünfzig nach Regensburg, zum Treffen jener Übriggebliebenen fuhr, die es wie Du zum **Ritterkreuz** gebracht hatten? Man ließ mich nicht in den Saal. Drinnen spielte eine Kapelle der **Bundes-** 25 **wehr** oder machte Pause. Durch einen Leutnant°, der das **Absperrkommando** befehligte, ließ ich Dich während solch einer Pause vom Musikpodium° ausrufen: „Unteroffizier Mahlke wird am Eingang verlangt!" — Aber Du wolltest nicht auftauchen.

Haubentaucher crested terns
schilfumstandenen Tümpeln
ponds bordered by rushes

Aktualität of current interest
Howaldt-Werft Howaldt shipyard
Luftminen aerial mines
verbeulten Helmen dented helmets

flimmernder Filmleinwand
flickering movie screen

Ritterkreuz Knight's Cross (military decoration)
Bundeswehr army

Absperrkommando entrance guard

Grass
Hunde
jahre

Grass

Luchterhand

Hundejahre

FRAGEN

1. Tacitus: *Germania*

(Seite 2–9)

1. An welche Periode° der Geschichte Amerikas erinnert das Verhältnis zwischen Römern und Germanen? 2. Wann ungefähr wurde die *Germania* geschrieben? 3. Warum ist die *Germania* für die Geschichte der deutschen Kultur° so wichtig? 4. Was erhält die Stämme Germaniens rein? 5. Beschreiben Sie einen Germanen! 6. Was zeigt uns, daß die Germanen Silber und Gold nicht besonders schätzen? 7. Auf welche Weise glaubten die Germanen den Ausgang schwerer Kriege im voraus erfahren zu können? 8. Was tun die Männer, wenn sie nicht im Kriege sind? 9. Warum umgibt der Germane sein Haus mit einem freien Raum? 10. Welche von ihren Sitten sind am meisten zu loben? 11. Nennen Sie einige typische Geschenke, die ein Germane als Mitgift in die Ehe bringt! 12. Was tut der Gastgeber nach dem Gastmahl? 13. Beschreiben Sie Speise und Trank der Germanen! 14. Wie wären die Germanen wohl am leichtesten zu überwinden? 15. Was zeigen die abgebildeten Reliefs von der Markus-Säule in Rom? *(Siehe Seite 4, 5 & 6)*

2. Einhard: *Karl der Große*

(Seite 10–21)

1. Was stellt die Abbildung auf Seite 12 dar? 2. Beschreiben Sie den Krönungsmantel, der auf Seite 14–15 abgebildet ist! **1. Teil.** 3. Was war das Schicksal des letzten Merowingers? 4. Wie machte der König seine Reisen? **2. Teil.** 5. Warum kämpften die Franken gegen die Sachsen? 6. Warum dauerte dieser Krieg so lange? 7. Unter welchen Bedingungen wurde der Krieg beendet? **3. Teil.** 8. Beschreiben Sie die Erziehung der Kinder des Königs! 9. Wen behielt Karl bis zu seinem Tode bei sich? **4. Teil.** 10. Wie sah Karl der Große aus? 11. Worin war er unermüdlich? 12. Was hörte er gern beim Essen? **5. Teil.** 13. In welchen Wissenschaften ließ sich Karl unterrichten? 14. Welche Fortschritte machte Karl im Schreiben? **6. Teil.** 15. Wann erhielt Karl die Kaiserkrone? 16. Was hätte Karl getan, wenn er die Absicht des Papstes gekannt hätte? 17. Wie wurde Karls Sohn Ludwig zum Mitregenten im Reich? 18. Welche Krankheit befiel Karl im letzten Lebensjahre? 19. Wie alt war er, als er starb?

3. Gottfried von Straßburg: *Tristan und Isolde*

(*Seite 22–36*)

1. In welchem Jahrhundert erreichte die deutsche Literatur ihre erste Blüte? 2. Nennen Sie die vier größten epischen Gedichte dieser Zeit! 3. Was ist das Symbol für die magische Kraft der Liebe in Gottfrieds Gedicht? 4. Beschreiben Sie kurz das Bild auf Seite 22! 5. Was geschieht auf der Abbildung auf Seite 24? 6. Was tun Tristan und Isolde in der Illustration aus der *Tristan*-Handschrift auf Seite 31? **1. Teil.** 7. Was beobachtete Isolde insgeheim? 8. Was entdeckte sie an dem Schwert? 9. Wie paßte der Splitter ins Schwert? 10. Warum quälten sie die beiden Namen? 11. Wie wollte sie sich rächen? 12. Warum durfte Tristan ohne Sorgen sein? **2. Teil.** 13. Was benutzte Frau Isot, um den Liebestrank zu brauen? 14. Was sollte Brangäne mit diesem Trank tun? **3. Teil.** 15. Wer brachte Tristan und Isolde den Trank? 16. Wie wirkte der Trank auf die beiden? **4. Teil.** 17. Welche Personen sieht man auf der Abbildung auf Seite 32? 18. Wo verbargen sich Marke und Melot? 19. Wie bemerkte Tristan, daß Marke und Melot auf dem Baum saßen? 20. Wie zeigte Tristan der herbeieilenden Isolde, daß Gefahr drohte? 21. Geben Sie kurz ihr Gespräch wieder! **5. Teil.** 22. Woran soll ihn der Ring erinnern, den Isolde ihm gibt? 23. Was soll ihr letzter Kuß besiegeln?

4. Albrecht Dürer

(*Seite 37–46*)

1. Teil. 1. Wann wurde Dürers Mutter tödlich krank? 2. Wieviele Kinder hatte sie? 3. Wem hat sie vor ihrem Tode den Segen gegeben? 4. Wie sah sie im Tode aus? 5. Wie hat Dürer seine Mutter in der Zeichnung dargestellt, die auf Seite 38 abgebildet ist? **2. Teil.** 6. Wer war Giovanni Bellini? 7. Was für ein Mann war er? 8. Wohin wollte Dürer zuerst reisen? 9. Wie lange wollte er dort bleiben? **3. Teil.** 10. Warum wollte Dürer über die Kunst der Malerei schreiben? 11. Was sollten die deutschen Maler lernen? 12. Konnten die deutschen Maler mit der Zeit so gut wie die anderer Nationen werden? **4. Teil.** 13. Was hat Dürer im Schlaf gesehen? 14. Warum schienen die Wasser, die vom Himmel fielen, gleich langsam zu fallen? 15. Was machte Dürer, als er am Morgen aufstand? **5. Teil.** 16. Wer sind die „vier Apostel" in Dürers Bildern? Sind alle vier wirklich Apostel? 17. Wem schenkte Dürer die Bilder? 18. Wie groß sind die Tafeln? 19. Wie sieht Johannes aus? 20. Welche Gestalten stehen im Hintergrunde der beiden Tafeln? 21. Was drückt sich in der Gestalt des Paulus aus?

5. Martin Luther

(*Seite 47–59*)

1. Teil. 1. Wie heißt das erste Buch Mose auf Englisch? 2. Was ist der Inhalt dieser 27 Verse°? 3. Beschreiben Sie die Illustration aus der ersten Lutherbibel auf Seite 48-49! **2. Teil.** 4. In welchem Werke von Brahms werden Verse aus diesem Bibelkapitel vertont? **3. Teil.** 5. Wen soll man fragen, wie man deutsch redet? 6. Was hätte Luther schreiben können statt „Diesen hat Gott der Vater versiegelt"? **4. Teil.** 7. Wer ist „der alt' böse Feind"? 8. Wer schrieb die Melodie zu „Ein' feste Burg"? **5. Teil.** 9. Wen sieht man auf der Illustration auf Seite 58? 10. Was muß jedes Reich haben? 11. Wer kann allein über die Seele regieren? 12. Wie sollen die Untertanen des Kaisers und der Fürsten glauben? 13. Was ist Gott allein vorbehalten?

6. Das Faustbuch
(Seite 60–66)

1. Aus welchem Jahrhundert stammt die Faustlegende? 2. Nennen Sie sieben moderne° Versionen° der Faustlegende! **1. Teil.** 3. Was hat Mephistopheles dem Doktor Faustus versprochen? 4. Wie lange soll der Kontrakt gelten? 5. Womit versiegelt Doktor Faustus das Dokument? 6. Wie sieht Mephisto in der Abbildung auf Seite 62 aus? **2. Teil.** 7. Wovon wurde am Sonntag beim Nachtessen geredet? 8. Wovor mußte Doktor Faustus die Studenten warnen, bevor er ihnen die schöne Helena zeigen durfte? 9. Beschreiben Sie die Königin Helena! 10. Wie erscheint Helena in der Abbildung auf Seite 63? **3. Teil.** 11. Warum bat Doktor Faustus die Studenten, die ganze Nacht bei ihm zu bleiben? 12. Warum ist Faustus davon überzeugt, daß der Teufel ihn diese Nacht holen werde? 13. Welche Lehre sollen die Studenten aus Faustus' schrecklichem Ende ziehen? 14. Was sollen die Studenten mit seinem Leib tun? 15. Warum konnten die Studenten nicht recht schlafen? 16. Was sahen sie, als es Tag wurde und sie in Faustus' Stube kamen? 17. Wo fanden sie seinen Leib? 18. Was sehen Sie von Doktor Faustus in der Abbildung auf Seite 66?

7. Lessing: *Nathan der Weise*
(Seite 67–78)

1. Welcher berühmte Dichter hat vor Lessings Zeit die Geschichte der drei Ringe erzählt? 2. Was hat Saladin schon längst gewollt? 3. Was will der Sultan° von Nathan? 4. Welchen Titel° hofft Saladin von nun an mit Recht zu führen? 5. Was will Nathan tun, ehe er sich dem Sultan ganz vertraut? 6. Was besaß der Mann im Osten? 7. Welche Kraft besaß der Ring? 8. Wer sollte den Ring erhalten? 9. Auf wen kam der Ring endlich? 10. Warum wurde der gute Vater verlegen? 11. Was bestellte er bei dem Künstler? 12. Wem gab der Vater seinen Segen? 13. Warum stritten die drei Söhne? 14. Worauf gründen sich nach Nathans Meinung die Religionen°? 15. Was schwur jeder Sohn dem Richter? 16. Wen wollte der Richter holen lassen? 17. Was ist nach der Meinung des Richters mit dem echten Ringe geschehen? 18. Was sollte jeder der Söhne nun glauben? 19. Wonach sollten die drei Söhne streben? 20. Beschreiben Sie den Eindruck, den Nathans Geschichte auf Saladin macht!

8. Goethe: *Faust*
(Seite 79–113)

1. Wie unterscheidet sich Goethes *Faust* von dem Faustbuch? 2. Vergleichen Sie die zwei Darstellungen von Faust in seinem Studierzimmer auf Seite 83 und 86! **1. Teil.** 3. Wovor fürchtet sich Faust nicht? 4. Was will Faust mit Hilfe der Magie erkennen? **2. Teil.** 5. In welcher Gestalt gelingt es Mephistopheles, in Fausts Zimmer einzudringen?

6. Was tut der Hund? 7. Welche Wirkung hat Salomonis Schlüssel auf den Hund? **3. Teil.** 8. Wozu glaubt sich Faust zu alt? zu jung? 9. Warum möchte er bitter weinen? 10. Wozu ist Mephisto bereit? 11. Welcher Tag soll für Faust der letzte sein? 12. Womit soll Faust den Kontrakt unterzeichnen? 13. Welche zwei Welten verspricht Mephisto dem Doktor zu zeigen? 14. Wie werden Mephisto und Faust von Ort zu Ort kommen? **4. Teil.** 15. Was tut Gretchen, während sie sich auszieht? 16. Was erblickt sie, als sie den Schrein öffnet? 17. Wo findet sie den Schlüssel zu dem Schmuckkästchen? **5. Teil.** 18. Warum hat Faust Gretchen verlassen? 19. Wo sitzt Gretchen während dieser ganzen Szene? 20. Warum findet Gretchen keine Ruhe? **6. Teil.** 21. Erklären Sie, wie es dazu kam, daß Gretchens Mutter starb! 22. Warum ist Gretchen in dieser Szene so verzweifelt? 23. Was tut Gretchen, bevor sie betet? **7. Teil.** 24. Warum wurde Gretchen ins Gefängnis geworfen? 25. Erzählen Sie kurz den Inhalt dieser Szene! 26. Vergleichen Sie die zwei Photographien von Gretchen auf Seite 89 und 92! **8. Teil.** 27. Warum wird der zweite Teil des *Faust* nicht oft gelesen? 28. Welche von den beiden Welten sieht Faust in diesem Teil des Dramas? 29. Wen will der Kaiser sehen? 30. Was geschieht, als Faust den Schlüssel in die Hand nimmt? 31. Wohin wird Faust von dem magischen Schlüssel geführt? 32. Was soll er aus dem Reich der Mütter zurückbringen? 33. Was geschieht, als Faust auf den Boden stampft? **9. Teil.** 34. Wer ist der schöne Jüngling, der hervortritt? 35. Was tut Paris im Schlaf? 36. Wie wirkt Helena auf Mephistopheles? auf Faust? auf die Herren? auf die Damen? 37. Beschreiben Sie die Liebesszene zwischen Paris und Helena! 38. Wie unterbricht Faust diese Szene? **10. Teil.** 39. Warum klang Helena die Rede des Mannes seltsam? 40. Was beschreibt der Chor? **11. Teil.** 41. Wie alt ist Faust geworden? 42. Was ist für Faust „der Weisheit letzter Schluß"? 43. Warum können die Engel Faust erlösen? 44. Wer führt ihn in den Himmel? 45. Vergleichen Sie die ersten Worte Gretchens mit ihrem Gebet in Teil sechs.

9. Schiller: *Wilhelm Tell*
(*Seite 115–136*)

1. Wer war Deutschlands größter dramatischer Dichter? 2. Welcher berühmte Dichter war ein Zeitgenosse Schillers? 3. Beschreiben Sie kurz die Abbildung auf Seite 118! **1. Teil.** 4. Wo sehen wir Geßlers Hut? 5. Was sagt Tell, als sein Sohn ihn auf den Hut aufmerksam macht? 6. Was spricht Tell, um die aufgeregte Menge zu beruhigen? 7. Wer kommt mit dem Landvogt? 8. Wie antwortet das Volk auf die Fragen des Landvogts? 9. Was sagt Tells Sohn, um zu beweisen, daß der Vater ein Meisterschütze ist? 10. Was verlangt Geßler von Tell? 11. Warum muß Tell den Apfel auf den ersten Schuß treffen? 12. Was nimmt Tell aus seinem Köcher? 13. Was tut Rudenz, als Geßler seinen Soldaten den Wink gibt, ihn gefangen zu nehmen? 14. Was ruft Stauffacher in diesem Augenblick? 15. Warum nimmt Geßler Tell gefangen? **2. Teil.** 16. Warum glaubt Tell, die Gelegenheit sei günstig, Geßler zu ermorden? 17. Wen muß er vor der Wut des Landvogts schützen? 18. Zu welchem Zwecke hatte der Kaiser Geßler in dieses Land geschickt? 19. Was droht er in dem Augenblick, als ihn der Pfeil durchbohrt? 20. Was spricht Tell, als er auf der Höhe steht? 21. Woher stammen die Illustrationen auf Seite 120 und 121? 22. Identifizieren Sie die Hauptpersonen auf der Photographie auf Seite 123!

10. Ludwig van Beethoven

(Seite 137–144)

1. Wie alt war Beethoven, als er das Heiligenstädter Testament schrieb? 2. Wieviele seiner Symphonien° hatte er zu dieser Zeit schon komponiert? 3. In welchem Jahre starb er? 4. Welches Gedicht finden wir im letzten Teil der Neunten Symphonie? 5. Inwiefern tun ihm die Leute unrecht? 6. Was war ihm unmöglich? 7. Warum wird er in Gesellschaft ängstlich? 8. Was vernahm Beethoven, als ein Freund einen Hirten singen hörte? 9. Was hielt ihn davon zurück, sein Leben zu enden? 10. Wen erklärt er als Erben seines Vermögens? 11. Wofür dankt er seinem Bruder Karl insbesondere? 12. Wovon wird ihn der Tod befreien? 13. Wann wurde dieses Testament das erste Mal unterzeichnet? 14. Welche Worte aus Schillers Lied sehen wir in der Abbildung der Manuskriptseite der Neunten Symphonie? 15. Welche Worte können Sie in der Abbildung auf Seite 139 lesen?

11. Deutsche Lyrik

(Seite 145–162)

1. Erzählen Sie kurz den Inhalt von drei Gedichten aus dieser Auswahl! 2. Welche Gedichte kann man auch als Lieder hören? 3. Wie heißen die Komponisten° dieser Lieder? 4. Beschreiben Sie den Unterschied zwischen einem gesprochenen und einem gesungenen Gedicht!

12. Jakob und Wilhelm Grimm: *Der Bärenhäuter*

(Seite 163–170)

1. Was für ein Soldat war der Held des Märchens? 2. Warum ging er zu seinen Brüdern? 3. Worum bat er die Brüder? 4. Wie sah der Mann aus, der auf der Heide erschien? 5. Was tat der Soldat, als er den Bären sah? 6. Unter welchen Bedingungen wollte der Teufel dem Soldaten helfen? 7. Warum sollte der Held „Bärenhäuter" heißen? 8. Wie sah der Soldat nach einigen Jahren aus? 9. Was mußte er dem Wirt versprechen? 10. Wen fand er im Nebenzimmer? 11. Warum sollte der Mann ins Gefängnis gesetzt werden? 12. Welchen Eindruck machte der Bärenhäuter auf die älteste Tochter? 13. Was sagte der Bärenhäuter, als er Abschied nahm? 14. Was tat er in den nächsten drei Jahren? 15. Was mußte der Teufel für den Bärenhäuter tun? 16. Wie fuhr der Bärenhäuter zu seiner Braut? 17. Was fand die jüngste Tochter im Becher? 18. Was hat der Teufel am Ende doch gewonnen? 19. Wo sammelten die Brüder Grimm zuerst ihre Märchen? 20. Was erzählte ihnen die Bäuerin aus Niederzwehrn?

13. Heine: *Die Harzreise*

(Seite 171–181)

1. In welchem Jahr erschien *Die Harzreise*? 2. Welche Reise wird hier beschrieben? 3. Was enthält das Werk außer der Reisebeschreibung? **1. Teil.** 4. Wodurch ist Göttingen berühmt? 5. Wann gefällt einem die Stadt am besten? 6. Warum kann Heine nicht die Namen aller

Professoren nennen? 7. Was machte der Professor mit den Papierchen, die er im Traum pflückte? 8. Wen vergleicht Heine mit den Pyramiden Ägyptens? **2. Teil.** 9. Was wußte der Geist des Gebirges? 10. Was klang lieblich in der Ferne? 11. Was haben Heine und der Hirt gegessen? 12. Wo läßt es sich gut sitzen? 13. Beschreiben Sie kurz die Photographie auf Seite 175! **3. Teil.** 14. Was hatte der Burschenschafter in Berlin getan? 15. Was trank man nach dem Bier? 16. Was wurde voller, während die Flaschen leerer wurden? 17. Was tat der Mann, der sein Weinglas wie ein Perspektiv vor die Augen hielt? 18. Wen liebt der Greifswalder? 19. Warum schrieb Heine ein Gedicht über den Sonnenaufgang? 20. Beschreiben Sie das das Bild auf Seite 181. **4. Teil.** 21. Erzählen Sie kurz die Sage von der Ilse! 22. Wozu lädt ihn die Prinzessin Ilse ein?

14. Marx—Engels: *Manifest der Kommunistischen Partei*
(*Seite 182–198*)

1. In welcher Stadt wurde das Manifest verfaßt? Wann? **1. Teil.** 2. Wie endeten die Klassen-kämpfe bisher? 3. Welche Gesellschaft ging aus dem Untergang des Feudalismus hervor? 4. Wodurch zeichnet sich unsere Epoche aus? 5. Welches Resultat hatte die Entdeckung Amerikas und die Umschiffung Afrikas? 6. Was führte zur Revolution der industriellen Produktion? 7. Was sagt Marx über den Einfluß der Bourgeoisie auf Stadt und Land? 8. Welche Epidemie bricht in Krisenzeiten aus? 9. Wozu dienen die Produktivkräfte nicht mehr? 10. Wie werden die Krisen überwunden? 11. Wie beschreibt Marx die Entwicklung des Proletariats? 12. Auf welche Weise hat die moderne Industrie die alte Werkstube verwandelt? 13. Warum bekämpfen die Mittelstände die Bourgeoisie? 14. Wie beschreibt Marx die Rolle des Lumpenproletariats? 15. Wie kommt es, daß der Proletarier keinen nationalen Charakter besitzt? 16. Warum glaubt Marx, daß die Bourgeoisie ihre eigenen Totengräber produziert? **2. Teil.** 17. Was hat man den Kommunisten vorgeworfen? 18. Wie erklärt Marx die Aufhebung der Bourgeois-Freiheit? 19. Wodurch existiert das Privat-eigentum? 20. Wie beschreibt Marx das Verschwinden der nationalen Unterschiede? 21. Was beweist die Geschichte der Ideen? 22. Welche ewigen Wahrheiten soll der Kom-munismus abschaffen? 23. Was soll nach Marx der erste Schritt in der Arbeiterrevolution sein? 24. Wozu wird das Proletariat seine Herrschaft benutzen? 25. Welche Maßregeln werden von Marx für die fortgeschrittensten Länder verlangt? 26. Welche Art Erziehung wird in diesem Programm gefordert? **3. Teil.** 27. An welche Partei sollen sich die Kom-munisten in Frankreich anschließen? 28. Wogegen sollen die deutschen Kommunisten kämpfen? 29. Warum richten sie ihre Hauptaufmerksamkeit auf Deutschland? 30. Was unterstützen die Kommunisten überall? 31. Was erklären die Kommunisten offen?

15. Bismarck
(*Seite 199–206*)

1. Teil. 1. Wofür haben die Preußen eine Vorliebe? 2. Woraufhin muß Preußen seine Kraft zusammenhalten? 3. Wodurch werden die großen Fragen der Zeit entschieden? 4. An welche Gefahr dachte Bismarck? 5. Warum fuhr er dem König entgegen? 6. Welches Schicksal erwartete der König? 7. Warum sollte der König nicht an Ludwig XVI. denken?

8. In welcher Rolle° sah sich der König jetzt? 9. In was für einer Stimmung kam er nach Berlin? **2. Teil.** 10. Wann erfuhr Bismarck vom Ziffertelegramm° aus Ems°? 11. Welchen Eindruck machte das Telegramm auf seine Gäste? 12. Was zwang Preußen nach Bismarcks Ansicht zum Kriege? 13. Wie sollte der neue Text° des Telegramms bekannt gemacht werden? 14. Welchen Eindruck sollte das Telegramm in Paris machen? 15. Was verlangte der französische Botschafter vom König? 16. Was hat der König dem Botschafter später mitgeteilt? **3. Teil.** 17. Was ist das „falsche Bild" von Bismarck, worüber Hassell schreibt? 18. Welches waren Bismarcks große Gaben?

16. Friedrich Nietzsche: *Also sprach Zarathustra*
(*Seite 207–211*)

1. Beschreiben Sie Nietzsche (*Siehe Abbildung Seite* 207) **1. Teil.** 2. Wie heißt das bekannteste Werk Nietzsches? 3. Wohin kam Zarathustra? 4. Wen wollte das Volk auf dem Markt sehen? 5. Welchen Weg hat der Mensch nach Zarathustras Worten gemacht? 6. Was schrie einer aus dem Volke, nachdem Zarathustra gesprochen hatte? 7. Was ist am Menschen groß? 8. Beschreiben Sie kurz, was für Menschen Zarathustra liebt! 9. In welchen Bildern spricht Zarathustra von sich selbst am Schluß seiner zweiten Rede? **2. Teil.** 10. Worauf wartet Zarathustra? 11. Was soll die neue Ehre des Menschen ausmachen? 12. Was sollen die Menschen an ihren Kindern gutmachen? 13. Was halten Sie von Nietzsches Handschrift?

17. Thomas Mann: *Buddenbrooks*
(*Seite 212–223*)

1. In welchem Jahr erhielt Thomas Mann den Nobelpreis? 2. Welches Werk Thomas Manns wird in Amerika am meisten gelesen? 3. Welchen Untertitel trägt *Buddenbrooks*? 4. Wieviele Generationen° der Buddenbrook-Familie° werden im Roman geschildert? 5. Warum wurde es still in der Klasse, als Dr. Mantelsack eintrat? 6. Wie konnte man feststellen, daß Dr. Mantelsack guter Laune war? 7. Warum war es wichtig, ob er guter oder schlechter Laune war? 8. Warum rang Hanno die Hände unter dem Tisch? 9. Wozu war Lüders zu träge? 10. Wie las Timm aus seinem offenen Buch? 11. Warum stockte Timm, als Dr. Mantelsack dicht neben ihm stand? 12. Wie erklärte es, daß er stockte? 13. Was schrieb Dr. Mantelsack in sein Notizbuch neben Timms Namen? 14. Warum fühlte sich Hanno erleichtert, als Mumme aufgerufen wurde? 15. Warum rief Dr. Mantelsack Hanno auf? 16. Was entdeckte Dr. Mantelsack, als Petersen rezitierte? 17. Was dachten die Schüler von Petersen? 18. Was taten die Schüler, als die Stunde dem Ende zuging? 19. War Thomas das älteste der Mannkinder? (*Siehe Foto Seite 213*)

18. Hofmannsthal—Strauss: *Der Rosenkavalier*
(*Seite 224–240*)

1. Wer schrieb den Text dieser Oper? Wer komponierte° die Musik? 2. Wieso verstehen viele die wahre Qualität des Werkes nicht? **1. Teil.** 3. Was bildet sich der Baron ein, der

Meinung der Marschallin nach? 4. Warum entschließt sie sich, sich darüber nicht zu ärgern? 5. Was meint die Marschallin damit, wenn sie sagt, daß in dem „Wie" der ganze Unterschied liegt? 6. Wie erklärt sich Octavian ihre Traurigkeit? 7. Warum steht die Marschallin manchmal mitten in der Nacht auf und läßt alle Uhren stehen? 8. Was glaubt die Marschallin, daß Octavian bald tun wird? 9. Was hat die Marschallin vor, später am Morgen zu tun? 10. Warum versucht sie Octavian zurückzurufen? 11. Warum gelingt es ihr nicht? **2. Teil.** 12. Was passiert Octavian und Sophie im zweiten Akt? 13. Beschreiben Sie, wie die drei Leute am Anfang dieser Szene auf der Bühne dastehen! 14 Warum gibt die Marschallin ihren Geliebten auf? 15. Warum kommt der kleine Mohammed am Schluß der Oper° wieder auf die leere Bühne?

19. Kafka: *Der Prozess*
(*Seite 241–252*)

1. In welcher Stadt lebte Franz Kafka? Wo liegt diese Stadt? 2. Wie hat man Kafkas Romane und Novellen° interpretiert? **1. Teil.** 3. Wann wurde Josef K. verhaftet? Wo? 4. Beschreiben Sie den fremden Mann, der in K.s Zimmer eintrat! 5. Was verlangte K. von diesem Mann? 6. Beschreiben Sie das Wohnzimmer der Frau Grubach! 7. Wie erwiderte der zweite Fremde auf K.s Frage über seine Verhaftung? 8. Was für ein Gesicht hatte der zweite Wächter? 9. Was suchte K. in seinem Schreibtisch? 10. Wofür werden die Wächter bezahlt? 11. Was tun die hohen Behörden, wenn sie eine Verhaftung verfügen? 12. Welches Angebot machte der Wächter Willem? 13. Worüber dachte K. nach, als er eine Weile still stand? 14. Warum entschloß er sich, ruhig in sein Zimmer zurückzugehen? **2. Teil.** 15. Zu welcher Zeit kamen zwei Herren in K.s Wohnung? 16. Wie sahen die Herren aus? 17. Wie war K. angezogen? 18. Welche Antwort erhielt K., als er sie fragte, wo sie spielten? 19. Was versuchte K., als sie unter den Laternen die Straße entlanggingen? 20. Wo blieben die drei stehen? 21. Wer stieg auf einer Treppe zum Platz empor? 22. Wofür war K. dankbar? 23. Beschreiben Sie, wie die drei über die Brücke gingen! 24. Was machten sie, als der Polizist ihnen nahe trat? 25. Was fanden sie am Stadtrand? 26. Warum ging ein Wächter mit K. auf und ab? 27. Was nahm der eine Herr aus seinem Gehrock? 28. Worauf blickte K.? 29. Wer stand am Fenster? 30. Welche Fragen stellte K. im letzten Augenblick? 31. Was sah er, als er im Sterben begriffen war?

20. Hesse: *Demian*
(*Seite 253–264*)

1. Wann verfaßte Hermann Hesse den Roman *Demian?* 2. Was lernte Emil Sinclair, als er noch sehr jung war? **1. Teil.** 3. Wie ging Sinclair über den leeren Platz? 4. Vor wem sollte man niemals Furcht haben? 5. Welche Kunst versucht Demian manchmal? 6. Wie sah Demian aus, als er mit Sinclair redete? 7. Woher weiß Demian, daß Kromer ein schlechter Kerl ist? 8. Was machte Kromer, als er Sinclair wieder sah? 9. Warum freute sich Sinclair? 10. Was hat Demian dem Kromer klargemacht? **2. Teil.** 11. Was kann man voraussehen, wenn man jemand gut beobachtet? 12. Warum versteht Sinclair nicht, was Demian vom freien Willen gesagt hat? 13. Was ist im Herbst geschehen? 14. Was merkte der Pfarrer?

3. Teil. 15. Warum geht Sinclair viel ins Wirtshaus? 16. Was machte Sinclair, nachdem Demian fortgegangen war? 17. Was kommt in seinem Gedächtnis wieder hervor, wenn er an Demian denkt? **4. Teil.** 18. Was herrscht überall in Europa? 19. Warum haben die Menschen Angst? 20. Was hat Europa in den letzten hundert Jahren gemacht? 21. Was wird mit dieser Welt geschehen? **5. Teil.** 22. Wie fand man Sinclair nach der Explosion°? 23. Wen sah er, als er im Saale um sich blickte? 24. Wer lag auf der Nachbarmatratze, als er völlig wach wurde? 25. Was sieht Sinclair, wenn er sich über den schwarzen Spiegel neigt?

21. Brecht: *Die Dreigroschenoper*
(*Seite 265–276*)

1. Im welchem Teil Berlins war Brecht in seinen letzten Lebensjahren tätig? 2. In welchen Ländern Europas erzielen Brechts Dramen den größten Erfolg? 3. Wo wurde *Die Dreigroschenoper* zum ersten Mal aufgeführt? In welchem Jahre? Wie alt war Brecht damals? 4. Welches ältere Werk hat Brecht hier bearbeitet? 5. Wer komponierte° die Musik? **1. Teil.** 6. Nennen Sie fünf Verbrechen, die Mackie Messer, der Moritat nach, begangen hat! **2. Teil.** 7. Erzählen Sie kurz Jennys Wunschtraum! **3. Teil.** 8. Was ist aus den Soldaten John, Jim und Georgie geworden? **4. Teil.** 9. Was will Polly ihren Eltern in diesem Lied mitteilen? 10. Wie unterscheidet sich MacHeath von den anderen Männern, die Polly besucht haben? **5. Teil.** 11. Interpretieren° Sie den Satz: „Erst kommt das Fressen, dann kommt die Moral." 12. Wie beantworten MacHeath und Jenny die Frage: Wovon lebt der Mensch? **6. Teil.** 13. Was wird in diesem Song über das menschliche Streben behauptet? 14. Mit wem ist Jenny auf dem Foto auf Seite 273 zu sehen?

22. Grass: *Katz und Maus*
(*Seite 277–290*)

1. Wie alt ist Günter Grass jetzt? 2. Nennen Sie seine drei berühmtesten Prosawerke! 3. Was erinnert bei Grass an den französischen Dichter Rabelais? **1. Teil.** 4. Womit wird die Maus im Titel° der Novelle° identifiziert°? 5. Warum fiel Mahlkes Adamsapfel auf? 6. Wurde Mahlke von der Katze verletzt? **2. Teil.** 7. Wo spielten die Schuljungen gerne im Sommer? 8. Wo fand Mahlke den Untertertianer? 9. Was hatte Mahlke schon getan, als die anderen am folgenden Morgen das Schiff erreichten? 10. Was fürchteten die Jungen°, als Mahlke einmal nach fünf Minuten nicht mehr hochkam? 11. Woher kam das hohle Gelächter? 12. Wo hatte Mahlke die Kopfhörer gefunden? 13. Nennen Sie einige Gegenstände, die Mahlke in seine Kabine hineintransportierte°! 14. Was pfiff Mahlke? 15. Warum hatte der Erzähler Mahlkes „Bude" auf dem Schiff nie besucht? 16. Was für Musik spielte Mahlke auf dem Grammophon? **3. Teil.** 17. Warum ging der Erzähler nach Mahlkes Haus zurück? 18. Was aß Mahlke immer noch, als der Erzähler mit dem Proviant zurückkam? 19. Warum konnte Mahlke nicht schwimmen? 20. Wo saß Mahlke die ganze Zeit in dem Kahn? 21. Hatte er wirklich Bauchschmerzen? 22. Was nahm Mahlke mit, als er ins Wasser sprang? 23. Wo ist der Büchsenöffner geblieben? Warum? 24. Was antwortete Mahlke auf den Lärm, den der Erzähler machte? 25. Was lag neben seinem Teller, als er nach Hause kam? 26. Was machte der Erzähler mit dem Feldstecher? 27. Was ist aus Mahlke geworden?

VOCABULARY

The vocabulary is complete, except for articles, pronouns, pronominal adjectives, numerals, days of the week, and months; identical and obvious cognates which have been indicated by a superior circle in the text; and compounds whose meaning is readily derivable from the meanings of the components.

Verbs appear in the vocabulary only in their infinitive form. In the case of any irregular form from which the student is unable to derive the infinitive, he is expected to consult the List of Basic Verbs With Irregular Principal Parts. An asterisk (*) following an infinitive listed in the vocabulary indicates that the principal parts of its root verb appear in this table.

For a statement of the pedagogical principles upon which the vocabulary was constructed, see Preface.

List of Basic Verbs with Irregular Principal Parts

befehlen (er befiehlt)	befahl	befohlen
beißen	biß	gebissen
bergen (er birgt)	barg	geborgen
biegen	bog	gebogen
bieten	bot	geboten
binden	band	gebunden
bitten	bat	gebeten
blasen (er bläst)	blies	geblasen
bleiben	blieb	geblieben
braten (er brät)	briet	gebraten
brechen (er bricht)	brach	gebrochen
brennen	brannte	gebrannt
bringen	brachte	gebracht
denken	dachte	gedacht
dringen	drang	gedrungen
dürfen (er darf)	durfte	gedurft
empfehlen (er empfiehlt)	empfahl	empfohlen
essen (er ißt)	aß	gegessen
fahren (er fährt)	fuhr	gefahren
fallen (er fällt)	fiel	gefallen
fangen (er fängt)	fing	gefangen
finden	fand	gefunden
fliegen	flog	geflogen
fliehen	floh	geflohen
fließen	floß	geflossen
fressen (er frißt)	fraß	gefressen
frieren	fror	gefroren
geben (er gibt)	gab	gegeben
gehen	ging	gegangen
gelingen	gelang	gelungen
gelten (er gilt)	galt	gegolten
genießen	genoß	genossen
geschehen (es geschieht)	geschah	geschehen
gewinnen	gewann	gewonnen
gießen	goß	gegossen
gleichen	glich	geglichen
gleiten	glitt	geglitten
graben (er gräbt)	grub	gegraben
greifen	griff	gegriffen
halten (er hält)	hielt	gehalten
hangen (er hängt)	hing	gehangen
hauen	hieb	gehauen
heben	hob	gehoben
heißen	hieß	geheißen
helfen (er hilft)	half	geholfen
kennen	kannte	gekannt
klingen	klang	geklungen
kommen	kam	gekommen
können (er kann)	konnte	gekonnt
kriechen	kroch	gekrochen
laden (er lädt or ladet)	lud	geladen
lassen (er läßt)	ließ	gelassen
laufen (er läuft)	lief	gelaufen

leiden	litt	gelitten
leihen	lieh	geliehen
lesen (er liest)	las	gelesen
liegen	lag	gelegen
löschen	losch	geloschen
lügen	log	gelogen
meiden	mied	gemieden
messen (er mißt)	maß	gemessen
mögen (er mag)	mochte	gemocht
müssen (er muß)	mußte	gemußt
nehmen (er nimmt)	nahm	genommen
nennen	nannte	genannt
pfeifen	pfiff	gepfiffen
preisen	pries	gepriesen
raten (er rät)	riet	geraten
reiben	rieb	gerieben
reißen	riß	gerissen
reiten	ritt	geritten
rennen	rannte	gerannt
ringen	rang	gerungen
rinnen	rann	geronnen
rufen	rief	gerufen
schaffen	schuf	geschaffen
scheiden	schied	geschieden
scheinen	schien	geschienen
schelten (er schilt)	schalt	gescholten
schieben	schob	geschoben
schießen	schoß	geschossen
schlafen (er schläft)	schlief	geschlafen
schlagen (er schlägt)	schlug	geschlagen
schleichen	schlich	geschlichen
schließen	schloß	geschlossen
schlingen	schlang	geschlungen
schmeißen	schmiß	geschmissen
schneiden	schnitt	geschnitten
schrecken (er schrickt)	schrak	geschrocken
schreiben	schrieb	geschrieben
schreien	schrie	geschrie(e)n
schreiten	schritt	geschritten
schweigen	schwieg	geschwiegen
schwellen (er schwillt)	schwoll	geschwollen
schwimmen	schwamm	geschwommen
schwinden	schwand	geschwunden
schwingen	schwang	geschwungen
schwören	schwur	geschworen
sehen (er sieht)	sah	gesehen
sein (er ist)	war	gewesen
senden	sandte	gesandt
singen	sang	gesungen
sinken	sank	gesunken
sinnen	sann	gesonnen
sitzen	saß	gesessen
sprechen (er spricht)	sprach	gesprochen
springen	sprang	gesprungen
stehen	stand	gestanden

stehlen (er stiehlt)	stahl	gestohlen
steigen	stieg	gestiegen
sterben (er stirbt)	starb	gestorben
stoßen (er stößt)	stieß	gestoßen
streichen	strich	gestrichen
streiten	stritt	gestritten
tragen (er trägt)	trug	getragen
treffen (er trifft)	traf	getroffen
treiben	trieb	getrieben
treten (er tritt)	trat	getreten
trinken	trank	getrunken
trügen	trog	getrogen
tun	tat	getan
verderben (er verdirbt)	verdarb	verdorben
vergessen (er vergißt)	vergaß	vergessen
verlieren	verlor	verloren
verzeihen	verzieh	verziehen
wachsen (er wächst)	wuchs	gewachsen
waschen (er wäscht)	wusch	gewaschen
weichen	wich	gewichen
weisen	wies	gewiesen
wenden	wandte	gewandt
werben (er wirbt)	warb	geworben
werden (er wird)	wurde (*or* ward)	geworden
werfen (er wirft)	warf	geworfen
winden	wand	gewunden
wissen (er weiß)	wußte	gewußt
ziehen	zog	gezogen
zwingen	zwang	gezwungen

A

ab off

ab-ändern to change, alter

ab-bilden to illustrate; **die Abbildung
-en** illustration

ab-brechen* to break off; to turn from

ab-drehen to turn away

der **Abend -s -e** evening; **abends** in the
evening; **der Abendschein -s** light of
evening

das **Abenteuer -s -** adventure;
abenteuerlich fantastic, adventurous

abermals again

ab-geben* to return, deliver

abgebrochen fragmentary

ab-gehen (ist)* to go off, go away, make
an exit

der **Abgrund -s ⁻e** abyss

ab-hangen* to depend (on); **abhängig**
dependent

ab-heben* to remove

ab-kühlen to cool off, cool down

ab-laufen (ist)* to run down, expire, run
off

ab-legen to take off

ab-lehnen to refuse, reject

ab-machen to arrange, agree on

ab-nehmen* to decrease, relieve

ab-sagen to renounce

ab-schaffen to do away with

der **Abschied -s -e** departure, discharge;
Abschied nehmen to say goodbye,
take leave; **der Abschiedstrunk -s**
parting drink, farewell drink

ab-schlagen* to strike off, beat off

der **Abschluß -sses ⁻sse** conclusion

ab-schneiden* to cut off; **der Abschnitt
-s -e** section

ab-schrecken to frighten, terrify

ab-schreiten* to pace off

ab-schwächen to weaken, diminish

ab-setzen to depose

die **Absicht -en** intention; **absichtlich**
intentional; **mit Absicht** intentionally

ab-springen (ist)* to jump off, fall
off

ab-steigen (ist)* to dismount, climb
down

ab-sterben (ist)* to die off

ab-suchen to investigate

ab-tun* to finish off, put aside

ab-waschen* to wash (off)

ab-wenden* to turn away

ab-werfen* to throw off

die **Abwesenheit** absence

ab-ziehen* to pull off, take off;
ab-ziehen (ist)* to go away

die **Acht** care; **acht haben** to observe;
in acht nehmen to note; **sich in acht
nehmen** to take care; **achten** to pay
attention to, consider, esteem

der **Ackerbau -s** agriculture

die **Ader -n** vein

der **Affe -n -n** ape, monkey

ahnen to suspect, sense

ähnlich similar; **die Ähnlichkeit -en**
resemblance

all all; **alle** everybody, every; **alles**
everything

allein alone; (conj.) but

allemal: ein für allemal once for all

allerdings to be sure

allergeringst slightest, least of all

allerkleinst very smallest

allerlei all kinds of

allernächst: in allernächster Zeit
immediately

allerorten everywhere

allertiefst deepest of all

allerwenigst least of all

allgemein general

allmächtig almighty

allmählich gradual

allzu all too

als when, as, as if; than, but, except; **als
ob** as if; **als wenn** as if; **als wie** as
if

alsbald immediately

also so, therefore, thus

alt old, ancient; **älter** older, elderly;
das **Alter -s -** age; **hohes Alter**
advanced age

das **Amt -es ̈er** office, official position, function; **wir tun, was unseres Amtes** we are doing our duty; **amtlich** official

an at, on, in, to, with respect to; **an sich** in itself

an-bieten* to offer (to)

der **Anblick -s** sight; **an-blicken** to look at

an-brechen (ist)* to dawn

ander other, next, different, second; **anders** otherwise, differently, else; **anderseits** on the other hand; **anderswo** elsewhere

ändern to change; **die Änderung -en** change, alteration

sich **an-eignen** to acquire; **die Aneignung -en** acquisition

aneinander against one another; **aneinander vorbei** past one another; **aneinander-lehnen** to lean against one another; **aneinander-stoßen*** to abut, be adjacent to

der **Anfang -s ̈e** beginning; **von allem Anfang an** right from the beginning; **an-fangen*** to begin, start; **anfangs** at first

an-fassen to seize, lay hold of

an-feuchten to moisten

an-füllen to fill up

an-geben* to indicate, mark

an-gehen (ist)* to begin, have to do with; **es geht mich nichts an** it doesn't concern me

an-gehören to belong (to); **angehörig** belonging to

angenehm pleasant, pleasing

das **Angesicht -s -er** countenance

angestrengt intent, fatigued, tense

an-greifen* to attack, affect

die **Angst ̈e** fear, anxiety; **ängstlich** anxious, disturbed, worried; **die Ängstlichkeit -en** anxiety; **angstvoll** fearful

an-halten* to stop

an-hangen* to cling (to)

an-hören to listen (to)

die **Anklage -n** accusation

an-kommen (ist)* to arrive; **es kommt uns auf…an** we are concerned with …; **es kommt darauf an** it depends; **die Ankunft ̈e** arrival

an-lächeln to smile at; **an-lachen** to laugh at, smile at

an-laufen (ist)* to run to, attack

an-legen to lay, tie up

die **Anmerkung -en** comment

die **Anmut** charm, grace; **anmutig** graceful

an-nehmen* to assume; to accept

der **Anreiz -es -e** incitement

an-rudern to row to

der **Anruf -s -e** call, cry; **an-rufen*** to appeal, call to, call upon

an-rühren to touch

an-sagen to say, tell

an-schauen to look at; **die Anschauung -en** view

sich **an-schließen*** to join

an-sehen* to look at, behold, consider; **man sieht es Ihnen an der Nase an** one can tell by looking at your nose; **das Ansehen -s** respect; appearance

an-setzen to put to one's lips; to begin to play

die **Ansicht -en** view, opinion

an-sprechen* to speak to, address

anspruchslos undemanding, contented

der **Anstand -s** grace, decency; **anständig** decent, honorable

an-starren to stare at

an-steigen (ist)* to rise

an-stimmen to strike up

die **Anstrengung -en** exertion

das **Antlitz -es -e** face, countenance

an-tun* to put on

die **Antwort -en** answer; **antworten** to answer

an-wachsen (ist)* to grow

an-weisen* to show, assign

an-wenden* to apply, use; **die Anwendung -en** application

anwesend present; **die Anwesenheit** presence

an-zeigen to indicate

an-ziehen* to draw, attract; to dress, put on

an-zünden to light

der **Apfel -s ⁀e** apple

die **Arbeit -en** work, exercise, labor; **arbeiten** to work; **der Arbeiter -s -** worker; **der Arbeitszwang -s** liability to work

arg bad, wicked, evil; **der Ärger -s** vexation, anger; **ärgern** to annoy; **sich ärgern** to get angry

arm poor; **die Armut** poverty

die **Armee -n** army

die **Art -en** way, manner, kind, nature; **Art und Weise** manner; **artig** nice, pleasant, well-mannered

der **Arzt -es ⁀e** physician

der **Ast -es ⁀e** branch

der **Atem, -s** breath; **die Atemkraft** vital power; **die Atemnot** shortage of breath; **der Atemzug -s ⁀e** breath; **atmen** to breathe

auch also, too, even

auf at, in, on, to, for; **auf und davon** up and away

der **Aufbau -s** construction; **auf-bauen** to construct; **der Aufbauer -s -** builder

auf-bewahren to take charge of, preserve; **die Aufbewahrung** preservation

auf-blicken to look up

auf-blühen to bud

auf-brechen* to break open, break into

aufeinander-stoßen (ist)* to come together, collide

auf-erlegen to set

auf-fallen (ist)* to be conspicuous, strike

auf-fassen to interpret, comprehend; to collect; to lift up; **die Auffassung -en** conception, interpretation

auf-fordern to invite, ask, challenge

auf-fressen* to eat up

auf-führen to perform; **sich aufführen** to behave

die **Aufgabe -n** task; **auf-geben*** to give up

auf-gehen (ist)* to rise, come up; **aufgehen lassen*** to bring forth

auf-halten* to stop

auf-hängen to hang up

auf-häufen to accumulate

auf-heben* to pick up, keep; to cancel, do away with, put an end to; **die Aufhebung** cancellation, abolition; **Gastrecht aufheben** to withdraw hospitality

auf-hören to cease, stop

auf-klären to enlighten; **die Aufklärung** enlightenment

auf-kommen (ist)* to rise

auf-lösen to dissolve; **die Auflösung -en** dissolution

auf-machen to open

auf-merken to take note; **aufmerksam** attentive; **die Aufmerksamkeit** attention

auf-nehmen* to receive, take up, begin; **es mit jemand aufnehmen** to be a match for someone

auf-passen to pay attention

auf-putzen to adorn

aufrecht upright

auf-regen to excite, stir up; **die Aufregung -en** excitement, agitation

auf-reißen* to tear open, expose

auf-richten to erect; **sich aufrichten** to arise

aufrichtig honest

auf-rufen* to call on

auf-schieben* to open; to postpone

auf-schlagen* to lift up, raise

auf-schrecken to startle

auf-schreiben* to write down

auf-schreien* to cry out

der **Aufschwung -s** impetus, upswing

der **Aufseher -s -** supervisor

auf-setzen to set up; to put on; to alight

auf-seufzen to heave a sigh

die **Aufsicht** guidance, supervision
auf-stecken to set up; affix
auf-stehen (ist)* to get up, stand up
auf-stellen to set up
auf-tauchen (ist) to emerge, appear
der **Auftrag -s ⸚e** orders; **auf-tragen*** to
    serve
auf-treten (ist)* to enter, appear
auf-tun* to open
auf-wachen (ist) to wake up
auf-zwingen* to impose
das **Auge -s -n** eye; **Aug in Aug** eye to
    eye; der **Augenblick -s -e** moment;
    die **Augenbraue -n** eyebrow;
    augenleidend having trouble with the
    eyes
die **Ausbildung** development
aus-bleiben (ist)* to fail to appear, be
    missing
aus-brechen (ist)* to break out
aus-breiten to spread out
der **Ausbruch -s ⸚e** outbreak
aus-dehnen to extend, expand; die
    Ausdehnung expansion, expanded use
der **Ausdruck -s ⸚e** expression;
    aus-drücken to express
auseinander-fahren (ist)* to fly open
auseinander-fallen (ist)* to fall apart
auseinander-spalten to split apart
auseinander-treiben* to scatter,
    disperse
auserwählt chosen
aus-fallen (ist)* to turn out
aus-fragen to interrogate
aus-führen to do, carry out; **ausführlich**
    explicit, detailed
die **Ausgabe -n** edition
der **Ausgang -s ⸚e** conclusion, outcome
aus-geben* to give out, spend; **sich**
    ausgeben to claim to be
aus-gehen (ist)* to go out, run out, be
    exhausted; **ausgehen lassen** to issue,
    publish
ausgehöhlt hollow
aus-greifen* to reach out
aus-halten* to endure

die **Auskunft ⸚e** information
aus-lassen* to leave out, miss, omit
aus-machen to settle, make a difference;
    constitute
ausnahmsweise exceptionally
aus-reichen to suffice; **ausreichend**
    sufficient
aus-reißen* to tear out
aus-rufen* to exclaim, page
aus-ruhen to rest
aus-schicken to send out
aus-schließen* to exclude; **aus-**
    schließlich exclusive
aus-sehen* to look, appear; das
    Aussehen -s appearance
außen outside; **nach außen** outward
aus-senden* to send out
außer out of, beside, except; **außer**
    Spiel not playing; **außerdem**
    besides; **außerhalb** outside of, out of
äußern to express, manifest
außerordentlich extraordinary
äußerst extremely
die **Äußerung -en** assertion, remark
aus-setzen to expose
die **Aussicht -en** prospect, view
aus-spannen to spread out
aus-sprechen* to utter, express
aus-sterben (ist)* to die out
aus-stoßen* to emit
aus-strecken to stretch out
aus-trinken* to drink up, empty
die **Auswahl** selection
auswendig by heart
aus-zeichnen to distinguish
aus-ziehen* to draw out, pull out; to
    fleece; to take off, undress; **aus-ziehen**
    (ist)* to leave

B

der **Bach -es ⸚e** brook
die **Backe -n** cheek
das **Bad -es ⸚er** bath; **baden** to bathe
die **Bahn -en** path, course, track; **der**
    Bahnhof -s ⸚e station
bald soon; **bald...bald** now...now

das **Band -es ⁻er** bond, ribbon; **der Band -es ⁻e** volume

bang anxious, alarmed; **bangen** to alarm, make anxious

die **Bank ⁻e** bench

die **Barmherzigkeit** mercy, acts of charity

der **Bart -es ⁻e** beard

der **Bauch -es ⁻e** belly

bauen to build

der **Bauer -s** or **-n -n** peasant, farmer; **bäuerlich** peasant

der **Baum -es ⁻e** tree; **die Baumwurzel -n** tree root

beachten to notice, pay attention to; **beachtenswert** noteworthy, worthy of consideration

beängstigen to frighten, worry

beantworten to answer; **die Beantwortung** answer, response

bearbeiten to arrange, adapt; to belabor

beben to tremble

der **Becher -s -** cup

sich **bedanken** to say thank you

der **Bedarf -s** need, requirement

das **Bedauern -s** regret; **bedauerlich** regrettable

bedecken to cover

bedenken* to consider; **sich bedenken** to reflect

bedeuten to mean; **bedeutend** important, significant, serious; **die Bedeutung** meaning, significance; **bedeutungsvoll** meaningful

bedienen to serve; **sich bedienen** to make use of

die **Bedingung -en** condition

bedrücken to oppress

bedürfen* to need; **das Bedürfnis -ses -se** need

beenden to finish, end; **beendigen** to finish, end

befallen* to attack

der **Befehl -s -e** command; **befehlen*** to command, order; **befehligen** to command, be in charge

befestigen to strengthen

sich **befinden*** to be

befördern to foster; **die Beförderung -en** fostering, promotion

befreien to free; **die Befreiung** liberation

befriedigen to satisfy

begabt gifted, talented; **die Begabung -en** talent

sich **begeben*** to go; **die Begebenheit -en** event

begegnen (ist) to meet

begehen* to commit

begehren to desire, demand

begeistern to inspire, enthuse; **die Begeisterung** enthusiasm

die **Begierde -n** desire; **begierig** eager

begleiten to accompany; **der Begleiter -s -** companion

begraben* to bury

begreifen* to comprehend, understand; **begreiflich** clear; **der Begriff -s -e** concept; **im Begriff** about to

begünstigen to favor

das **Behagen -s** comfort

behalten* to keep, retain; **Recht behalten** to prove to be right

behandeln to treat

behaupten to assert, maintain, claim

beherrschen to rule over, have command of

behüten to preserve, guard; **behüte Gott!** God forbid! **behutsam** cautious

bei at, by, in connection with, among, with, near, next to

bei-behalten* to retain

beide both, two; **beiderseitig** on both sides

beieinander together

der **Beifall -s** applause, approval

das **Bein -s -e** leg; bone

beinahe almost

das **Beispiel -s -e** example

bei-stehen* to stand by, help

bekämpfen to oppose, combat

bekannt known, familiar, well known;
  ich mache Euch bekannt I will let
you know; **der Bekannte -n -n**
acquaintance; **die Bekanntschaft -en**
acquaintance
bekennen* to confess
sich **beklagen** to complain, object
bekommen* to receive, get
bekräftigen to confirm, strengthen
bekränzen to wreathe
belauschen to observe, listen in on
sich **beleben** to become animated;
  belebt animated
belehren to instruct, teach
beleidigen to insult, hurt
beleuchten to illuminate, light up; **die
Beleuchtung** illumination
belieben to please; **beliebig** any
desired; **beliebt** beloved, popular
bellen to bark
belügen* to deceive
bemalen to paint
bemerken to observe, notice; **die
Bemerkung -en** observation, remark
sich **bemühen** to make an effort, exert
oneself; **das Bemühen -s** effort,
exertion
benachrichtigen to inform
sich **benehmen*** to behave, act
beneidenswert enviable
benennen* to call
benutzen (benützen) to use
beobachten to observe
bequem comfortable; **die Bequemlichkeit** comfort
bereichern to enrich
bereit ready; **bereiten** to prepare,
provide; **bereitwillig** ready, willing;
die Bereitwilligkeit willingness
der **Berg -es -e** mountain; **bergab**
downhill; **bergauf** uphill
bergen* to conceal, salvage, get out
safely
der **Beruf -s -e** profession, calling;
  berufen* to call, summon
beruhigen to pacify, calm
berühmt famous

berühren to touch
beschäftigen to occupy
Bescheid wissen* to know
bescheiden modest
bescheinen* to shine upon
beschießen* to bombard
beschleunigen to accelerate
beschließen* to decide
beschränken to limit
beschreiben* to describe; to write on;
  die Beschreibung -en description
beschützen to protect
beschweren to weight down
besehen* to see, view
die **Beseitigung** elimination, removal
besiegeln to seal
besiegen to conquer
besingen* to hymn, praise in song
der **Besitz -es -e** possession; **besitzen***
to possess; **der Besitzer -s -** owner,
possessor
besonder special; **besonders** especially
besorgen to take care of, be concerned
with
bessern to improve, correct
beständig constant
der **Bestandteil -s -e** component part
die **Bestätigung -en** confirmation
bestehen* to exist; to go through (with);
  bestehen auf to insist on; **bestehen
aus (in)** to consist of
besteigen* to climb
bestellen to order, arrange
bestimmen to determine; **die
Bestimmung -en** designation;
bestimmt definite, certain
der **Besuch -s -e** visit; **besuchen** to
visit, attend
beteiligt involved
beten to pray
betrachten to consider, observe;
  beträchtlich considerable, noticeable
betreffen* to concern, move; to strike;
  was...betrifft as far as...is concerned;
betreffend corresponding
betreten* to enter
der **Betrieb -s -e** operation

betrüben to grieve, trouble
der **Betrug -s** deceit; **betrügen*** to deceive; der **Betrüger -s -** deceiver
das **Bett -es -en** bed
betteln to beg; der **Bettler -s -** beggar
betten to bed, settle, give a bed
beugen to bend, bow
beurteilen to judge, determine; die **Beurteilung** judgment
der **Beutel -s -** purse
die **Bevölkerung -en** populace, population
bevor before
bewachen to guard, watch
bewachsen (part.) overgrown, grown over
bewaffnen to arm
bewahren to keep, preserve, save
bewähren to prove
bewegen to move; **sich bewegen** to stir, move; **beweglich** mobile, active; **bewegt** animated; die **Bewegung -en** motion, movement
beweinen to lament
beweisen* to prove, show
bewirken to bring about
bewohnen to inhabit; der **Bewohner -s -** inhabitant
bewundern to admire; die **Bewunderung** admiration
bewußt conscious, known; das **Bewußtsein -s** consciousness
bezahlen to pay (for)
bezeichnen to designate
bezeigen to show
bezeugen to witness
beziehen* to occupy, move into; die **Beziehung -en** relation, connection, association
der **Bezug -s** reference; **in bezug auf** with respect to
die **Bibliothek -en** library
biegen* to bend
bieten* to offer
das **Bild -es -er** picture, image; **ihm zum Bilde** in his image; **bilden** to form, educate

billig cheap; fair, proper; **billigermaßen** properly
binden* to bind, tie
die **Birke -n** birch
die **Birne -n** pear
bis until; **bis auf** up to; except for
der **Bischof -s ⁝e** bishop
bisher until now; **bisherig** previous
bißchen little bit
der **Bissen -s -** bite, bit
die **Bitte -n** request; **bitte schön** please; **bitten*** to ask, request
die **Bitterkeit** bitterness
blasen* to blow, play
blaß pale; die **Blässe** paleness
das **Blatt -es ⁝er** leaf, sheet (of paper); **blättern** to page, turn the leaves
blau blue; **bläulich** bluish
bleiben (ist)* to remain
bleich pale
der **Bleistift -s -e** pencil
blenden to blind
der **Blick -es -e** glance, look; **blicken** to look, gaze
blinken to flash
der **Blitz -es -e** flash (of lightning); **blitzen** to glisten, flash, glance
bloß mere, merely, only
blühen to blossom, flourish
die **Blume -n** flower; der **Blumenkrug -s ⁝e** vase of flowers
das **Blut -es** blood
die **Blüte -n** blossom; flourishing, period of flourishing
bluten to bleed; **blutig** bloody; der **Blutsverwandte -n -n** blood relation
der **Bock -es ⁝e** goat
der **Boden -s ⁝** ground, floor, base
der **Bogen -s ⁝** or **-** bow, arch, curve
die **Bohne -n** bean; **blaue Bohnen** bullets
bös(e) bad, evil; die **Bosheit** malice
der **Bote -n -n** messenger, courier; der **Botschafter -s -** ambassador
der **Brand -es ⁝e** fire, burning
braten* to roast, broil; der **Braten -s -** roast

der **Brauch -es ⁝e** custom, usage, use;
brauchbar useful; **brauchen** to need,
use; **bräuchlich** customary

die **Braue -n** eyebrow

brausen to roar

die **Braut ⁝e** bride, fiancée; **der
Bräutigam -s -e** fiancé

brav good, true; **die Bravheit** good
behavior

brechen* to break; to grow
dim (in death)

breit broad, wide

brennen* to burn; **der Brennstoff -s**
fuel

das **Brett -es -er** board

der **Brief -es -e** letter

die **Brille -n** spectacles, glasses

bringen* to bring, take; **um etwas
bringen** to deprive of something; **zu
etwas bringen** to make something

das **Brot -es -e** bread

die **Brücke -n** bridge

der **Bruder -s ⁝** brother; **brüderlich**
fraternal

brüllen to roar

brummen to growl, rumble

der **Brunnen -s -** fountain, well

die **Brust ⁝e** breast, chest

der **Bube -n -n** boy, scoundrel

das **Buch -es ⁝er** book; **der Buchstabe
-n -n** letter

der **Büchsenöffner -s -** can-opener

sich **bücken** to bend over

die **Bühne -n** stage; **das Bühnenbild
-es -er** stage setting

der **Bund -es -e** or **⁝e** group, union,
league; bunch (of keys)

das **Bündel -s -** bundle

bunt gaily colored, colorful; **buntseiden**
of gaily colored silk

die **Burg -en** castle, fortress; **der Bürger
-s -** citizen; **bürgerlich** bourgeois,
civic

der **Busen -s -** bosom

büßen to atone for; **die Büßerin -nen**
penitent woman

das **Butterbrot -s -e** piece of bread and
butter

C

der **Chor -s ⁝e** choir, chorus

der **Christ -en -en** Christian;
christlich Christian

D

da (adv.) there, here, then; (conj.) since,
as, when, where, so that

dabei in that connection, thereat

das **Dach -es ⁝er** roof; **die Dachkam-
mer -n** attic room

dadurch through it (them), because of
that, thereby

dafür for it (them); in return; instead

dagegen against it (them); for that; on
the other hand, in return

daheim at home

daher therefore

daher-schleichen (ist)* to creep up

dahin away, there; **bis dahin** till then;
dahinaus out there

dahin-bringen* to bring to the point

dahin-fahren (ist)* to go away, go
there; to expire

dahin-gehen (ist)* to go past

dahin-sinken (ist)* to swoon

damals then, at that time

die **Dame -n** lady

damit with it (them); (conj.) so that

dämmerig dim; **dämmern** to grow
light, grow dim; **die Dämmerung**
dusk, dim light

der **Dampf -es ⁝e** steam, vapor; **dampfen**
to steam

danach afterward; accordingly

danieder down

der **Dank -es** gratitude, thanks; **dankbar**
thankful; **die Dankbarkeit** thankful-
ness, gratitude

dann then; **dann und wann** now and
then

daran on it (them), from that, by that; to it; at the point of

daran-kommen (ist)* to be one's turn

darauf to it (them), to this, on it, etc.

darein in it (them), into it; in which

darinnen = **darin**

darnach = **danach**

dar-stellen to represent; **die Darstellung -en** representation

darüber over it (them), concerning it; **es ging ihm nichts darüber** he treasured it above everything else

darum therefore, for the reason (that)

darunter among them

das **Dasein -s** existence

daß that

die **Dauer** duration, endurance; **dauern** to endure, last; **dauernd** permanent, constant

davon of it (them), from it, about it

davon-bringen* to take away

davon-laufen (ist)* to run away

davon-tragen* to carry away, suffer

davon-ziehen* to pull away

davor in front of it

dazu to it (them), in addition; to which; at the same time; for this purpose; **dazu kamen** in addition there were

die **Decke -n** ceiling, cover; **decken** to cover

sich **dehnen** to extend, stretch out

demgegenüber in contrast

die **Demütigung -en** humiliation

denken* to think; **sich denken** to imagine, suppose

das **Denkmal -s ⁀er** or **-e** monument

denn for; then; anyway (often left untranslated); than, other than

dennoch nevertheless

derartig such

dergleichen such, that kind of

derselbige = **derselbe**

desgleichen the same

deshalb therefore

deuten to point; explain; **deutlich** clear

deutsch German

dicht close, dense

dichten to imagine, invent; **der Dichter -s -** poet; **der Dichtermensch -en -en** poetic person

dick fat, thick

der **Dieb -es -e** thief; **diebisch** thievish

dienen to serve; **der Diener -s -** servant; **die Dienerschaft** group of servants; **der Dienst -es -e** service; **zu Dienst** as a service; **vom Dienst** on duty

diesmal this time

das **Ding -es -e** thing; **guter Dinge** in good spirits

doch still, yet, nevertheless, after all, indeed

donnern to thunder

doppelt double; **das Doppelkinn -s -e** double chin

das **Dorf -es ⁀er** village

dort there; **dorthin** there, to that place

der **Drang -es** urge, impulse, desire; **drängen** to crowd, press, force, strive

drauf = **darauf**

draußen outside

drehen to turn

dreifach threefold

drein = **darein**

drein-sehen* to look, appear

drin = **darin**

dringen* to press

drinne = **drinnen** inside

droben above

drohen to threaten

drüben over there, up there

drüber = **darüber**

der **Druck -es** print; **in den Druck gesetzt** printed

drücken to press, oppress, depress

drum = **darum** therefore

dulden to suffer, tolerate

dumm stupid; **die Dummheit -en** stupidity

dumpf dull

dunkel dark

dünn thin
durch through, by
durchaus thoroughly, absolutely
durch-brechen (ist)* to break through
durch-dringen (ist)* to penetrate
durcheinander-reden to talk all at once
durch-graben* to dig through
durch-laufen (ist)* to pass through, run through
durch-machen to go through, experience
durchnäßt wet through
durchschauen to see through
sich **durch-schlagen*** to make one's way
durch-stürmen to storm through
durch-wandern (ist) to wander through, move through
dürfen* may, be permitted
dürftig inadequate
der **Durst -es** thirst
düster gloomy
das **Dutzend -s -e** dozen

E

eben just, simply; that's right
die **Ebene -n** plain
ebenfalls likewise; **ebenso** just as; **ebensolch** similar; **ebensowenig** just as little
echt real, genuine
die **Ecke -n** corner
edel noble; **die Edelfrau -en** noble lady
ehe before, rather
die **Ehe -n** marriage; **der Ehegemahl -s -e** spouse, husband
ehemalig former; **eher** rather, sooner
die **Ehesitte -n** marriage custom; **der Ehestand -es** matrimony
die **Ehre -n** honor, glory; **der Ehrengruß -es ⁀e** salute of honor; **der Ehrenmann -s ⁀er** man of honor; **ehrenvoll** honorable; **das Ehrgefühl -s** sense of honor; **der Ehrgeiz -es** ambition; **ehrlich** honorable, honest; **ehrwürdig** venerable

das **Ei -s -er** egg
die **Eiche -n** oak
der **Eid -es -e** oath
der **Eifer -s** zeal; **eifern** to be zealous; to envy; **eifrig** zealous, keen, earnest
eigen own, individual, unique; **eigentlich** real; **das Eigentum -s** property; **der Eigentümer -s -** property owner; **eigentümlich** peculiar, odd; **eigentumslos** without property; **die Eigentumslosigkeit** lack of property
eilen to hurry; **eilig** quick
ein one, single; **die einen** some; **einander** one another
ein-biegen (ist)* to turn in
sich **ein-bilden** to imagine
ein-dringen (ist)* to penetrate, enter
der **Eindruck -s ⁀e** impression
sich **einen** to unite
einerseits on the one hand
einfach simple
der **Einfall -s ⁀e** idea; **ein-fallen** (+ dat.) (ist)* to occur to
ein-fangen* to catch
der **Einfluß -sses ⁀sse** influence
ein-führen to introduce
der **Eingang -s ⁀e** entrance; **ein-gehen** (ist)* to enter; **eingehen auf** to enter into
eingenommen partial (to)
ein-gestehen* to confess
sich **ein-hängen** (in) to link arms (with)
die **Einheit -en** unity, unit
ein-holen to overtake
einig united, in accord
einige some, several
ein-kehren (ist) to enter
das **Einkommen -s -** income
ein-laden* to invite
sich **ein-lassen*** to venture, engage in
ein-leiten to introduce, start
einmal once, once and for all; **auf einmal** all at once; **nicht einmal** not even; **einmalig** unique
ein-mischen to mix, mix in

ein-räumen to concede, allow
ein-richten: wohnlich einrichten to
  furnish
einsam lonely, lonesome
ein-schenken to fill a glass, pour
ein-schleichen (ist)* to sneak in, enter in
ein-schränken to limit
ein-sehen* to understand
einseitig one-sided, superficial
ein-setzen to set in, fit in; to risk
die **Einsicht -en** insight, understanding
einst once, in the future
ein-teilen to divide
ein-treten (ist)* to enter, take place; der
  Eintritt -s -e entrance, occurrence
ein-üben to practice
das **Einverständnis -ses -se** agreement
der **Einwand -(e)s ⸚e** objection
ein-wickeln to wrap up
ein-willigen to consent, agree
einzeln single, individual
ein-ziehen (ist)* to enter
einzig only, single, unique
das **Eisen -s -** iron, steel; die **Eisenbahn
  -en** railroad
eisig icy
die **Eitelkeit** vanity
elend wretched; das **Elend -s** misery
die **Eltern** parents
der **Empfang -s ⸚e** reception; receiving;
  empfangen* to receive, greet;
  empfänglich receptive, sensitive
empfehlen* to recommend
empfinden* to feel, perceive
empor-heben* to lift up, raise
empor-reißen* to pull up
empor-springen (ist)* to spring up
empor-steigen (ist)* to rise, climb,
  ascend
enden to finish; **endigen** to end,
  conclude; **endlich** finally; **endlos**
  endless
eng narrow, close, confined, tight
der **Engel -s -** angel
entbehren to renounce; to lack, do
  without

entblößt stripped naked
entdecken to discover; die **Entdeckung
  -en** discovery
entfalten to unfold, develop; die
  Entfaltung unfolding, expansion
entfernen to remove; **entfernt** distant;
  im entferntesten remotely
entfliehen (ist)* to escape, flee
entführen to take away, lead away,
  abduct
entgegen toward
entgegen-fahren (ist)* to go to meet
entgegen-gehen (ist)* to go toward
entgegen-kommen (ist)* to meet
  halfway, come toward
entgegen-strecken to stretch toward
entgegen-stürzen (ist) to rush toward
entgegen-treten (ist)* to step toward,
  approach
entgegen-wirken to counteract, work
  against
enthalten* to contain
entkommen (ist)* to come from, escape
entlang along
entlassen* to dismiss, let go, release
entmutigen to discourage
entreißen* to snatch away
entsagen to renounce; die **Entsagung**
  renunciation
entscheiden* to decide; **entscheidend**
  decisive; **entschieden** decisively,
  decided
sich **entschließen*** to decide, resolve;
  entschlossen resolute; der **Entschluß
  -sses ⸚sse** resolution, decision
entschuldigen to excuse; die
  Entschuldigung -en excuse
sich **entsetzen** to be horrified; das
  Entsetzen -s horror; **entsetzlich**
  horrible, terrible; **entsetzt** terrified
entsinken (ist)* to fall from, drop from
entsprechen* to correspond; die
  Entsprechung -en analogy, counterpart
entspringen (ist)* to spring from, arise
  from

entstehen (ist)* to arise, originate
entweder either
entwerfen* to cut out, outline
entwickeln to develop, evolve; **die Entwicklung** development
entziehen* to withdraw, remove
entzücken to charm, delight
entzwei-brechen (ist)* to break in two
entzweien to separate
erbarmen to have mercy; **das Erbarmen -s** pity, mercy
der **Erbe -n -n** heir; **die Erbin -nen** heiress; **das Erbrecht -s -e** right of inheritance
erbeben to tremble, shake
erbittern to embitter
erblicken to catch sight of
die **Erde -n** earth
erdenken* to conceive, evolve
das **Erdenrund -s** globe; **der Erdentag -s** day on earth; **die Erdkugel** globe
das **Ereignis -ses -se** event, occurrence
erfahren* to learn, experience; **die Erfahrung -en** experience
erfassen to seize, grasp
erfinden* to invent; **die Erfindung -en** invention
der **Erfolg -s -e** success
erfolgen to follow
erfordern to demand, require
erfreuen to rejoice, make glad; **sich erfreuen** to enjoy
erfüllen to fulfill, fill
ergänzen to complete
sich **ergeben*** to surrender; to devote oneself; **ergeben** devoted (to); **die Ergebenheit** devotion
ergießen* to pour forth
ergraut graying
ergreifen* to seize
erhaben sublime
erhalten* to receive, keep, preserve
erheben* to raise; **sich erheben** to rise, be exalted; **die Erhebung -en** elevation
die **Erholung** relaxation, recovery

erinnern to remind, recall; **sich erinnern (an)** to remember; **die Erinnerung -en** memory, remembrance
erkalten to grow cold
die **Erkämpfung** attainment by struggle
erkaufen to purchase, buy
erkennbar recognizable; **erkennen*** to recognize, become aware of, perceive, acknowledge; **die Erkenntnis -se** realization, knowledge; **das Erkenntnis -se** judgment, sentence
erklären to declare, explain
erklingen* to resound, sound
erlangen to attain, acquire, reach
erlauben to permit; **die Erlaubnis -se** permission
erleben to experience
erledigen to finish, settle
erleichtern to relieve, improve, make easier; **die Erleichterung** relief
erleiden* to suffer
erlernbar learnable; **erlernen** to learn
erlöschen (ist)* to grow dim, go out
erlösen to redeem, release, free; **die Erlösung** redemption, salvation
das **Ermessen -s** calculation, standards
ermorden to murder
ermüden to tire, exhaust
ernähren to nourish, provide for
ernst earnest, serious; **der Ernst -es** seriousness; **ist es Ihr Ernst?** are you serious? **mit Ernst** in earnest; **ernsthaft** serious; **ernstlich** seriously
erobern to conquer; **die Eroberung -en** conquest
eröffnen to open
die **Erörterung -en** discussion
erquicken to refresh, restore; **die Erquickung** comfort, refreshment
erregen to excite; **sich erregen** to stir
erreichen to reach, attain; **die Erreichung** attainment
erretten to save
errichten to erect; **die Errichtung** establishment

erringen* to acquire, attain, win
erschaffen* to create
erschauen to catch sight of
erscheinen (ist)* to appear; **die Erscheinung -en** appearance, phenomenon; **in die Erscheinung treten** to appear
erschlagen* to kill, slay
erschöpfen to exhaust
erschrecken to frighten
erschüttern to move profoundly; **die Erschütterung -en** emotion
ersetzen to replace
erst first, only, not until; **erst recht** all the more, really; **der erste beste** the first one who comes along
erstaunen to astonish, be astonished; **das Erstaunen -s** astonishment
ersticken to smother
erstrecken to extend
erteilen to distribute
ertönen to sound
ertragen* to bear, endure; **erträglich** endurable
ertrinken (ist*) to drown, be drowned
erwachen to awaken
erwachsen (adj.) adult, mature
die Erwägung -en consideration
erwählen to choose
erwähnen to mention
erwärmen to warm
erwarten to await, expect
erwecken to awaken, wake
erweichen to soften, mollify; **er ließ sich erweichen** he relented
erweisen* to show, prove; **sich erweisen** to appear; **erweislich** demonstrable
erweitern to extend, expand
der Erwerb -s -e acquisition; **erwerben*** to acquire, engender
erwidern to reply
erwünschen to wish for
erzählen to tell, narrate; **die Erzählung -en** tale
erzeigen to render, show, demonstrate

erzeugen to produce, engender
erziehen* to bring up, educate; **die Erziehung** education
erzielen to achieve
erzittern to tremble
erzwingen* to enforce, compel
der Esel -s - donkey, jackass; **der Eseltreiber -s -** donkey-driver
essen* to eat; **das Essen -s** meal, food
etlich some, several
etwa perhaps, for example
etwas something, some, somewhat
ewig eternal; **die Ewigkeit** eternity

F

die Fabrik -en factory; **der Fabrikant -en -en** manufacturer; **fabrizieren** to manufacture
das Fach -es ⁀er profession, specialty
fähig capable; **die Fähigkeit -en** capacity
fahren (ist)* to go, pass, move; **die Fahrt -en** journey, trip, course
der Fall -es ⁀e case
fallen (ist)* to fall
falls in case
falsch false, wrong
die Falte -n fold
der Familiensinn -s family feeling
fangen* to catch, capture
die Farbe -n color; **farbig** colorful, colored
fassen to seize, take hold of, hold; **ins Auge fassen** to fix one's glance (on); **Mut fassen** to take courage; **die Fassung** composure
fast almost
faul lazy; **die Faulheit** laziness
die Faust ⁀e fist; **auf eigene Faust** on one's own
die Feder -n pen; **der Federhalter -s -** pen, penholder
fehlen to be lacking, miss; **es fehlt ihnen an** they lack; **der Fehler -s -** mistake, error; **fehlerhaft** erroneous, faulty

die **Feier -n** celebration, party, ceremony; **feierlich** solemn; festive; **feiern** to celebrate; **der Feiertag -s -e** holiday

die **Feigheit** cowardice; **der Feigling -s -e** coward

fein subtle, fine

der **Feind -es -e** enemy, foe; **feindlich** hostile

die **Feinheit** elegance

das **Feld -es -er** field

der **Fels(en) -ens -en** rock; **felsig** rocky

das **Fenster -s -** window; **das Fensterbrett -s -er** window sill

die **Ferien** (pl.) vacation

fern far, distant; **die Ferne** distance; **der Fernkampf -es** fighting at a distance

fertig ready, finished, done; **er macht uns fertig** he drives us out of our minds; **die Fertigkeit** capability, capacity

fesseln to shackle, chain, enchain

fest firm, solid

das **Fest -es -e** festival

fest-halten* to maintain, hold firm, fix, preserve, hold onto

fest-machen to tie up, make firm

fest-setzen to establish

fest-stellen to determine

fett fat

die **Feuchtigkeit** dampness

das **Feuer -s -** fire, light; **feurig** fiery; **feuertrunken** drunk with fire

das **Fieber -s -** fever; **der Fieberanfall -s ⸚e** attack of fever

die **Filmleinwand ⸚e** screen

finden* to find

finster dark, obscure, gloomy; **die Finsternis -se** darkness

flach shallow, flat

die **Flasche -n** bottle

flattern (ist) to flutter

der **Fleck -es -e** spot

flehen to implore

das **Fleisch -es** meat, flesh; **das Fleischermesser -s -** butcher knife

der **Fleiß -es** zeal, industry; **fleißig** industrious

die **Fliege -n** fly; **fliegen** (ist)* to fly

fliehen (ist)* to flee

fließen (ist)* to flow

der **Fluch -es ⸚e** curse; **fluchen** to curse

die **Flucht** flight; **der Flüchtling -s -e** fugitive

der **Flug -es ⸚e** flight; **der Flügel -s -** wing; **der Flugplatz -es ⸚e** airport

die **Flur -en** meadow

der **Fluß -sses ⸚sse** river

flüstern to whisper

die **Flut -en** flood, sea, tide

folgen (ist) to follow; **folglich** as a result

fordern to demand, request; **die Forderung -en** demand

formen to form

förmlich actually, veritably

fort away

fort-drängen to supplant

fort-fahren (ist or hat)* to continue

fort-führen to lead away

fort-gehen (ist)* to go away

fortgeschritten advanced; **der Fortschritt -s -e** advance, progress

fort-setzen to continue

fort-streben to strive, strain to leave

der **Frachtkahn -s ⸚e** freight barge

die **Frage -n** question; **fragen** to ask

(das) **Frankreich** France; **französisch** French

die **Frau -en** woman, lady, wife; **das Fräulein -s -** Miss; lady

frech impudent, bold

frei free, open; **ins Freie** into the open; **die Freiheit -en** freedom

freilich to be sure, of course

freiwillig voluntary

fremd strange, foreign; **in der Fremde**
in strange places
fressen* to eat, devour
die **Freude -n** joy; **freudenvoll** joyful;
freudig joyous; **freuen** to please,
make glad; **sich freuen (über** or **an)**
to be delighted with, enjoy
der **Freund -es -e** friend; **freundlich**
friendly; **die Freundlichkeit**
friendliness; **die Freundschaft -en**
friendship; **freundschaftlich**
friendly
der **Friede(n) -ns** peace; **friedlich**
peaceful
frieren* to freeze, be cold
frisch fresh, quick; **frisch und fröhlich**
without hesitation
froh merry, happy; **fröhlich** joyful,
gay; **die Fröhlichkeit** joy, merriment
fromm good, pious, kindly, innocent
die **Frucht ⁼e** fruit; **fruchtbar**
fruitful
früh early, soon, in the morning
das **Frühlingswetter -s -** spring weather,
spring atmosphere
das **Frühstück -s -e** breakfast
sich **fügen** to fit, adjust to
fühlen to feel
führen to lead, raise, wield, carry on;
gefangen führen to take as
prisoner; **Krieg führen** to wage war;
der **Führer -s -** leader, guide; **die
Führung** leadership, guidance
die **Fülle** abundance; **füllen** to fill
der **Funke(n) -ns -n** spark; **funkeln** to
sparkle; **funken** to broadcast; **der
Funker -s -** radio operator
für for, by, as, after
die **Furcht** fear; **Furcht haben** to be
afraid; **furchtbar** fearful, terrible;
fürchten to fear; **sich fürchten (vor)**
to be afraid (of); **fürchterlich** fearful,
frightful; **furchtsam** timid, cautious
der **Fürst -en -en** prince; **die Fürstin
-nen** princess

der **Fuß -es, ⁼e** foot; **fußbodentrocken**
bone-dry; **fußhoch** as high as one's
foot; **das Fußvolk -s** infantry, foot
soldiers

G

die **Gabe -n** gift
der **Gang -es ⁼e** pace, gait, course, way,
passage; **sein hoher Gang** his noble
gait; **in Gang bringen** to start; **sich
in Gang setzen** to start moving
ganz whole, entire, complete, quite;
ganz und gar completely; **gänzlich**
complete, wholly
gar very; even, at that
die **Gasse -n** street, alley, road; **öffnet
die Gasse!** clear the way!
der **Gast -es ⁼e** guest; **der Gastfreund
-s -e** host, guest; **der Gastgeber -s -**
host; **das Gasthaus -es ⁼er** inn,
tavern; **das Gastrecht -s** right of
hospitality
die **Gebärde -n** gesture; **sich gebärden**
to gesticulate
das **Gebäude -s -** building
geben* to give; **sich geben** to abate,
pass by
das **Gebet -s -e** prayer
das **Gebiet -s -e** realm
gebieten* to command, order
das **Gebirge -s -** mountain range
geboren born
das **Gebot -s -e** command, commandment
der **Gebrauch -s ⁼e** use; **gebrauchen**
to use
die **Geburt -en** birth; **der
Geburtsschein -s -e** birth certificate
das **Gedächtnis -ses -se** memory
der **Gedanke -ns -n** thought;
gedankenvoll thoughtful
das **Gedicht -s -e** poem
das **Gedränge -s** crowd
die **Geduld** patience
die **Gefahr -en** danger; **gefährden** to
endanger

gefallen* to please; **das Gefallen -s**
pleasure, favor

die **Gefangenschaft** captivity; **das
Gefängnis -ses -se** prison

gefaßt resolved, composed; **auf . . .
gefaßt** prepared for

das **Gefolge -s -** retinue

das **Gefühl -s -e** feeling

gegen against; toward; compared with

die **Gegend -en** area, region

der **Gegensatz -es ⸚e** contrast

der **Gegenstand -s ⸚e** object

das **Gegenteil -s -e** opposite; **im
Gegenteil** on the contrary

gegenüber opposite, in face of

gegenüber-stehen* to oppose,
confront

gegenüber-stellen to oppose

die **Gegenwart** presence, present;
gegenwärtig present, at present

der **Gegner -s -** foe, opponent

geheim secret, mysterious; **das
Geheimnis -ses -se** secret;
geheimnisvoll mysterious

gehen (ist)* to go, depart; **es geht nicht**
it won't do; **vor sich gehen** to take
place

das **Gehirn -s -e** brain

das **Gehör -s** hearing

gehorchen to obey

gehören to belong, pertain to

gehorsam obedient; **der Gehorsam -s**
obedience

der **Geist -es -er** spirit, intellect; **der
Geisterchor -s ⸚e** chorus of spirits;
die Geisterwelt -en spirit world;
geistig spiritual, intellectual; **geistlich**
spiritual, religious; **der Geistliche -n
-n** priest, clergyman

das **Gelächter -s** laughter, laughing stock

gelangen to attain

gelb yellow

das **Geld -es -er** money

die **Gelegenheit -en** occasion,
opportunity; **gelegentlich** sometime,
occasional

gelehrt learned; **der Gelehrte -n -n**
scholar

der **Geliebte -n -n** beloved

gelingen (ist)* to succeed

gelten* to be valid, count, hold; to be
a question of; **gelten für** to be
considered; **die Geltung** validity

gemäß in accordance with

gemein common, mean, low; **die
Gemeinde -n** community, company;
gemeinsam common; **die
Gemeinschaft -en** community;
gemeinschaftlich common, in
common

das **Gemisch -es -e** mixture

gemütlich friendly, comfortable

genau exact, close

genießen* to enjoy

genug enough; **genügen** to suffice

der **Genuß -sses ⸚sse** enjoyment

gerade straight; just; **geradeaus**
straight, straight ahead

geraten (ist)* to enter, get into

gerecht just, justified; **gerecht werden**
to do justice to; **die Gerechtigkeit**
justice

das **Gericht -s -e** judgment, court;
course

gering slight, small

gern(e) gladly; **gern haben** to like

der **Gesandte -n -n** envoy; **die
Gesandtschaft -en** legation

der **Gesang -s ⸚e** song

das **Geschäft -s -e** business, affair

geschehen (ist)* to happen, take place,
be done

das **Geschenk -s -e** gift

die **Geschichte -n** history, story;
geschichtlich historical

das **Geschick -s -e** fate

die **Geschicklichkeit** skill; **geschickt**
skillful, able, skilled

das **Geschlecht -s -er** race, kind,
species, family, sex

der **Geschmack -s** taste; **geschmackvoll**
tasteful

das **Geschöpf -es -e** creature
das **Geschrei -s** uproar
das **Geschwätz -es** chatter
geschwind swift; **die Geschwindigkeit**
speed
der **Geselle -n -n** apprentice,
journeyman; companion, fellow; **die**
Gesellschaft -en society, company,
party; **gesellschaftlich** social; **die**
Gesellschaftsordnung -en social
order
das **Gesetz -es -e** law
das **Gesicht -s -er** face, countenance,
sight; **zu Gesicht fallen** to become
visible; **das Gesicht -s -e** vision;
der Gesichtspunkt -es -e point of
view; **der Gesichtszug -s ⸚e** feature
(of the face)
die **Gesinnung** conviction, disposition,
attitude
das **Gespenst -es -er** ghost, specter;
gespenstisch ghostly
das **Gespräch -s -e** conversation
die **Gestalt -en** form, figure; **gestalten**
to form; **die Gestaltung -en** formation,
form
gestehen* to confess, concede, admit
gestern yesterday
gesund healthy, sound; **gesunden** to
recover (health); **die Gesundheit**
health
das **Getränk -s -e** drink
getrauen to trust
getreu faithful
gewagt daring, bold
gewahren to become aware of
gewähren to afford, grant
die **Gewalt -en** force, power; **mit**
Gewalt forcibly; **gewaltig** powerful;
huge, tremendous; **gewaltsam**
violent
das **Gewand -es ⸚er** garment
das **Gewehr -s -e** gun, rifle
gewesen past
der **Gewinn -s -e** gain, profit, reward;
gewinnen* to win, gain

gewiß certain; **du bist mir gewiß** I am
sure of you; **das Gewissen -s -**
conscience; **gewissermaßen** to a
certain extent
das **Gewitter -s -** storm
gewöhnen to accustom; **gewöhnlich**
usual; **gewohnt** accustomed
der **Giftmischer -s -** poison brewer
der **Gipfel -s -** peak, mountain top
der **Glanz -es** glow, radiance; **glänzen**
to glow, be radiant, gleam
das **Glas -es ⸚er** glass
glatt smooth
der **Glaube(n) -ns -n** faith, belief;
glauben to believe
gleich (adv.) at once, equally; (adj.)
equal, like; (prep.) like; **gleichen***
to resemble; **gleichfalls** likewise; **die**
Gleichförmigkeit uniformity;
gleichgültig indifferent, of no
importance; **gleichmäßig** equal;
gleichsam as it were, so to speak;
gleichwie just as; **gleichzeitig**
simultaneous
gleiten (ist)* to glide, fall
das **Glied -es -er** limb, member; **die**
Gliederung -en division,
organization
die **Glocke -n** bell; **das Glockengeläute**
-s ringing of bells
das **Glück -es** happiness, fortune;
Glück machen to achieve success;
zum Glück fortunately; **glücklich**
happy; successful; safe
glühen to glow; **die Glut -en** glow,
ardor
die **Gnade** mercy, grace; **gnädig**
gracious, merciful
goldfarbig golden
gönnen to bestow, grant
der **Götterfunke(n) -ns -n** divine spark;
göttlich divine; **gottlos** godless
das **Grab -es ⸚er** grave; **graben*** to
dig; **der Graben -s ⸚** ditch
der **Grad -es -e** degree, rank
gradaus = geradeaus

der **Graf -en -en** count; **die Grafschaft
-en** county
der **Gram -es** grief
das **Gras -es ⁚er** grass
grau gray, dim; **vor grauen Jahren**
many years ago
grauen to dawn; to feel horror; **mir
graut's vor dir** I shudder at the sight
of you; **das Grauen -s** horror;
grausam cruel, terrifying; **die
Grausamkeit** cruelty, violence;
grausen: es graust mir I shudder,
I am horrified
greifen* to reach, seize; to comprehend;
greifen in to infringe on, seize hold of
der **Greis -es -e** old man; **greisenhaft**
senile
die **Grenze -n** border, boundary;
grenzenlos boundless
der **Griff -es -e** grip, hilt
der **Grimm -es** rage, fury; **grimmig**
grim, angry
grob rough, coarse
groß large, great, tall; **großartig**
magnificent, sublime; **die Größe -n**
size, greatness; **der Großvater -s ⁚**
grandfather
grün green
der **Grund -es ⁚e** ground, bottom;
reason, foundation; **im Grunde**
basically; **das Grundeigentum -s**
real estate; **gründen** to base; **die
Grundfrage -n** basic question; **die
Grundlage -n** basis; **gründlich**
complete, thorough; **grundlos**
groundless, without cause; **der
Grundsatz -es ⁚e** principle
die **Gruppe -n** group; **die Gruppierung**
grouping
der **Gruß -es ⁚e** greeting; **schönen
Gruß bestellen** to send greetings;
Gruß auftragen to send regards
die **Gunst** favor; **günstig** favorable,
well-disposed; **der Günstling -s -e**
favorite
der **Gürtel -s -** belt

gut good
das **Gut -es ⁚er** property, estate
die **Güte** kindness; **gütig** gracious, kind
gutmütig good-natured
das **Gymnasium -s -ien** (secondary)
school

H

das **Haar -es -e** hair
der **Hafen -s ⁚** harbor; **die
Hafenpolizei** harbor police
der **Hahn -es ⁚e** cock, rooster; **der
Hahnenschrei -s -e** cock crow
halb half; **ein halb Mal** one time;
die Hälfte -n half
der **Hals -es ⁚e** neck
der **Halt -es** hold; **Halt machen** to
stop; **halten*** to hold, stop, keep;
an sich halten to restrain oneself;
eine Mahlzeit halten to take a
meal; **eine Rede halten** to give a
speech; **für ... halten** to consider;
sich halten to behave, deport oneself;
die Haltung bearing; position,
attitude
die **Hand ⁚e** hand; **der Händedruck -s**
pressure of the hand
der **Handel -s ⁚** affair, business,
commerce, trade; **handeln** to act; to
bargain; **sich handeln um** to be a
matter of; **die Handlung -en** action
handlich handy; **der Handschuh -s -e**
glove
hangen* (intransitive) to hang, be
suspended, cling
hängen (transitive) to hang, cling
harmlos innocent
harren to wait
hart hard, greatly; **hartherzig** hard-
hearted; **hartnäckig** obstinate
der **Hase -n -n** hare
der **Haß -sses** hate, hatred; **hassen** to
hate; **häßlich** ugly, hateful
die **Hast** haste, speed; **hastig** hasty
der **Hauch -es** breath

hauen* to hit

der **Haufe(n) -ns -n** pile, heap; **häufig** frequent

das **Haupt -es ̈er** head; **ihm zu Häupten** at his head; **der Hauptkopf -es ̈e** chief head; **der Hauptmann -es Hauptleute** captain; **die Hauptsache -n** main thing; **die Hauptveränderung -en** main change

hausen to dwell; **das Hausmärchen -s -** fairy tale for the home

die **Haut ̈e** skin

heben* to lift, raise; **sich heben** to rise; **der Hebungsversuch -s -e** attempt to raise

das **Heer -es -e** army, host

das **Heft -es -e** notebook; **heften** to fasten, fix

heftig violent, intense

die **Heide -n** heath

der **Heide -n -n** heathen; **das Heidenvolk -s ̈er** heathen

heil! hail!

das **Heil -es** salvation; **heilen** to heal, cure

heilig holy, sacred; **heiligen** to hallow; **der Heilige -n -n** saint; **das Heiligtum -s ̈er** sanctuary

heillos incurable; **heilsam** beneficial; **die Heilung** cure, healing

heim home; **das Heim -es -e** home; **die Heimat -en** home; **heim-fahren (ist)*** to drive home; **heimisch** native; **heim-kehren (ist)** to return home; **heimlich** secret, mysterious

heiraten to wed, marry

heiser hoarse

heiß hot, intense, ardent

heißen* to be called; bid; mean; call; **das heißt** that is

heiter cheerful, serene

der **Heizer -s -** stoker

der **Held -en -en** hero; **heldenhaft** heroic; **die Heldin -nen** heroine

helfen* to help

hell bright, light, clear

das **Hemd -es -en** shirt

der **Henker -s -** hangman

her here, to here

herab down

herab-lassen* to draw

heran-arbeiten to work up

heran-kommen (ist)* to approach

heran-treten (ist)* to step up to

herauf up

herauf-steigen (ist)* to rise

heraus-arbeiten to develop; **sich herausarbeiten** to work one's way out of

heraus-holen to take out, bring out

heraus-nehmen* to remove, take out

heraus-spüren to detect (from)

heraus-treten (ist)* to emerge, step out

herbei up, this way; (come) here

herbei-bringen* to bring up

herbei-eilen to rush up

herbei-führen to bring about, produce

herbei-kommen (ist)* to approach, come up

her-blicken to look toward, look up

der **Herbst -es -e** autumn

der **Herd -es -e** hearth

die **Herde -n** herd

herein-dringen (ist)* to penetrate

herein-eilen to rush in

herein-stürzen (ist) to rush in

herein-tragen* to carry in

her-fallen (ist)* to set upon, attack

her-hangen (ist)* to hang down

her-neigen to incline

hernieder down

der **Herr -n -en** Mr., Lord, Sir, master, gentleman; **die Herrin -nen** mistress, lady; **herrlich** splendid; **die Herrlichkeit** glory, splendor; **die Herrschaft -en** rule; **herrschen** to rule, prevail; **der Herrscher -s -** ruler

her-stellen to establish, restore

her-tragen* to bear, bring

herum around, over, up

sich **herum-drehen** to turn around

herum-kehren (ist) to turn around, turn back
herum-springen (ist)* to jump about
herum-stehen* to stand around
herum-ziehen (ist)* to go around, wander around
herunter-schauen to look down
herunter-sehen* to look down
hervor forth, out
hervor-bringen* to bring forth
hervor-gehen (ist)* to emerge
hervor-heben* to emphasize, stress
hervor-holen to bring out, take out
hervor-locken to lure forth
hervor-rufen* to call forth, evoke
hervor-sehen* to look forth
hervor-springen (ist)* to spring forth
hervor-suchen to seek out
hervor-treten (ist)* to step forth, protrude, emerge
hervor-ziehen* to draw forth, take out
das **Herz -ens -en** heart
her-zählen to enumerate
das **Herzeleid -s** sorrow, anguish; **die Herzensnot** anguish of heart; **das Herzklopfen -s** heartbeat; **herzlich** sincere, hearty; (adv.) extremely; **herzlos** heartless
heulen to howl
heute today; **heutzutage** nowadays
die **Hexerei** witchcraft, magic
hier here; **hierauf** hereupon; **hiermit** herewith; **hierunter** in this respect, hereunder; **hierzu** for this
die **Hilfe** help, aid; **hilflos** helpless
der **Himmel -s -** heaven, sky; **himmelwärts** heavenward; **himmlisch** heavenly
hin away, gone; **hin und her** back and forth
hin- und her-schwanken to sway back and forth
hinab down
sich **hinab-beugen** to bend down
hinab-laufen (ist)* to run down
hinab-rauschen to rush down

hinab-steigen (ist)* to climb down
hinab-stürzen (ist) to rush down
hinan-steigen (ist)* to rise to
hinauf-steigen (ist)* to climb
hinaus out, beyond
hinaus-gehen (ist)* **über** to exceed, go beyond
hin-beugen to bend down, bow down
der **Hinblick: im Hinblick auf** in regard to; **hin-blicken** to look away
hinderlich obstructive; **hindern** to prevent, hinder; **das Hindernis -ses -se** hindrance, obstacle
sich **hin-drängen** to yearn, press
hinein-blicken to look into
sich **hinein-fühlen** to work oneself into
hinein-gießen* to pour in
hinein-säen to sow in (it)
hinein-schleudern to hurl into
hinein-schmeißen* to fling in(to)
hin-fallen (ist)* to fall, fall down
hin-geben* to devote
hin-gehen (ist)* to go
hin-halten* to hold out
hin-leben to live from one day to the next
hin-legen to lay out, dispose, place in position; **sich hinlegen** to lie down
hin-nehmen* to accept
hin-reichen to hand over
hin-reißen* to sweep away
hin-schleichen (ist)* to creep (up)
hin-schreiben*: wie es sich hinschreibt as it looks in writing
hin-schwimmen (ist)* to swim out
die **Hinsicht** respect
hin-sinken (ist)*: **an ihn hinsinken** to fall into his arms
hin-stehen* to stand
hinten (adv.) behind
hinter (prep.) behind; (adj.) rear; **das Hintergebäude -s -** back building; **der Hintergrund -s ⁓e** background; **hinterher** along behind; **hinterlassen*** to leave behind
hin-treten (ist)* to step up, step over

hinunter down
hinunter-steigen (ist)* to descend
sich **hinunter-stürzen** to plunge
down
hinweg-gehen (ist)*: **hinweggehen**
über to ignore
hinweg-springen (ist)* to jump away
hinweg-tragen* to carry away
hin-werfen* to cast
sich **hinzu-drängen** to push forward,
press close
hinzu-fügen to add
hinzu-setzen to add
der **Hirt -en -en** shepherd
die **Hitze** heat
hoch high, tall; up (to); **hochbegabt**
very talented, very gifted; **hoch-**
bringen* to bring up; **das Hochfest**
-es -e high festival; **hochgewölbt**
high-arched; **hoch-holen** to bring
up; **hoch-kommen** (ist)* to come up,
surface; **höchst** extremely
die **Hochzeit -en** wedding; **der**
Hochzeitstag -s -e wedding day
der **Hof -es ⁻e** farm, court
hoffen to hope; **die Hoffnung -en**
hope; **hoffnungslos** hopeless
höfisch courtly; **die Hofleute**
courtiers
höflich polite; **die Höflichkeit**
politeness, courtesy
die **Höhe -n** height, heights; top; **in die**
Höhe up, upward
hohl hollow, sunken; **die Höhle -n**
hollow
der **Hohn -es** scorn, mockery; **höhnisch**
scornful
hold sweet, blessed, gracious
holen to get, go and get, fetch
die **Hölle** hell; **höllisch** infernal, hellish
das **Holz -es ⁻er** wood
horchen to listen
hören to hear
die **Hose -n** trousers
hübsch pretty
der **Hügel -s -** hill

die **Hülle -n** garment, cloak; husk;
hüllen to wrap, enclose, envelop
der **Hund -es -e** dog; **hündisch** doglike,
abject
die **Hungersnot** famine
hüpfen to hop
der **Hut -es ⁻e** hat
die **Hut** protection; **hüten** to guard;
sich **hüten** to be careful
die **Hütte -n** hut, home

I

die **Idee -n** idea
ihrerseits for its (their) part
ihresgleichen its (their) like
immer always; **immerdar** forever;
immerhin at any rate; **immerzu**
constantly
imstande able
indem (conj.) while, as, in that; (adv.)
meanwhile
indes in the meantime; while
infolge as a result of; **infolgedessen**
as a result
der **Inhalt -s** content
inne: inne haben to possess; **inne**
werden* to perceive, become aware
of
innen within; **das Innere -n** interior,
heart, innermost soul; **innerlich**
inwardly; **innig** intense, fervent
insbesondere in particular, especially
die **Inschrift -en** inscription
insofern insofar
sich **interessieren (für)** to be
interested (in)
inwiefern to what extent
inzwischen meanwhile
irgend any; **irgend ein** any; **irgend**
jemand anybody at all; **irgendwie**
somehow; **irgendwo** somewhere or
other
irr confused, distraught, astray;
irre-machen to confuse; **(sich)**
irren to err, make a mistake; **der**
Irrtum -s ⁻er error

J

die **Jagd -en** chase, hunt; **das Jagdhorn -es ⸚er** hunting horn; **jagen** to chase, hunt; **der Jäger -s -** hunter, huntsman

das **Jahr -es -e** year; **seit Jahr und Tag** for a long time; **das Jahrhundert -s -e** century; **jahrelang** for years, year-long; **der Jahrmarkt -es ⸚e** annual fair

der **Jammer -s** grief; **jämmerlich** lamentable; **jammern** to lament

jauchzen to be jubilant

je ever; **je ... desto** the ... the; **je ... je** the ... the; **je nach** according to

jedenfalls in any case

jeder each, every, any; **ein jeder** each one; **jedermann** every one; **jederzeit** at all times

jedoch however

jeglich: ein jeglicher = ein jeder

jemals ever

jemand some one

das **Jenseits** the other world

jetzt now; **jetzig** present

das **Joch -es -e** yoke

der **Jubel -s** jubilation; **jubeln** to jubilate, utter jubilantly

der **Jude -n -n** Jew

die **Jugend** youth; **die Jugendkraft ⸚e** youthful vigor

jung young; **der Junge -ns -n** boy; **die Jungfrau -en** maiden, virgin; **der Jüngling -s -e** youth; **der Jünglingskopf -es ⸚e** head of a youth

das **Juwel -s -en** Jewel

K

kahl bald

der **Kahn -es ⸚e** boat

der **Kaiser -s -** emperor; **kaiserlich** imperial

das **Kalb -es ⸚er** calf

die **Kälte** cold

kämmen to comb

die **Kammer -n** chamber, bedroom: **das Kämmerlein -s -** chamber, cabin

der **Kampf -es ⸚e** struggle, battle, fight: **kämpfen** to fight, battle; **der Kämpfer -s -** warrior; **kampflustig** pugnacious

die **Kapelle -n** chapel, orchestra

das **Kapitel -s -** chapter

der **Käse -s** cheese

der **Kasten -s -** or ⸚ box, tub

die **Katze -n** cat

kauen to chew

kaufen to buy; **der Kaufmann -s Kaufleute** merchant

kaum hardly, scarcely

keck insolent

kehren to turn

keineswegs by no means

der **Keller -s -** cellar

kennen* to know; **kennenlernen** to become acquainted with; **die Kenntnis -se** knowledge, insight; **Kenntnis nehmen** to acknowledge, take notice of

der **Kerl -es -e** fellow

der **Kern -es -e** substance, kernel

die **Kette -n** chain

das **Kind -es -er** child, girl; **das Kindermärchen -s -** children's fairy tale; **die Kindheit** childhood; **kindisch** childish; **kindlich** like a child

das **Kinn -es -e** chin

die **Kirche -n** church

die **Kirsche -n** cherry

das **Kissen -s -** pillow

die **Kiste -n** box

die **Klage -n** lamentation, sorrow; **klagen** to complain, lament; to sue; **kläglich** plaintive, doleful

der **Klang -es ⸚e** sound

klar clear; **die Klarheit** clarity

das **Klavier -s -e** piano

kleben to cling, stick

das **Kleid -es -er** dress, clothes, suit;
kleiden to dress; **die Kleidung**
clothing, costume

klein small, little; **die Kleinarbeit -en**
minute work; **das Kleingeld -s**
change; **die Kleinigkeit -en** trifle

klingeln to ring, jingle

klingen* to sound

klopfen to knock

das **Kloster -s ∶** monastery, convent,
cloister

klug clever, skillful, prudent, knowing

der **Knabe -n -n** boy

knapp brief, short, close

der **Knecht -es -e** bondsman, slave,
servant, helper; **knechten** to enslave;
knechtisch slave, slavish

das **Knie -s -e** knee; **knien** to kneel

knochig bony

der **Knopf -es ∶e** button

knüpfen to tie

kochen to cook; **die Köchin -nen**
cook

kohlschwarz coal-black

kommen (ist)* to come

der **König -s -e** king; **die Königin
-nen** queen; **königlich** royal; **das
Königsmahl -es -e** royal feast; **das
Königtum -s ∶er** kingdom,
monarchy

können* to be able; can

der **Kopf -es ∶e** head; **der
Kopfhörer -s -** earphones; **das
Kopfkissen -s -** pillow; **der
Kopfschmerz -es -en** headache

der **Korb -es ∶e** basket

der **Körper -s -** body; **die
Körperhaltung** bearing, carriage

kostbar precious; **die Kosten** (pl.)
expense

kosten to taste; to cost; **köstlich**
delicious

die **Kraft ∶e** power, strength; **in Kraft**
by virtue (of); **nach Kräften** to the
best of one's ability; **kräftig** powerful,
robust

der **Kragen -s -** collar

krähen to crow

krank ill, sick; **kränken** to offend,
hurt; **die Krankengeschichte -n**
case history (of an illness); **der
Krankenwärter -s -** hospital
attendant; **die Krankheit -en** illness,
sickness

der **Kranz -es ∶e** wreath, circle

kratzen to scratch

das **Kraut -es ∶er** plant, herb

der **Kreis -es -e** circle

kreuzen to cross

kriechen (ist)* to creep

der **Krieg -es -e** war; **der Krieger -s
-** warrior; **die Kriegsbereitschaft**
readiness for war; **das Kriegshandwerk
-s** soldier's trade; **kriegstüchtig** fit
for war

kriegen to get

die **Krone -n** crown

der **Krug -es ∶e** pitcher, vase

krumm crooked, bent over

die **Küche -n** kitchen

die **Kugel -n** ball, sphere

die **Kuh ∶e** cow

kühl cool; **die Kühle** coolness

kühn bold

der **Kulturfilm -s -e** educational film

der **Kummer -s** grief; **kümmern** to
concern, trouble; **sich kümmern um**
to be concerned with

kund known; **kund tun*** to make
known; **kundig** expert

künftig (in the) future

die **Kunst ∶e** art, skill, stunt; **die
Kunstfähigkeit -en** artistic ability;
kunstgeübt skilled; **der Künstler -s
-** artist

kurz short, brief, in short; **über kurz
oder lang** sooner or later; **kürzen**
to abbreviate; **kürzlich** recently;
kurzsichtig myopic, short-sighted

der **Kuß -sses ∶sse** kiss; **küssen** to
kiss

die **Küste -n** coast

L

lächeln to smile
lachen to laugh
lächerlich ridiculous
laden* to load; to summon, invite
die **Lage -n** location, situation
das **Lager -s -** couch, bed
lähmen to paralyze
das **Land -es ∸er** land, country; **auf dem Lande** in the country; **der Landesteil -s -e** region; **das Landgut -s ∸er** country estate; **die Landleute** (pl.) peasants, country folk; **die Landsleute** (pl.) (fellow) countrymen
ländlich rural
lang long; **lange** for a long time; **die Länge -n** length, duration; **länger** longer, rather long; **längst** long since
langgezogen (long) drawn out, drawling
langsam slow
der **Lärm -(e)s** noise; **lärmen** to be noisy, make a noise
lassen* to let, leave, refrain (from); to have (something) done; **läßt sich** can (be)
die **Last -en** burden
das **Laster -s -** vice
lästig burdensome
lateinisch Latin
Lauer: auf der Lauer liegen* to lie in wait; **lauern** to lurk, lie in wait
der **Lauf -(e)s ∸e** course, pace, path; **freien Lauf haben** to be free to go; **laufen** (ist)* to run; **der Läufer -s -** messenger
die **Laune -n** mood
lauschen to listen, peep forth
laut loud, aloud; **der Laut -(e)s -e** sound; **lauten** to sound; **lautlos** soundless
läuten to ring
lauter pure; nothing but
leben to live; **leb' wohl** farewell; **das Leben -s -** life; **lebendig** living,

lively, vivid; **die Lebensart -en** way of living; **die Lebensglut** vital energy; **die Lebenslage -n** walk of life, station of life; **lebenslänglich** lifelong; **der Lebenslauf -s ∸e** career, course of life; **das Lebensmittel -s -** provisions, food supplies; **lebhaft** lively, energetic; **leblos** lifeless
das **Leder -s** leather
leer empty, void; **die Leere -n** emptiness, void; **leeren** to empty
legen to lay, place
lehnen to lean
die **Lehre** teaching, instruction; **sie nimmt ihn in die Lehre** she is teaching him; **lehren** to teach; **der Lehrer -s -** teacher
der **Leib -es ∸er** body; **leiblich** bodily, physical
die **Leiche -n** body, corpse
leicht easy, light, gentle, slight; **leichtfüßig** light-footed; **leichtsinnig** frivolous
das **Leid -es -en** sorrow, harm; **ein Leides tun** to do harm, hurt; **es tut mir leid** I am sorry; **leiden*** to suffer, endure, tolerate
die **Leidenschaft -en** passion; **leidenschaftlich** passionate
leider unfortunately
leidlich tolerable
leihen* to rent, loan
leise soft, gentle
leisten to accomplish, do
die **Leitung** direction, guidance
lenken to direct, guide, steer
die **Lerche -n** lark
lernen to learn, study
lesbar legible, understandable; **lesen*** to read; **der Leser -s -** reader
letzt last; **letzter** latter; **in letzter Zeit** these days
leuchten to shine, glow
die **Leute** (pl.) people
das **Licht -es -er** light; **großes Licht** big shot

lieb dear; **das Liebchen -s -** sweetheart,
darling; **die Liebe -n** love; **lieben**
to love; **die Liebesglut** glow of love,
passion; **lieb haben** to like, love;
lieblich lovely, charming, pretty;
der Liebling -s -e favorite
lieber rather
das Lied -es -er song
liegen* to lie, be located; **an . . . liegen**
to matter
das Lilienohr -s -en lily-white ear
die Linde -n linden
links to (on) the left
die List -en cunning, deception; **listig**
sly
das Lob -es praise, fame, character;
loben to praise
locker relaxed
die Lockung -en allurement, temptation
der Lohn -es payment, reward; **lohnen**
to reward
los loose; **Los!** Get going!
los-brechen* to break loose
lösen to solve, dissolve, redeem, free
los-gehen (ist)* to go off, be fired (of a
gun); **auf . . . losgehen** to go right
up to
los-lassen* to let loose
los-lösen to release
los-machen to unloosen; **sich los-
machen** extricate oneself, get away
los-reißen* to tear away
die Lösung -en solution
los-werden (ist)* to get rid of
der Löwe -n -n lion
die Luft ⸚e air
die Lüge -n lie; **Lügen strafen** to give
the lie to; **lügen*** to lie; **der Lügner
-s -** liar
die Lust ⸚e desire, joy, enjoyment;
Lust haben to wish, want to; **lustig**
merry, fun

M

machen to make, do, cause; **mach
schon** get a move on

die Macht ⸚e power; **mit Macht**
forcibly, headlong; **mächtig** powerful,
mighty; **machtlos** powerless
das Mädchen -s - girl
das Mädel -s - girl
das Mägdlein -s - maid
der Magen -s - stomach; **die
Magengrube** pit of stomach
das Mahl -(e)s -e or **⸚er** meal; **die
Mahlzeit -en** meal
mal = einmal
das Mal -s -e time
malen to paint, draw; **die Malerei**
(art of) painting
mancherlei several kinds of
manchmal sometimes
der Mangel -s ⸚ deficiency; **mangeln**
to lack
der Mann -es ⸚er man, husband;
männlich manly, masculine
mannigfaltig manifold; **die
Mannigfaltigkeit** variety,
manifoldness
der Mantel -s ⸚ cloak
das Märchen -s - (fairy) tale;
märchenhaft fairy-tale-like; **die
Märchenlust** fabled happiness
das Marienlied -(e)s -er hymn to the
Virgin Mary
der Markt -es ⸚e market, market
place
das Maß -es -e measure
mäßig moderate; **die Mäßigkeit**
moderation
die Maßregel -n measure
matt feeble, exhausted
die Mauer -n wall; **die Mauerhöhle**
niche in the wall
das Maul -(e)s ⸚er (animal's) mouth
das Meer -es -e sea
mehr more, else; **mehren** to increase;
sich mehren to multiply
mehrere several
mehrmals several times
die Mehrzahl majority
meiden* to avoid, stay away from

meinen to think, believe, mean; **die Meinung -en** opinion, intention, meaning

meist for the most part; **meistens** mostly, usually

der **Meister -s -** master

melden to report, announce; **die Meldung -en** announcement

die **Menge -n** crowd, group, quantity

der **Mensch -en -en** man, human being, person; **menschenleer** deserted; **die Menschenzahl** population; **die Menschheit** humanity, mankind; **menschlich** human; **aufs menschlichste** in a most friendly way

merken to mark, note; **merkwürdig** remarkable, noteworthy

messen* to measure; **die Messung -en** measurement

die **Miene -n** feature

mieten to rent (from someone)

die **Milch** milk

mild gentle

minder less; **mindestens** at least

mischen to mix, mingle; **die Mischung -en** mixture

mißtrauisch distrustful, suspicious

mißverständlich mistaken

mit with, along

miteinander together

mit-geben* to send as escorts

das **Mitglied -(e)s -er** member

das **Mitleid -s** sympathy; **mitleidig** sympathetic

mit-machen to take part in, work (with)

der **Mitmensch -en -en** fellow man

der **Mittag -s** midday, noon

mit-tauchen to dive with

die **Mitte** middle, midst

mit-teilen to inform, impart

das **Mittel -s -** means, resource(s)

das **Mittelalter -s** Middle Ages

mittelgroß of medium height

der **Mittelstand -s ⸚e** middle class

mitten in the midst; **mitten durch** through the midst of; **mitten in** in the midst of

die **Mitternacht ⸚e** midnight

die **Möbel** (pl.) furniture

die **Mode -n** fashion, style, vogue

der **Modellbau -s** constructing model

mögen* may, care to, like to

möglich possible; **möglichst** as ... as possible

der **Mond -es -e** moon; **der Mondschein -s** moonlight

der **Mord -es -e** murder; **der Mörder -s -** murderer; **mörderisch** murderous

morgen tomorrow; **morgen früh** tomorrow morning

der **Morgen -s -** morning; **der Morgenanzug -s ⸚e** morning clothes; **die Morgendämmerung** dawn; **das Morgenrot** dawn; **morgens** in the morning; **der Morgentau -s** morning dew

die **Mücke -n** mosquito; **der Mückenschwarm -s** swarm of mosquitoes

müde tired, weary

die **Mühe -n** effort, trouble, difficulty; **sich Mühe geben** to take pains; **mühevoll** painstaking; **mühsam** painstaking

der **Mund -es -e** or **⸚er** mouth; **mündlich** oral

munter lively, gay

murmeln to murmur

müssen* must, to have to, be compelled to

müßig idle

das **Muster -s -** pattern, model; **das Musterbild -s -er** model

der **Mut -es** courage; mind; spirit; **zu Mute sein** to feel; **zu Mute werden** to feel, begin to feel; **mutig** courageous

die **Mutter ⸚** mother; **die Mutterhut** maternal protection

die **Mütze -n** cap

N

na well
nach after, toward, for, according to:
　nach und nach gradually
nach-ahmen to imitate
der Nachbar -n -n neighbor
nach-bezahlen to pay extra
nachdem (conj.) after; (adv.) afterward
nach-denken* to ponder, reflect;
　nachdenklich meditative; die
　Nachdenklichkeit contemplation,
　meditation
nach-folgen (ist) to follow after
nach-geben* to yield to
nachher afterward, later
der Nachkomme -n -n descendant;
　nach-kommen (ist)* to come after;
　to recognize
nach-laufen (ist)* to run after
der Nachname -ns -n last name
die Nachricht -en news
nach-sagen to say (of someone)
nach-schreiben* to write from dictation
nach-sehen* to look up
nach-sinnen* to ponder
nach-suchen to search, look for
die Nacht ⁻e night; das Nachtessen -s
　- evening meal; das Nachthemd -s
　-en night shirt; nächtig nocturnal;
　nächtlich nightly
die Nachtigall -en nightingale
nach-tragen* to carry after
die Nachwelt posterity
nach-zahlen to pay extra
der Nacken -s - neck
nackt naked, bare
der Nagel -s ⁻ nail
nah(e) near, close; die Nähe vicinity,
　nearness; (sich) nahen, sich nähern
　to approach; der Nahkampf -s close
　quarter fighting
nähen to sew
die Nahrung food, nourishment
der Name -ns -n name
nämlich namely, that is, same, in fact

der Narr -en -en fool
die Nase -n nose
naß wet, moist
die Naturkraft ⁻e natural force
natürlich natural, of course; die
　Natürlichkeit naturalness
der Nebel -s - mist, fog; das Nebelkleid
　-s cloak of mist
neben beside; die Nebenfigur -en
　subsidiary figure; der Nebenmann -s
　⁻er man beside one; das
　Nebenzimmer -s - next room; nebst
　along with
der Neffe -n -n nephew
der Neger -s - black, negro
nehmen* to take, have, put; gefangen
　nehmen to take prisoner
neigen to incline, bow; sich neigen to
　bend; die Neigung -en inclination,
　affection
nennen* to name, call
nett nice
neu new; von neuem again, anew;
　die Neugierde curiosity; neugierig
　curious; neulich recently
nichts nothing
nicken to nod
nie never
nieder down; der Niedergang descent
nieder-knie(e)n to kneel down
nieder-lassen* to lay down; sich
　nieder-lassen* to sit down
nieder-sehen* to look down
sich nieder-setzen to sit down
nieder-stoßen* to strike down
nieder-streben to press downward,
　strive downward
nieder-strecken to stretch out
nieder-stürzen (ist) to sink down, plunge
　down
nieder-werfen* to throw down
niedrig low
niemals never
niemand no one
nimmer never; nimmermehr never-
　more

nirgends nowhere
noch yet; nor; **noch einmal** again;
  nochmals again
der **Norden -s** north
die **Not ⸚e** need, distress; **nötig**
  necessary; **nötig haben** to need;
  not-tun* to be necessary; **notwendig**
  necessary; **die Notwendigkeit -en**
  necessity
nu well
nun now, well
nur only, just
nützen to use, be useful; **nützlich**
  useful; **die Nützlichkeit** usefulness
nutzlos useless

O

ob whether
oben above, up; **obenauf** on top of it
die **Oberfläche -n** surface; **oberflächlich** superficial
obgleich although
obschon although
das **Obst -es** fruit
obwohl although
der **Ochsentreiber -s -** ox-driver
öde desolate
oder or
der **Ofen -s ⸚** stove
offen open
offenbar obvious, clear; **offenbaren** to
  reveal; **die Offenbarung -en** revelation
öffentlich public
öffnen to open; **die Öffnung -en**
  opening
oft often; **öfters** frequently
der **Oheim -s -e** uncle
ohne without
ohnegleich(en) unequalled,
  incomparable
ohnehin anyway
ohne weiteres without further ado
ohnmächtig powerless, faint
das **Ohr -es -en** ear

das **Öl -s -e** oil
das **Opfer -s -** victim, sacrifice; **opfern**
  to sacrifice; **der Opfertisch -es -e**
  altar
ordnen to arrange; **die Ordnung -en**
  order; **ordnungsmäßig** regular
der **Ort -es -e** or **⸚er** place, town
der **Osten -s** east
Ostern (pl.) Easter

P

das **Paar -es -e** pair; **ein paar** a few
packen to seize; to pack
der **Palast -s ⸚e** palace
der **Palmenzweig -s -e** palm branch
der **Panzer -s -** armor
das **Papier -s -e** paper, document
passen to suit, fit; **passend** suitable
passieren (ist) to happen
die **Pein** pain, torture, agony; **peinigen**
  to torture; **peinlich** painful
persönlich personal; **die Persönlichkeit -en** personality
der **Pfad -es -e** path
das **Pfand -es ⸚er** token, pledge
der **Pfarrer -s -** pastor
pfeifen* to whistle
der **Pfeil -s -e** arrow
das **Pferd -es -e** horse; **der Pferdefuß
  -es ⸚e** horse's hoof, club foot
der **Pfiff -es -e** whistle
die **Pflanze -n** plant
die **Pflege** care; **pflegen** to be accustomed to; to care for
die **Pflicht -en** duty
pflücken to pluck
die **Plage -n** torment, wound; **plagen**
  to torment, plague
planmäßig according to plan
platt flat
der **Platz -es ⸚e** place, square, seat, room,
  space; **Platz nehmen*** to take a seat
plaudern to chat
plötzlich sudden
prächtig splendid, glorious

predigen to preach

der **Preis -es -e** praise; price; **preisen*** to praise

(das) **Preußen** Prussia; **preußisch** Prussian

das **Priesterkleid -es -er** priestly garb

die **Probe -n** example, test, proof; **probieren** to try

prüfen to test; **die Prüfung -en** test

das **Pult -es -e** desk

das **Pulver -s** powder

der **Punkt -es -e** point, spot

der **Putz -es -e** adornment

Q

die **Qual -en** torment; **quälen** to torture, torment

die **Quelle -n** spring, source

quer crooked; **quer und krumm** all around

R

die **Rache** revenge; **rächen** to avenge

das **Rad -(e)s ⁻er** wheel

der **Rand -es ⁻er** edge, rim

rasch quick, fast

rasieren to shave

rasten to rest

der **Rat -es ⁻e** council; **der Rat -es Ratschläge** counsel, advice; **raten*** to advise

das **Rätsel -s -** puzzle, riddle; **rätselhaft** puzzling; **das Rätselwort -es -e** riddle

der **Raub -es** theft, rape, booty

der **Rauch -s** smoke; **rauchen** to smoke

rauh raw, bleak

der **Raum -es ⁻e** room, space, place

räumen to remove

der **Rausch -es** intoxication

rauschen to roar, rustle, sound

rechnen to calculate, consider, face; **die Rechnung -en** bill, accounting

das **Recht -es -e** right, law; **recht** right, correct; very, quite; **recht haben** to be right

rechtfertigen to justify

rechtlich legal, judicial

rechts to (or on) the right

rechtschaffen honest, upright

die **Rede -n** speech, language, talk; **reden** to speak

redlich honest

die **Regel -n** rule; **regeln** to regulate

der **Regen -s -** rain

regen to move; **sich regen** to stir, be active

regieren to rule; **die Regierung -en** government

regnen to rain

die **Regung -en** emotion, stirring

reiben* to rub

das **Reich -es -e** realm, kingdom

reich rich; **reichlich** abundant; **der Reichtum -s ⁻er** wealth

reichen to reach, extend, present

die **Reihe -n** row, rank; **er war an der Reihe** it was his turn

rein pure; **die Reinheit** purity; **reinigen** to purify, clean up; **reinlich** clean, neat, tidy; **die Reinlichkeit** cleanliness

die **Reise -n** journey, trip; **der Reiseanzug -s ⁻e** travelling clothes; **die Reisebeschreibung -en** description of a journey; **reisen** (ist) to travel

reißen* to tear, pull, draw

reiten (ist)* to ride; **der Reiter -s -** rider; **der Reitknecht -s -e** groom; **der Reitstiefel -s -** riding boot

der **Reiz -es -e** charm, attractiveness; **reizbar** sensitive; **reizen** to charm, attract; to irritate, provoke

der **Religionsvorteil -s -e** religious advantage

rennen (ist)* to run

der **Rest -es -e** remnant, left-over

retten to save

die **Reue** repentance

richten to judge; to direct; **zugrunde richten** to destroy; **der Richter -s -** judge; **der Richterstuhl -s ⸚e** judgment seat, judge's seat

richtig right, correct; **die Richtigkeit** correctness, accuracy; **hatte ihre Richtigkeit** was quite correct

die **Richtung -en** direction

der **Riese -n -n** giant; **riesig** gigantic

das **Rind -es -er** cattle

ringen* to struggle, wring; **flehend rang** vehemently implored; **der Ringer -s -** wrestler

rings round about; **ringsum** round about

rinnen (ist)* to run, flow

der **Ritter -s -** knight; **ritterlich** knightly, chivalric; **das Ritterwort -es -e** word as a knight

der **Rock -es ⸚e** coat; skirt

roh raw, crude

das **Rohr -(e)s -e** pipe, tube, rod

rollen (ist) to roll, run

der **Roman -s -e** novel

rosenfarben rose-colored

das **Röslein -s -** little rose

das **Roß -sses -sse** horse

rot red

rotbekreuzt with a red cross

der **Rücken -s -** back

rücken to move

die **Rückkehr** return

die **Rücksicht -en** consideration, concern

der **Rücktritt -s -e** withdrawal, resignation

der **Rückweg -s -e** way back

der **Ruderschlag -s ⸚e** stroke of an oar

der **Ruf -es -e** call; reputation; **rufen*** to call; **ins Leben rufen** to bring about, start

die **Ruhe** rest, calm, peace; **vor dieser hätt' ich Ruhe** she wouldn't disturb me; **ruhen** to rest; **ruhig** calm, quiet

der **Ruhm -es** fame; **sich rühmen** to boast; **rühmlich** laudable, glorious

rühren to touch, move; **die Rührung** emotion

rund round; **in der Runde** round about

die **Rüstung -en** armament, armor

S

der **Saal -s Säle** hall

die **Sache -n** thing, matter, affair, cause

sachlich businesslike, objective, to the point

der **Sä(e)mann -es** sower

der **Saft -es ⸚e** juice

die **Sage -n** legend

sagen to say, talk, tell

der **Same(n) -ns -n** seed

sammeln to gather, collect; **sich sammeln** to pull oneself together; gather; **sämtlich** all

die **Sanduhr -en** hourglass

sanft gentle; **sanft tun** to act with gentleness; **die Sanftmut** gentleness

der **Satz -es ⸚e** sentence

sauer sour, bitter

der **Säugling -s -e** infant

säumen to tarry, delay; **die Säumnis -se** delay

säuseln to rustle

schade too bad; **der Schaden -s ⸚** harm; **zu Schaden kommen** (+ dat.) to harm, hurt; **schaden** to harm; **schädlich** harmful

das **Schaf -es -e** sheep

schaffen to bring, get

schaffen* to create, cause, do

der **Schall -es ⸚e** sound; **schallen** to sound, resound, peal

die **Scham** shame, modesty; **sich schämen** to be ashamed

die **Schande** disgrace, shame; **schänden** to disgrace; **schändlich** disgraceful, shameful

die **Schar -en** host, group

scharf sharp, tight; **die Schärfe**
  sharpness; **schärfen** to sharpen
der **Schatten -s -** shadow, shade;
  schattig shady
der **Schatz -es ⸚e** treasure; sweetheart;
  schätzen to treasure, esteem, estimate
schaudern to shudder; **es schaudert**
  mich I shudder
schauen to look, see; **das Schauspiel -s**
  -e play, spectacle, stage, theater; **der**
  Schauspieler -s - actor; **der**
  Schauspielerskandal scandal among
  actors
scheiden (ist)* to depart; **scheiden**
  (hat)* to separate, divide
der **Schein -es** shine, glow, light;
  appearance; **scheinbar** apparent;
  scheinen* to shine; to seem
schelten* to scold, berate
schenken to present, give
der **Scherz -es -e** joke, jest; **scherzen**
  to joke
scheu timid, shy, frightened; **die Scheu**
  timidity
schicken to send
sich **schicken (in)** to adapt oneself (to);
  was sich schickt what is proper;
  schicklich proper
das **Schicksal -s -e** fate, destiny;
  schicksallos free of fate, beyond fate
schieben* to shove
schießen* to shoot, flash
das **Schiff -es -e** ship; **die Schiffahrt**
  shipping
der **Schild -es -e** shield
schildern to describe, portray
der **Schimpf -es** disgrace, insult
die **Schlacht -en** battle
der **Schlaf -es** sleep; **schlafen*** to
  sleep; **das Schlafgemach -s ⸚er**
  bedroom; **schlaflos** sleepless;
  schläfrig sleepy; **der Schlaftrunk -s**
  -e nightcap
der **Schlag -es ⸚e** blow, stroke;
  schlagen* to strike, beat, dash; to
  fight

die **Schlange -n** serpent, snake
schlank slim
schlau sly, cunning
schlecht bad, poor
der **Schleier -s -** veil
schleppen to tow, drag
schließen* to close, conclude, end;
  schließlich finally
schlimm bad
die **Schlinge -n** trap; **schlingen*** to
  wind, entwine
das **Schloß -sses ⸚sser** castle
schluchzen to sob
der **Schluck -es -e** gulp
schlummern to slumber
der **Schluß -sses ⸚sse** conclusion
der **Schlüssel -s -** key
die **Schmach** shame, disgrace, humiliation; **schmählich** disgraceful
schmal narrow, slender
schmeicheln to flatter; **der**
  Schmeichler -s - flatterer
schmeißen* to fling
der **Schmerz -es -en** pain; **schmerzen**
  to pain; **schmerzlich** painful
der **Schmetterling -s -e** butterfly; **die**
  Schmetterlingssammlung -en
  butterfly collection
die **Schmiede -n** smithy; **schmieden**
  to forge
schmieren to grease
der **Schmuck -es** adornment, jewelry;
  das Schmuckkästchen jewelry box
der **Schmutz -es** dirt, filth; **schmutzig**
  dirty
der **Schnee -s** snow; **die Schneeeule -n**
  snowy owl
schneiden* to cut; **der Schneider -s -**
  tailor
schnell quick
schnüren to tighten up
schön beautiful; **die Schönheit -en**
  beauty
schonen to spare
schöpfen to draw, get
der **Schöpfer -s -** creator

der **Schoß -es ⁀e** lap, bosom, womb

der **Schrank -es ⁀e** chest, cupboard

schrauben to screw

schrecken to frighten, terrify; **der Schrecken -s -** fright, horror; **schreckhaft** timid; **schrecklich** terrible

der **Schrei -es -e** scream; **schreien*** to scream, yell, call

schreiben* to write; **das Schreiben -s -** letter; **der Schreiber -s -** scribe; **das Schreibtäfelchen -s -** writing slate; **der Schreibtisch -es -e** desk

die **Schrift -en** document, writing; **schriftlich** in writing; **der Schriftsteller -s -** writer

der **Schritt -es -e** step, pace; **Schritt halten*** to keep pace

schüchtern timid; **die Schüchternheit** timidity

der **Schuh -es -e** shoe; **das Schuhzeug -(e)s** shoes

die **Schuld -en** guilt, debt; **schuldig** guilty; **der Schuldige -n -n** debtor; **schuldlos** guiltless

der **Schüler -s -** pupil

der **Schulmeister -s -** school teacher, school master

die **Schulter -n** shoulder

der **Schuß -sses ⁀sse** shot

schütteln to shake

der **Schutz -es** protection; **schützen** to protect

der **Schütze -n -n** bowman, archer

schwach weak; **die Schwäche -n** weakness; **die Schwachheit -en** weakness; **schwächlich** weak, feeble

der **Schwan -es ⁀e** swan

schwanken to stagger, sway, waver; **die Schwankung -en** fluctuation

der **Schwanz -es ⁀e** tail

schwarz black; **der Schwarzkünstler -s -** necromancer

schwatzen to chatter, gossip

schweben to hover, move

schweifen (ist) to roam

schweigen* to be silent

der **Schweiß -es** sweat, toil

die **Schweiz** Switzerland

die **Schwelle -n** threshold

schwellen (ist)* to swell, bulge

schwer heavy, severe, difficult, hard, grievous

das **Schwert -es -er** sword

die **Schwester -n** sister

die **Schwierigkeit -en** difficulty

schwimmen* to swim, float; **mir schwimmt es vor den Augen** I am dizzy

schwinden (ist)* to disappear, vanish

schwingen* to swing, move

schwitzen to sweat

schwören* to swear

der **Schwung -es ⁀e** swing, leap

der **See -s -n** lake; **die See -n** sea

die **Seele -n** soul

das **Segel -s -** sail

der **Segen -s -** blessing; **segnen** to bless

sehen* to see, look; **seherisch** prophetic, clairvoyant; **weiterhin sehen*** to go on seeing

sehnen to long; **die Sehnsucht** longing, yearning; **sehnsüchtig** longing; **der Sehnsuchtslaut -s -e** sound of longing

sehr very; very much

die **Seifenblase -n** soap bubble

das **Seil -es -e** rope; **der Seiltänzer -s -** tightrope walker

sein (ist)* to be

seinerseits for his part

seinesgleichen his like

seit since, for; **seitdem** since; **seither** since then

die **Seite -n** side, page; **von Seiten** in regard to; **seitlich** to the side; **seitwärts** to the side

selber oneself, himself, herself, etc.

selbst even; oneself, himself, herself, etc.

selbständig independent; **die Selbständigkeit** independence

der **Selbstbetrug -s** self-deceit
der **Selbstmord -es -e** suicide
selbstverständlich of course, natural,
  self-evident
selig blessed, happy; **selig werden** to
  get to heaven; **die Seligkeit** salvation,
  blessedness
sel̔ **⌐** rare, seldom
seltsam strange, unusual
senden* to send; **der Sender -s -**
  transmitter
senken to sink, lower
der **Sessel -s -** seat, armchair
setzen to set, place, put, stake; **sich**
  setzen to sit down
seufzen to sigh; **der Seufzer -s -** sigh
sicher sure, certain, safe; **die Sicherheit**
  safety, assurance; **sicherlich** surely;
  sichern to assure
die **Sicht** visibility; **sichtbar** visible;
  sichtlich visibly
die **Siebenmeilenstiefel** (pl.) seven
  league boots
der **Sieg -es -e** victory; **siegen** to
  conquer, be victorious; **siegreich**
  victorious
das **Siegel -s -** seal; **der Siegelring -es**
  -e signet ring
die **Silbe -n** syllable
das **Silber -s** silver; **silberhell** silvery;
  silbern silvery
sinken (ist)*** to sink, collapse
der **Sinn -es -e** meaning, sense, mind;
  senses; **sinnig** thoughtful, contempla-
  tive; **sinnlos** senseless
sinnlich sensuous
die **Sitte -n** custom; **die Sittlichkeit**
  morality
sitzen* to sit; **sitzen lassen*** to desert
der **Sklave -n -n** slave
so thus, as; **so sehr auch** however
  much; **so was = so etwas** such a
  thing
sobald as soon as; **sobald...sobald** as
  soon as...so soon
sofort at once, immediately

sogar even
sogenannt so-called
sogleich at once
der **Sohn -es ⸚e** son
solang(e) as long as
der **Soldat -en -en** soldier; **soldatisch**
  military, like soldiers
sollen to be to, ought to, should, be said
  to; **sollte** should, ought, could, might
sonderbar strange; **sonderlich**
  especially
sondern but on the contrary
die **Sonne -n** sun; **der Sonnenaufgang**
  -s ⸚e sunrise; **der Sonnenbrand -s**
  sunburn; **der Sonnenglanz -es**
  sunny radiance; **das Sonnenlicht -s**
  -er sunlight, ray of sun; **ans**
  Sonnenlicht kommen* to come to
  light
sonst otherwise, formerly, usually
so oft as often as
die **Sorge -n** care, worry; **sorgen** to
  take care, be careful; **sorgenlos**
  carefree; **die Sorgfalt** care; **sorg-**
  fältig careful
soviel as much
sowohl...als as well...as; not only...
  but also
sich **spalten** to divide, split
spannen to stretch, pull tight; **sich**
  spannen to tense; **spannend**
  exciting; **die Spannung -en** tension,
  emotion
sparen to spare, save
der **Spaß -sses ⸚sse** jest, joke; **spassen**
  to joke
spät late, distant
spazieren gehen (ist)*** to go for a walk
der **Speer -es -e** spear
die **Speise -n** food; **speisen** to eat, dine
der **Spiegel -s -** mirror
das **Spiel -es -e** game; **spielen** to play;
  flash, sparkle; **der Spieler -s -**
  player
der **Spieß -es -e** spit, spear
das **Spinnrad -s ⸚er** spinning wheel

die **Spitze -n** tip, point, peak; **auf die
Spitze treiben*** to bring to a head;
spitzen to purse (one's lips)
der **Spott -es** mockery, scorn; **spotten**
to mock
die **Sprache -n** language; **sprachlos**
speechless; **sprechen*** to speak
sprengen to blow up
der **Spruch -es ⁀e** decree, verdict, saying,
comment
der **Sprung -es ⁀e** jump, leap
spüren to detect, trace, notice
der **Staat -es -en** state; **das Staatsleben
-s** existence as a state
der **Stab -es ⁀e** staff, bar
die **Stadt ⁀e** city, town; **städtisch** urban
der **Stahl -es** steel
der **Stall -es ⁀e** stable
der **Stamm -es ⁀e** tribe; **stammen**
(ist) to come from, originate
der **Stand -es ⁀e** class; position; state
der **Standpunkt -es -e** point of view,
standpoint
die **Stange -n** pole
stark strong, large; **die Stärke** strength;
stärken to strengthen
starr rigid, obstinate, stiff; **starren** to
stare, look fixedly
statt instead of
die **Statt, Stätte -n** place; **statt-finden***
to take place
stattlich stately; portly, fine
der **Staub -es** dust
stecken to stick, put, be; **zu sich
stecken** to put in one's pocket
stehen* to stand; to suit
stehlen* to steal; **sich stehlen** to slink
steigen (ist)* to climb, rise
der **Stein -es -e** stone; **steinigen** to
stone
die **Stelle -n** place, spot; **auf der Stelle
treten** (ist)* to mark time; **zur Stelle**
at one's place, here; **zur Stelle
schaffen** to bring here; **stellen** to
place, assign; **sich stellen** to stand,
act; **sich tot stellen** to play dead;

eine Frage stellen to ask a question;
stellenweise occasionally; **die
Stellung -en** position
sterben (ist)* to die
der **Stern -es -e** star; **sternklar** bright
with stars
stet constant; **stets** always
der **Stich: im Stich lassen*** to leave in
the lurch
die **Stille** stillness, silence
still-schweigen* to be silent
die **Stimme -n** voice
stimmen to be correct
die **Stimmung -en** mood
die **Stirn(e) -en** forehead
stocken to falter, stop
das **Stockwerk -(e)s -e** floor, story
der **Stoff -es -e** cloth, material
stolz proud
stören to disturb; **die Störung -en**
disturbance, interruption
der **Stoß -es ⁀e** blow, thrust; **stoßen***
to push, kick; **stoßen auf** come upon
die **Strafe -n** punishment, penalty;
strafen to punish; **straflos** unpunished
der **Strahl -es -en** beam, ray; **strahlen**
to beam; **strahlenreich** radiant
der **Strand -es -e** beach, shore
die **Straße -n** street, road, path; **die
Straßenbahn -en** street car, tram; **der
Straßenbahnanhänger -s -** second
car; **die Straßenecke -n** street
corner
der **Strauch -es ⁀e** bush
streben to strive
strecken to stretch
der **Streich -es -e** blow; **streichen*** to
stroke, pass one's hand; **die Streichung
-en** deletion
der **Streit -es -e** struggle; **streiten*** to
fight, quarrel
streng strict
der **Strich -es -e** line, stroke
das **Stroh -s** straw
der **Strom -es ⁀e** stream; **strömen** to
stream; **die Strömung -en** current

die **Stube -n** room; **zur Stube hinaus** out of the room

das **Stück -es -e** piece, fragment, bit; **in allen Stücken** in all respects; **stückweis(e)** by the piece, in part

studieren to study

die **Stufe -n** step, stage

der **Stuhl -es ⁚e** chair

stumm silent, mute

die **Stunde -n** hour; **stündlich** every hour

der **Sturz -es ⁚e** fall; **stürzen** (ist) to fall, plunge, rush; **sich stürzen (auf)** to fall (upon)

stützen to support

suchen to seek, search, try

die **Sünde -n** sin; **sündig** sinful

süß sweet; **die Süßigkeit -en** sweetness, something sweet

T

der **Tadel -s** bad mark, censure; **tadeln** to criticize, blame

die **Tafel -n** table, panel; **eine Tafel Schokolade** a bar of chocolate

der **Tag -es -e** day; **an Tag legen** to demonstrate; **meine Tage** all my life; **tagelang** for days; **die Tagesordnung -en** order of the day; **täglich** daily; **tags drauf** the day after

der **Takt -es -e** beat; **einen Takt schlagen*** to beat time

das **Tal -es ⁚er** valley

die **Tanne -n** fir tree

die **Tante -n** aunt

der **Tanz -es ⁚e** dance; **tanzen** to dance

tapfer brave; **die Tapferkeit** courage, bravery

die **Tasche -n** pocket; **das Taschentuch -(e)s ⁚er** handkerchief

die **Tat -en** deed, act; **tätig** active; **die Tätigkeit -en** activity

die **Tatsache -n** fact

der **Tau -es** dew

taub deaf

tauchen to dive, dip

tauschen to exchange

täuschen to deceive

tausendfach thousandfold

der **Teich -es -e** pond

der **Teil -es -e** part, party; **teilen** to divide, share, separate; **teil-nehmen*** to sympathize; **teils** partly; **die Teilung** division

der **Teller -s -** plate

der **Teppich -s -e** tapestry, rug, carpet

teuer dear, expensive

der **Teufel -s -** devil; **zum Teufel!** the devil!; **teuflisch** devilish, diabolical

tief deep, low; **die Tiefe -n** depth, depths, deep; **in der Tiefe** upstage

das **Tier -es -e** animal, beast

die **Tinte -n** ink

der **Tisch -es -e** table

die **Tochter ⁚** daughter

der **Tod -es** death; **der Todestrotz -es** defiance of death; **tödlich** deadly, fatal

toll mad

der **Ton -es ⁚e** tone, sound; **tönen** to sound, resound; **tonlos** toneless

der **Topf -es ⁚e** pot

das **Tor -es -e** gate

der **Tor -en -en** fool; **die Torheit** folly; **töricht** foolish

tot dead; **töten** to kill; **totenbleich** deathly pale; **die Totenglocke -n** death knell, funeral bell

die **Tracht -en** costume

träge lazy

tragen* to bear, carry; wear; endure; **der Träger -s -** bearer

die **Träne -n** tear

der **Trank -es ⁚e** drink, draught, potion

trauen to trust

die **Trauer** sadness, grief; **trauern** to sorrow; **trauervoll** sorrowful

traulich friendly, intimate

der **Traum -es ⁚e** dream; **träumen** to dream; **träumerisch** dreamy

traurig sad, miserable; **die Traurigkeit** sadness

treffen* to meet, strike, hit, encounter

treiben* to drive; to do, carry on; to wander, drift; to push; to pour; **auf die Spitze treiben*** to bring to a head

trennen to separate

die **Treppe -n** stairway, steps

treten (ist)* to step; **treten** (hat)* to kick

treu loyal; **der Treubruch -es ⁒e** breach of faith; **die Treue** loyalty, faithfulness, fidelity; **treuherzig** frank, candid; **treulich** faithful; **treulos** faithless; **die Treulosigkeit** faithlessness

der **Trieb -es -e** inclination, impulse

trinkbar drinkable; **trinken*** to drink

der **Tritt -es -e** step, tread

trocken dry; **das Trockengemüse** dry vegetables; **trocknen** to dry

tropfen to drip; **der Tropfen -s -** drop

der **Trost -es** comfort, cheer; **trösten** to comfort; **trostlos** disconsolate

der **Trotz -es** defiance; **zum Trotz** (+ gen.) in defiance of; **trotz** in spite of; **trotzdem** nevertheless; **trotzig** defiant

trüben to trouble

sich **trüben** to fade

der **Trug -es** deception

trunken drunken

das **Tuch -es ⁒er** cloth

tüchtig capable

die **Tugend -en** virtue

tun* to do, make, act

die **Tür -en** door

der **Turm -es ⁒e** tower

U

übel evil; **das Übel -s** evil, malady; **er ist übel daran** he is in a sad plight

üben to practice, train, exercise

über over, above; concerning; via, by way of; **über ihn hinweg** over his head; **über sich hinaus** beyond themselves

überall everywhere

der **Überblick -s -e** survey, prospect

überbringen* to deliver

überfallen* to befall; to descend upon

über-fließen (ist)* to overflow; **der Überfluß -sses** abundance, overflow

überfüllt crammed

der **Übergang -s ⁒e** transition

übergeben* to give up, submit

über-gehen (ist)* to go over, overflow; to pass (to)

übergroß tremendous, vast, extreme

überhaupt in general, altogether, anyway; **überhaupt nicht** not at all

überhören not to listen to, not to hear

überirdisch supernatural; beyond the earth

überlassen* to leave (to); **sich überlassen*** to yield, surrender

über-laufen (ist)* to overflow

überleben to outlive, survive

überlegen to ponder, wonder

die **Überlegenheit** superiority

die **Überlegung -en** reflection

überliefern to transmit; **die Überlieferung -en** tradition, transmission

der **Übermensch -en -en** superman

übernächst: der übernächste Tag day after tomorrow

übernehmen* to take possession of, overcome

überraschen to surprise; **die Überraschung -en** surprise

übersetzen to translate; **die Übersetzung -en** translation

überstehen* to survive

übertreffen* to surpass

übervoll overfull, too full

überwachen to guide, supervise

überwältigen to overpower

überwinden* to overcome, conquer

überwintern to spend the winter

überzeugen to convince; **die Überzeugung -en** conviction

üblich usual

übrig remaining, left; **übrig bleiben**
(ist)* to survive; **übrigens** by the way;
übrig haben to be fond of
die **Übung -en** practice
das **Ufer -s -** shore, bank
die **Uhr -en** clock, watch, time; o'clock
um around, for, past, up, for the sake of,
in regard to; **um uns her** around us;
um...willen for the sake of: **um...zu**
in order to; **ein...ums andre** one...
after another
umarmen to embrace; **die Umarmung**
-en embrace
(sich) **um-blicken** to look around
um-bringen* to kill
um-fallen (ist)* to fall over
der **Umfang -(e)s ⸚e** extent; **in**
größerem Umfang more elaborately
umfassen to embrace, comprise
der **Umgang -s** association, companion-
ship
umgeben* to surround; **die Umgebung**
vicinity, neighborhood, circle
um-gehen (ist)* to walk around; to deal
with
umgekehrt converse, opposite
um-gestalten to transform
um-hängen* to drape around, hang on
umher-blicken to look around
umher-fahren (ist)* to drive around, to
range
um-kehren (ist) to turn around
(sich) **um-schauen** to look around
die **Umschiffung** circumnavigation
sich um-sehen* to look around
umsonst in vain; for nothing
der **Umstand -s ⸚e** circumstance;
umständlich elaborate, ceremonious
der **Umstehende -n -n** bystander
der **Umsturz -es ⸚e** overthrow;
um-stürzen to overthrow
sich um-wenden* to turn around
um-werfen* to overturn
um-ziehen (ist)* to move; **der Umzug**
-s ⸚e move, moving
unablässig incessant, constant

unaufhaltsam irresistible
unbedeutend insignificant
unbedingt absolute, unconditional
unbefriedigt unsatisfied
unbegabt untalented, ungifted
unbekannt unknown
unberühmt without fame
unbeschädigt undamaged
unbeschreibbar indescribable
unbeweglich immovable
unbewußt unconscious
unendlich infinite
unentdeckt undiscovered
unerhört unheard of
unerkannt unrecognized
unermüdlich inexhaustible
unerträglich unbearable
unerweislich not to be proved,
undemonstrable
unfreundlich unfriendly, hostile
ungebeugt unbowed
ungeduldig impatient
ungefähr about, approximately
ungeheuer tremendous, monstrous;
das **Ungeheuer -s -** monster
ungeladen uninvited
ungemein unusual, uncommon
ungenügend unsatisfactory,
insufficient
die **Ungerechtigkeit -en** injustice,
unfairness
ungern unwillingly, reluctantly
ungerochen unavenged
ungestillt unstilled
ungestraft unpunished
ungeteilt undivided
ungewiß uncertain
ungewöhnlich unusual
unglaublich incredible; **unglaubwürdig**
improbable
das **Unglück -es -e** misfortune, evil;
unglücklich unhappy, unfortunate
unhaltbar intolerable
unheilbar incurable
unheilig profane
unleidlich intolerable

unmittelbar direct, immediate

unmöglich impossible; **die Unmöglichkeit -en** impossibility

unnütz useless

unrecht wrong; **unrecht haben** to be wrong; **das Unrecht -es -e** wrong, injustice

unreif green, unripe

unrein impure, unclean

die **Unruhe -n** unrest; **unruhig** restless

unschätzbar incalculable

die **Unschuld** innocence; **unschuldig** innocent

unselig unhappy, fatal

unsicher unsure, uncertain

unsichtbar invisible

der **Unsinn -s** nonsense; **unsinnig** senseless

unsterblich immortal

unten below, beneath; **unter** under, among, with

unterbrechen* to interrupt

unterdessen in the meantime

unterdrücken to oppress; **der Unterdrücker -s -** oppressor; **die Unterdrückung -en** oppression

der **Untergang -s** downfall, ruin, extinction; **unter-gehen (ist)*** to descend, sink, disappear

der **Unterhalt -s** support, livelihood

sich **unterhalten*** to converse; **unterhaltsam** entertaining; **die Unterhaltung -en** conversation, entertainment

unterirdisch subterranean

unterlassen* to neglect

unterliegen (ist)* to succumb to

unternehmen* to undertake

der **Unteroffizier -s -e** sergeant

die **Unterredung -en** conversation

der **Unterricht -s** instruction; **unterrichten** to instruct

unterscheiden* to distinguish; **der Unterschied -s -e** difference

unterschreiben* to sign

unterstützen to support

untersuchen to investigate

unterwerfen* to subdue, overcome, subject; **sich unterwerfen*** to submit

untrennbar inseparable

unterzeichnen to sign

untreu disloyal

unverdächtig innocent-looking

unverdorben unspoiled

unvergleichlich incomparable

unverhohlen undisguised, freely

unverletzt unharmed

unvernünftig foolish

unverschämt brazen

unverständlich incomprehensible

unwiderstehlich irresistible

unwillkürlich involuntary

unwürdig unworthy

unzählig countless, innumerable

die **Unzufriedenheit** dissatisfaction

unzureichend insufficient, inadequate

unzusammenhängend disconnected

uralt ancient

die **Ursache -n** cause

der **Ursprung -s ⸚e** origin; **ursprünglich** original

das **Urteil -s -e** judgment; **urteilen** to judge

der **Urvater -s ⸚** ancestor

usw. = **und so weiter** and so forth

V

der **Vater -s ⸚** father; **väterlich** fatherly; **der Vätersaal -s -säle** ancestral hall; **die Vätersitte -n** ancestral custom; **die Vaterstadt ⸚e** home town

verabreden to agree

verachten to despise; **der Verächter -s -** despiser; **verächtlich** scornful, contemptuous; **die Verachtung** scorn, contempt

verändern to change; **die Veränderung -en** change

verbannen to ban

verbergen* to hide, conceal

der **Verbesserer -s -** reformer;
verbessern to improve; **die**
Verbesserung -en improvement
sich **verbeugen** to bow
verbieten* to forbid
verbinden* to bind, join; bandage; to
oblige, obligate; **die Augen verbinden**
to blindfold; **die Verbindung -en**
connection, union
verbleiben (ist)* to remain
verboten forbidden
das **Verbrechen -s -** crime
verbreiten to spread; **sich verbreiten**
to expand; **die Verbreitung**
distribution
verbrennen* to burn up, consume
verbringen* to spend
der **Verdacht -s -e** suspicion
verdammen to damn, condemn
verderben* to ruin, spoil, go to ruin;
das Verderben -s ruin; **verderblich**
ruinous, harmful
verdienen to deserve, earn
verdoppelt doubled, redoubled
verdrängen to displace
verdrießlich irascible
verehren to venerate, respect, honor;
die Verehrung veneration
der **Verein -s -e** union, association;
vereinen to join, unite; **vereinigen**
to unite; **die Vereinigung -en** union,
unification
vereinfachen to simplify
die **Vereisung** freezing over
verfahren* to act, proceed; **das**
Verfahren -s - procedure, proceedings
der **Verfall -s** decay, decline; **verfallen**
(ist)* to decay, fall back into; (as
participle) forfeit
verfassen to compose, write; **die**
Verfassung -en constitution
verfluchen to curse
verführen to seduce
vergangen past, last; **die**
Vergangenheit past
vergeben* to forgive

sich **vergeben*** to give up, yield,
compromise oneself
vergebens in vain; **vergeblich** vain, in
vain, futile
vergehen (ist)* to pass away, die,
expire
vergessen* to forget
vergiften to poison
vergleichen* to compare
das **Vergnügen -s -** pleasure; **vergnügt**
contented
vergönnen to grant, allow
vergraben* to bury
verhaften to arrest; **der Verhaftbefehl**
-s -e warrant for arrest; **die Verhaftung**
-en arrest
sich **verhalten*** to remain
das **Verhältnis -ses -se** relation,
condition; **verhältnismäßig**
relatively
verhaßt hated, hateful
verhehlen to conceal
die **Verheiratung -en** marriage
verhungern to starve
verhüten to forbid, prevent
verkaufen to sell
verklagen to accuse
verkleinert miniature
verkündigen to proclaim
verlangen to demand, require, desire;
mich verlangt I desire
verlassen* to leave, forsake, desert;
sich verlassen auf to depend on
der **Verlauf -s** course (of events);
verlaufen (ist)* to run away, pass by
verlegen embarrassed, at a loss; **die**
Verlegenheit -en embarrassment
verleihen* to grant
verleiten to mislead
verlernen to forget
verletzen to injure, violate
sich **verlieben (in)** to fall in love (with)
verlieren* to lose
verloren-gehen (ist)* to disappear
der **Verlust -s -e** loss; **verlustig gehen***
to lose; to be lost

vermählen to wed
vermehren to increase; **sich vermehren** to multiply; **die Vermehrung -en** increase, expansion
vermeiden* to avoid
vermieten to rent (to someone)
vermindern to reduce
vermissen to miss
vermögen to be able, accomplish, avail; **das Vermögen -s -** ability; property
vermutlich presumable, probable
vernachlässigen to neglect
vernehmen* to hear, become aware of
(sich) **verneigen** to bow
verneinen to deny
vernichten to annihilate; **der Vernichtungskampf -s ⸚e** war of annihilation
die **Vernunft** reason; **vernünftig** reasonable, sensible, rational
verpacken to pack
sich **verpflichten** to guarantee; **verpflichtet** indebted, obliged
der **Verrat -s** treachery, treason; **verraten*** to betray; **der Verräter -s -** traitor
verrückt crazy, mad; **die Verrücktheit** madness, lunacy
der **Vers -es -e** verse
versammeln to gather; **die Versammlung -en** assembly
versäumen to miss, waste, neglect
verschaffen to procure, gain, provide with
verschieden different, various; **die Verschiedenheit -en** difference, variation
verschlimmern to worsen, make worse
verschmähen to disdain
verschönern to embellish
verschwenden to squander, waste
verschwinden (ist)* to vanish, disappear
das **Versehen -s -** mistake, error
versehen* to provide
versenken to lower

versetzen to reply, transfer, move
versichern to assure, assert
versiegeln to seal
versinken (ist)* to sink down, be immersed
versöhnen to reconcile
versorgen to provide for
versprechen* to promise; **das Versprechen -s -** promise
der **Verstand -(e)s** understanding; **verständig** intelligent, sensible; expert; **sich verständigen** to come to an agreement; **die Verständigung -en** agreement; **verständnislos** lacking understanding
verstärken to strengthen
das **Versteck -s -e** hiding place; **verstecken** to conceal, hide
verstehen* to understand; **sich verstehen auf** to understand, judge; **das versteht sich** that is obvious
verstohlen stealthy
verstummen to grow silent, stop speaking
der **Versuch -s -e** attempt; **versuchen** to try; **versuchsweise** as an experiment; **die Versuchung -en** temptation
vertauschen to exchange
verteidigen to defend
verteilen to distribute
vertonen to set to music
vertragen* to endure; **sich vertragen*** to get along with; **verträglich** compatible
vertrauen to trust, entrust; to be familiar with; **das Vertrauen -s** trust, confidence
die **Vertraulichkeit -en** intimacy
vertreiben* to drive away, banish
verursachen to cause
verwandeln to transform
verwandt related; **der Verwandte -n -n** relative
verwegen daring, bold
verweilen to linger, tarry, stay

verwenden to use, employ; **die Verwendung -en** application
verwerfen* to reject
verwickeln to complicate, entangle
verwirren to confuse
verwunden to wound
verzagen (an) to despair (of)
verzaubern to enchant
verzehren to devour, consume
verzeihen* to pardon; **die Verzeihung -en** pardon
verzweifeln to despair; **die Verzweiflung** despair
der **Vetter -s -n** cousin
das **Vieh -s** cattle; animal(s)
vielerlei many kinds of
vielfach manifold
vielleicht perhaps
vielmehr rather
vielsagend knowing
der **Vogel -s ⁒** bird
das **Volk -es ⁒er** folk, people, nation; **die Volksschule -n** elementary school
voll full
vollbringen* to carry out, execute
vollenden to accomplish, carry out, complete; **vollends** completely; **die Vollendung** completion, perfection
vollführen to execute, carry out
völlig fully
vollkommen complete, perfect; **die Vollkommenheit** perfection
vollständig complete
vollziehen* to carry out
vor before, in front of, against; **vor allem** above all; **vor sich** to oneself; **vor vielen Jahren** many years ago
der **Vorabend -s -e** eve, evening before
voran in advance; **Kopf voran** head first
voraus in advance
voraus-sehen* to foresee
voraus-setzen to presuppose
vor-behalten* to reserve

vorbei past
vorbei-ziehen (ist)* to go by
vor-bereiten to prepare
vor-beugen to bend forward; to prevent
vor-biegen* to bend forward
vor-bringen* to produce, bring forth
vorder front, fore
der **Vordergrund -s ⁒e** foreground
vorderst foremost
der **Vorfahr(e) -en -en** ancestor
vor-führen to bring before, perform; **die Vorführung -en** performance
vor-haben to intend
vor-halten* to hold before, hold out
vorhanden present, in existence
der **Vorhang -s ⁒e** curtain
vorher previously
vorhin previously, a while ago
vorig previous, former
vor-kommen (ist)* to appear, seem, occur
die **Vorlage -n** model; **vor-legen** to lay before, place before
vor-lesen* to read aloud; der **Vorleser -s -** reader
die **Vorliebe** preference
der **Vorname -ns -n** first name
vorne in front
vornehm noble, distinguished
vor-nehmen* to call on; **sich vor-nehmen*** to resolve
sich **vor-neigen** to bend forward
das **Vorrecht -s -e** privilege, prerogative
das **Vorschiff -(e)s** bow
der **Vorschlag -(e)s ⁒e** proposal; **vor-schlagen*** to propose, suggest
vor-schreiben* to prescribe
vor-setzen to place before
vorsichtig cautious
das **Vorspiel -s -e** prelude
vor-stellen to present; **sich vor-stellen** to imagine; **die Vorstellung -en** idea; representation, conception
vor-strecken to stretch out

der **Vorteil -s -e** advantage
der **Vortrag -s ⸚e** speech; report
vor-tragen* to present
vortrefflich excellent
vor-treten (ist)* to step forth, step up
vorüber past
vorüber-gehen (ist)* to pass
vorüber-wandeln (ist) to move past
vorwärts forward
vor-werfen* to reproach; **der Vorwurf -s ⸚e** reproach
vor-ziehen* to prefer
das **Vorzimmer -s -** anteroom
der **Vorzug -s ⸚e** preference
vorzüglich excellent

W

wach awake
die **Wache -n** guard; **Wache halten*** to stand guard; **wachen** to be awake, watch
wachsen (ist)* to grow; **schwerer Arbeit gewachsen** equal to hard work
das **Wachstuch -es ⸚er** oilcloth
der **Wächter -s -** watchman, guard
die **Waffe -n** weapon; **der Waffenknecht -s -e** man at arms
wagen to dare, risk; **sich wagen** to venture
der **Wagen -s -** wagon, carriage, cart, car, railroad car
wägen to weigh
die **Wahl -en** choice, selection; **wählen** to choose, **wählerisch** particular (in choosing); **wahllos** unselective, random
der **Wahn -s** delusion; **der Wahnsinn -s** madness
wahr true; **wahrhaft, wahrhaftig** truly; **die Wahrheit -en** truth; **wahrlich** truly
während while; during
wahr-nehmen* to perceive
wahrscheinlich probable

der **Wald -es ⸚er** woods, forest
die **Wand ⸚e** wall
wandeln to move, walk
wandern (ist) to wander, find the way
die **Wange -n** cheek
wann when, at what time
die **Ware -n** commodity
warnen to warn
warten to wait, wait upon; **die Wärterin -nen** nurse
warum why
was what, why; **was = etwas** something, anything; **was für (ein)** what kind of; whatever; **was ... auch** whatever
die **Wäsche** linen, underwear; **waschen*** to wash
das **Wasser -s -** water, flood; **der Wasserspiegel -s** surface of the water
der **Wechsel -s -** alternation, change; **der Wechselfall -s ⸚e** vicissitude, changing condition; **wechseln** to change, exchange
wecken to waken
weder ... noch neither ... nor
der **Weg -es -e** way, road, path
weg away
wegen on account of, for the sake of
weg-heben* to lift away, remove
weg-rücken (ist) to move away
sich **weg-schleichen*** to slink away
weg-stoßen* to push away
weg-streben to struggle to escape from
weg-werfen* to throw away, cast off
weg-ziehen* to pull away, remove
weh(e) woe, alas; **weh tun*** to hurt, harm
wehen to blow, sweep, waft
die **Wehr -en** defense; **wehren** to prevent; **sich wehren** to defend oneself, resist; **wehrlos** defenseless
das **Weib -es -er** woman, wife; **die Weiblichkeit** femininity
weich soft, gentle, smooth; **weichen** (ist)* to yield, deviate, retreat; **weichlich** delicate

die **Weide -n** willow; pasture; **weiden** to feed, pasture

sich **weigern** to refuse

weil because

das **Weilchen** little while

der **Wein -es -e** wine

weinen to weep, cry

weis(e) wise; **die Weisheit** wisdom

die **Weise -n** manner, way; tune; **weisen*** to direct, show, point, turn away; **vom Hause weisen** to turn away from the door

weiß white

weit far, wide; **die Weite -n** distance; **weiterhin sehen*** to go on seeing

weiter-schreiten (ist)* to stride on

der **Weizen -s** wheat

die **Welle -n** wave

die **Welt -en** world; **der Weltlauf -s** way of the world; **weltlich** worldly, secular; **der Weltteil -s -e** continent

wenden* to turn, direct; **die Wendung -en** turn

wenig little; **wenige** few; **nichts weniger als** anything but; **wenigstens** at least

wenn whenever, when, if; **wenn auch, wenn gleich** even if

werden (ist)* to become, be (passive); **es wird mir** I feel

werfen* to throw, cast

das **Werk -es -e** work; **die Werkstatt** workshop; **werktags** on working days

wert worthy; **der Wert -es -e** worth, value; **wertlos** worthless; **die Wertlosigkeit** uselessness, worth-lessness

das **Wesen -s -** nature, being; **wesentlich** essential

weshalb why; for which (what) reason

wetten to bet

wichtig important

wider contrary to, against

widerfahren (ist)* to occur (to)

die **Widerlegung -en** refutation

widersprechen* to contradict

der **Widerstand -s** resistance; **widerstandslos** unresisting; **widerstehen*** to resist

widerstreben to resist

der **Widerwille(n) -ns** repugnance

wie how, like, as; **wie ... auch** however, no matter how

wieder again

wieder-erlangen to reacquire

wieder-geben* to give back; repeat, reproduce

wiederholen to repeat; **die Wiederholung -en** repetition

wieder-kommen (ist)* to return

wiederum again, in turn; on the other hand

die **Wiege -n** cradle; **wiegen** to rock, cradle; **sich wiegen** to sway

die **Wiese -n** meadow

die **Wildheit** wildness, savagery

der **Wille -ns** will; **mit Willen** intentionally; **willenlos** passive; **willig** willing

willkommen welcome

der **Wink -es -e** beckoning, signal, nod; **winken** to beckon

der **Wipfel -s -** tree-top

wirken to act, have an effect, give an effect; **die Wirkenskraft** effective power

wirklich real, actual; **die Wirklichkeit** reality

wirksam effective; **die Wirkung -en** effect

der **Wirt -es -e** host, innkeeper; **das Wirtshaus -es ‥er** inn

wischen to wipe

wissen* to know; **die Wissenschaft -en** science, knowledge; **wissenschaftlich** scientific

wittern to scent, perceive

die **Witwe -n** widow

der **Witz -es -e** wit, joke; **witzlos** witless

wobei while, during which

die **Woche -n** week; **wochenlang** for weeks; **die Wochenschau** (weekly) news reel

wodurch through what (which), by what, because of what

woher from where, whence

wohl well, all right, certainly, safely, no doubt, to be sure

das **Wohlbefinden -s** well being

wohlbepackt well packed, filled

das **Wohlgefallen -s** pleasure, satisfaction

wohlgeordnet well ordered

wohlgestaltet well formed, well built

wohl-tun* to do good, give pleasure

wohlverdient well deserved

wohnen to live, dwell; **wohnlich einrichten** to furnish; **die Wohnung -en** house, dwelling; **das Wohnzimmer -s -** living room

die **Wolke -n** cloud

die **Wolldecke -n** woolen blanket

wollen to want, claim to, be on the point of

das **Wolleweben -s** weaving of wool

womit with which, with what

die **Wonne -n** ecstasy, bliss, joy, rapture; **wonnig** delightful, exquisite

woran on what (which), of what, at what, etc.

worauf on what (which)

woraufhin with what purpose

worin in what (which), into what

das **Wort -es ⁻er** or **-e** word; **wörtlich** literal; **wortlos** wordless; **wortreich** voluble

worüber about what (which)

worum for what (which), around what, etc.

wovon from what (which), of what, concerning what, etc.

wovor before what (which), of what, etc.

wozu why, for what purpose; to which, for what (which)

die **Wunde -n** wound

das **Wunder -s -** marvel, miracle; **wunderbar** wonderful, marvellous, strange; **die Wunderkraft ⁻e**

miraculous power; **wunderlich** strange, peculiar; **der Wundermann -es** miracle man; **wundern** to puzzle, perplex, **sich wundern** to be perplexed; **wundersam** wondrous; **wunderschön** marvellously beautiful; **wundervoll** wonderful

der **Wunsch -es ⁻e** wish; **wünschen** to wish; **das Wunschkonzert -s -e** request program

die **Würde** dignity; **würdig** worthy, dignified

der **Wurf -es ⁻e** cast, throw of dice

der **Wurm -es ⁻er** worm; serpent

die **Wurst ⁻e** sausage

die **Wurzel -n** root

wüst desolate, waste, wild

die **Wut** rage; **wüten** to rage, be furious

Z

die **Zahl -en** number; **zahlen** to pay; **zählen** to count; **zahlreich** numerous

zähmen to tame

der **Zahn -es ⁻e** tooth; **der Zahnarzt -(e)s ⁻e** dentist

zart tender, delicate; **zärtlich** tender, delicate; **die Zärtlichkeit -en** tenderness

der **Zauber -s -** magic, charm; **die Zauberei -en** sorcery; **der Zauberer -s -** magician; **der Zauberfluß -sses** enchanting flow; **die Zauberkunst ⁻e** magical art; **zaubern** to conjure; **der Zauberspruch -s ⁻e** magic spell, incantation

z.B. = zum Beispiel for example

das **Zeichen -s -** sign, token, mark

zeichnen to sketch

der **Zeigefinger -s -** index finger; **zeigen** to show, point; **sich zeigen** to appear; to turn out; **der Zeiger -s -** hand of a clock

die **Zeile -n** line

die **Zeit -en** time, season; **in letzter Zeit** these days; **vor Zeiten** before, formerly; **die ganze Zeit über** the whole time; **das Zeitalter -s -** age; **der Zeitgenosse -n -n** contemporary; **zeitig** early, soon; **zeitlebens** for life; **zeitlich** temporal; **die Zeitung -en** newspaper

zerbrechen* to break to pieces; **den Kopf zerbrechen** to rack one's brain

zerfallen (ist)* to decay, disintegrate

zerfließen (ist)* to melt away, dissipate

zergehen (ist)* to disappear·

zerlaufen (ist)* to dissolve, disappear

zerreißen* to tear up, tear to pieces, tear asunder

zerschlagen* to beat down

zerstören to destroy; **zerstörerisch** destructive

zerstreuen to scatter, divert, distract; **die Zerstreuung -en** diversion

das **Zeug -es -e** stuff

der **Zeuge -n -n** witness; **zeugen** to testify; to beget, conceive; **das Zeugnis -ses -se** mark; witness

der **Zeuger -s -** begetter

ziehen (ist)* to go, move; **ziehen** (hat)* to draw, pull, drive

das **Ziel -es -e** goal, target; **zielen** to aim

ziemlich rather; **so ziemlich** more or less

das **Zimmer -s -** room; **die Zimmervermieterin -nen** landlady

zittern to tremble

zögern to hesitate

der **Zorn -es** anger; **zornig** angry

zu to, at, for; too

zu-bringen* to bring to; spend, pass

zudem in addition

zueinander to one another

zuerst at first, for the first time

der **Zufall -s ⁝e** accidental occurrence, chance

zu-fallen (ist)* to fall to, devolve upon

zufrieden content, satisfied

zu-führen to lead to, bring to

der **Zug -es ⁝e** train; feature

der **Zugang -s ⁝e** entrance, access

zu-geben* to admit, concede

zu-gehen (ist)* to go to, approach; happen

zugleich at the same time

zu-greifen* to help oneself

zugrunde to ruin; **zugrunde gehen** to go to ruin, be ruined; **zugrunde richten** to ruin

zu-halten* to hold shut, stop

zu-hören to listen

zu-kehren (ist) to turn toward

die **Zukunft** future; **zukünftig** future

zu-lassen* to permit

zuletzt in the end, at last

zu-machen to close

zunächst at first; nearest

zünden to kindle

zu-nehmen* to increase

sich **zu-neigen** to incline; **die Zuneigung** affection

die **Zunge -n** tongue

zurecht-legen to prepare, arrange

zu-reden to speak to

zürnen to be angry

zurück back, behind

zurück-bleiben (ist)* to stay behind

zurück-drehen to turn back

zurück-kehren (ist) to return

zurück-kommen (ist)* to return

zurück-schrecken (ist)* to shrink back with fright

zurück-stoßen* to repel

zurück-versetzen to set back

zurück-weichen (ist)* to shrink back

zurück-weisen* to reject, refuse; **die Zurückweisung -en** rejection

zurück-wirken to react; have a reverse effect

sich **zurück-ziehen*** to withdraw

zusammen together

zusammen-ballen to clench

zusammen-beißen* to set (one's teeth)

zusammen-brechen (ist)* to collapse

zusammen-fahren (ist)* to start (with fright)

zusammen-fallen (ist)* to collapse

der **Zusammenhang -s ⸚e** connection, sequence

zusammen-laufen (ist)* to congregate

zusammen-legen to chip in

zusammen-passen to fit together

zusammen-schlagen* to strike together, beat together

zusammen-stellen to combine, put together, compose

sich **zusammen-tun*** to crowd together

zusammen-ziehen (ist)* to contract; (hat) to draw together

zu-schauen to watch, look on; **der Zuschauer -s -** spectator

zu-schießen* to shoot away

zu-schmieren to smear over, close up

zu-schreiben* to attribute

zu-sehen* to look on, watch, see; **zusehends** noticeably

der **Zustand -s ⸚e** condition, circumstance

zustande bringen* to bring about, produce; **zustande kommen** (ist)* to be accomplished, be completed

zu-stehen* to suit

die **Zustimmung -en** consent

zu-stürzen (ist) to rush toward

zutraulich familiar, friendly

zu-tun* to close

die **Zuversicht** conviction, confidence; **zuversichtlich** confident

zuvor before, previously, first

zuweilen occasionally

zu-wenden* to turn to

zuwider against

der **Zwang -es ⸚e** compulsion

zwar to be sure, indeed

der **Zweck -es -e** purpose; **die Zweckmäßigkeit** purposefulness, practicality

der **Zweifel -s -** doubt; **zweifelhaft** doubtful; **zweifeln** to doubt

der **Zweig -es -e** branch

zweit second; **zu zweit** for two

der **Zwerg -es -e** dwarf

zwingen* to force

zwischen between, among